方俊 著

环境标准司法适用研究

厦门大学出版社
XIAMEN UNIVERSITY PRESS
国家一级出版社
全国百佳图书出版单位

图书在版编目(CIP)数据

环境标准司法适用研究 / 方俊著. -- 厦门：厦门大学出版社，2024.7. -- ISBN 978-7-5615-9411-7

Ⅰ.D922.680.5

中国国家版本馆 CIP 数据核字第 2024RZ4141 号

责任编辑　李　宁
美术编辑　李夏凌
技术编辑　许克华

出版发行　厦门大学出版社
社　　址　厦门市软件园二期望海路 39 号
邮政编码　361008
总　　机　0592-2181111　0592-2181406(传真)
营销中心　0592-2184458　0592-2181365
网　　址　http://www.xmupress.com
邮　　箱　xmup@xmupress.com
印　　刷　厦门市明亮彩印有限公司

开本　720 mm×1 020 mm　1/16
印张　11
插页　1
字数　210 千字
版次　2024 年 7 月第 1 版
印次　2024 年 7 月第 1 次印刷
定价　65.00 元

本书如有印装质量问题请直接寄承印厂调换

目录

引言 ····· 001

第一章 环境标准制度概述 ····· 004
第一节 环境标准的内涵界定 ····· 004
第二节 环境标准的体系架构 ····· 009
第三节 环境标准的援引图景 ····· 016

第二章 环境标准拘束司法的前提勘定 ····· 020
第一节 环境标准以法规范拘束司法的学术梳理 ····· 020
第二节 环境标准以法规范拘束司法的否定 ····· 037
第三节 环境标准以技术规范拘束司法的证成 ····· 048

第三章 环境标准拘束司法的效力阐释 ····· 051
第一节 诉讼标的——以行政审判为中心 ····· 051
第二节 审判依据 ····· 059
第三节 科学证据 ····· 099

第四章 环境标准拘束司法的机制完善 ····· 114
第一节 环境标准的司法审查 ····· 114
第二节 环境标准的司法鉴定 ····· 129

第三节　环境标准的质证认证 …………………………………… 142
　　第四节　环境标准的裁判叙说 …………………………………… 153

结　论 ……………………………………………………………………… 160

参考文献 …………………………………………………………………… 162

引 言

由于经济社会的迅猛发展、科学技术的快速进步,我国环境问题日趋严重,对人民群众的生命健康和财产安全构成巨大威胁,如 2005 年的松花江水污染事件、2012 年的广西龙江河镉污染事件、2013 年的中东部雾霾污染事件等。为应对日渐严峻的环境危机,党的十八大突出强调"生态文明"建设,将其纳入"五位一体"的战略布局中。随后,我国陆续发布了一系列政策文件对生态文明建设加以阐述与推动。例如,2015 年《生态文明体制改革总体方案》要求"建立健全环境治理体系"。生态文明的核心在于按照自然规律、社会规律约束人类利用环境的行为,以实现人与自然之间的和谐。

在生态文明建设上,习近平总书记反复强调"保护生态环境,必须依靠制度、依靠法治"[①]。由此足见,法治是生态文明的重要制度保障。生态文明的法治须以良法善治为基础。污染防治和生态保护涉及高度的科学背景,以权利(力)义务为内容的环境法[②]虽能对人类的环境行为进行规管,但因内容较为抽象并未达到良法善治的水平,而亟须环境标准的技术支撑。2017 年党的十九大报告强调"提高污染排放标准",2020 年《关于构建现代环境治理体系的指导意见》提出"完善环境保护标准",2021 年《国家标准化发展纲要》要求"进一步完善污染防治标准,健全污染物排放、监管及防治标准,筑牢污染排放控制底线",表明党中央、国务院已关注到环境标准在生态文明建设中的重要作用。以数值指标为内容的环境标准能对人类的生产生活予以量化,然因缺乏强制性而难以发挥最大化功用,亟须环境法的效力保障。为实现生态文明的良法善治,环境标

---

① 吕忠梅:《习近平法治思想的生态文明法治理论》,载《中国法学》2021 年第 1 期。
② 需要指出的是,本书所指的环境法属广义概念,包括民法、刑法、行政法等涉及环境保护的规定。

准与环境法应通力协作。当前,我国环境治理已呈现出环境标准与环境法高度融合的现象,即环境标准吸收环境法、环境法引进环境标准。在生态文明建设的时代背景下,由于环境司法系环境法治的最后一道防线,[①]本书拟在司法层面上,探讨环境标准与环境司法互动的基础性问题。

作为实体法与程序法交叉问题,环境标准司法适用日渐受到法学界的关注,并取得一批不错的研究成果。代表性实体法成果有:宋亚辉的《环境管制标准在侵权法上的效力解释》(2013),陈伟的《环境标准侵权法效力辨析》(2016),孙国祥的《构成要素行政性标准的过罪化风险与防范》(2017),莫晓宇的《刑法阈值标准研究》(2017),关保英的《论行政法中技术标准的运用》(2017),柳经纬的《论标准的私法效力》(2019)等。代表性程序法成果有:宋华琳的《论行政规则对司法的规范效应——以技术标准为中心的初步观察》(2006),何鹰的《强制性标准的法律地位——司法裁判中的表达》(2010),包建华、陈宝贵的《技术标准在司法裁判中的适用方式》(2019)等。从我们掌握的资料来看,国外研究环境标准司法适用的代表性成果有:日本学者原田尚彦的《环境法》(1999)认为环境标准是环境行政的起点,对行政诉讼具有拘束力;美国学者 Evan M. Tager 的 *Punitive Damages Claims in Environmental Tort Cases*(2000)认为超标排放视为恶意排污,准用惩罚性赔偿,以使超标排污比达标排污承担更大的赔偿责任;英国学者 Mark Wilde 的 *Civil Liability for Environmental Damage*(2013)认为违反环境标准不仅会受到行政处罚或刑事处罚,还会因违反法定义务而引起损害赔偿。

已有研究存在的不足有:(1)研究基础尚不扎实,对环境标准拘束司法的载体、环境标准拘束司法的法理等缺少深入、系统的讨论;(2)研究领域侧重于实体法,程序法研究成果不多,难以保障环境标准在环境司法中的准确适用;(3)研究视角聚焦于行政诉讼、侵权诉讼,忽视了刑事审判和物权诉讼、合同诉讼,无法从整体上认识环境标准对环境司法的影响与作用;(4)研究观察的重点是强制性环境标准,对推荐性环境标准关注不够,存在一叶障目的缺陷;(5)研究方法以文本分析为主,实证分析运用欠缺,影响研究结论的说服力。毋庸置疑,环境标准司法适用研究还具有较大的空间。

环境标准司法适用的研究意义主要表现在以下两个方面:一是环境标准司法适用研究可以补足环境标准法学研究的理论短板。环境标准法学研究不能局限于环境标准的规范属性、制修订制度、行政法和侵权法效力,还需进入广阔的环境标准适用场域。环境司法是研究环境标准与环境法融合的重要窗口,因

---

① 王树义:《论生态文明建设与环境司法改革》,载《中国法学》2014年第3期。

为环境案件的裁判充斥着价值判断、利益权衡的矛盾与纠结,不仅需要法律规定,而且需要环境标准。以科技为内核的环境标准有助于调适前述的矛盾与纠结。故而,环境标准司法适用研究有助于完备、深化环境标准与环境法融合的理论,最终实现立法、行政、司法三位一体的环境标准法学研究。二是环境标准司法适用研究能够加强生态文明的法治保障。作为生态文明法治保障的子系统,环境司法受到了"因审判质量不高等导致环境正义难获实现"的批评。诚然,这一问题的诱因是很多的。不过,环境司法对环境标准的适用不足与不当值得特别关注。涉及环境问题的诉讼技术和科技因素在一定程度上左右着诉讼的结果。① 例如,环境诉讼中的专门性问题之解决必须依赖环境损害司法鉴定,而其又与环境标准紧密联系。环境标准的适用情况直接影响鉴定意见和事实认定的准确性。再如,《环境侵权责任纠纷司法解释》否定合标抗辩的效力,但部分法院承认合标抗辩的效力。环境标准司法适用研究能够揭示环境标准在环境司法中的规范效应及其实践图景,并在此基础上提出完善环境标准司法适用的对策,以强化生态文明的法治保障。

---

① 杨继文:《环境、伦理与诉讼——从技术到制度的环境司法学》,中国政法大学出版社 2015 年版,第 11 页。

第一章
环境标准制度概述

作为本书主题的环境标准,是指标准化意义上的环境标准,系属标准化活动的成果。① 时下,污染防治与生态保护需要采取各种工程的、技术的措施,否则难以有效解决环境问题。这一系列措施须以环境标准为依托,因为其具有科学理性。不言而喻,环境标准的建立与发展在一定程度上关涉环境治理能力,并影响环境法治建设。因此,我们须梳理清楚环境标准制度,以夯定环境标准司法适用的标准化基础。

第一节 环境标准的内涵界定

尽管"环境标准"一词经常出现在论文著作、新闻报道、法律规范中,但对何为环境标准似乎关注较少。不仅《环境保护法》《标准化法》《生态环境标准管理办法》等规范性文件没有直接给出明确定义,学术界对此也尚未形成统一共识。鉴于此,我们应厘定环境标准的内涵与外延,以便后续讨论的顺利展开。

一、环境标准的意涵

环境标准,顾名思义就是关于环境保护的标准文本,故也称环境保护标准。②

---

① 《标准化法》第 2 条规定:本法所称标准(含标准样品),是指农业、工业、服务业以及社会事业等领域需要统一的技术要求。参见甘藏春、田世宏主编:《中华人民共和国〈标准化法〉释义》,中国法制出版社 2019 年版,第 23 页。

② 《生态环境标准管理办法》现使用"生态环境标准"的术语,但为便于讨论,本书统称为"环境标准"。

环境法学界对环境标准的概念界定有着不同版本。想要厘清环境标准的概念,必须对这些观点进行整理归纳。概括而言,环境标准的典型概念有如下几种:(1)技术规范综合条件说,即环境标准是指在全盘考虑环境质量状况、科学技术条件和经济社会水平的基础上,国家制定的具有强制执行力的各类技术规范。[①] (2)五重目的说,即环境标准是指国家就环境质量和污染物排放、环境监测等事项依照法定程序制定的各类技术要求与规范,以保护人体健康、维持环境质量、维护生态平衡、防治环境污染、保障社会财富。[②] (3)三重目的说,该观点与五重目的说是大同小异的,仅环境标准的制定目的变为三个,即维护生态平衡、保护人体健康和保障社会财富。[③] (4)环境要素限制说,该观点在三重目的说的基础上,突出标准内容的环境要素,即限定大气、水、土壤等环境要素的配比、布局、组合以及开展环保工作的技术要求之规范。[④] (5)最低监管限度说,即环境标准是指国家为将污染排放限制在自然和常人"可忍受的限度之内"而制定的各类技术要求和规范。[⑤] 因此,环境标准仅是污染排放和环境质量的"安全阀",因为其只规定了污染排放的最低限而非最高限,也只规定了环境质量的下限而非上限。

上述有关环境标准的释义在不同程度上具有合理性。持第一种观点的学者们考虑到了环境质量状况、经济社会水平等,更为合理。因为综合条件下的技术规范说不仅洞悉了环境标准与社会环境之间的联系,而且没有忽略经济社会发展的周期性,致力于实现环境标准的制定实施与经济社会的变化发展之协调同步。但是,这一观点遗忘了环境标准的制定目的,并未有效衔接《环境保护法》及环保单行法的立法目的。五重目的说和三重目的说则以《环境保护法》及环保单行法、《环境标准管理办法》的规定为基础而形成,即环境标准的制定目的为"保护人体健康、防治环境污染、维持生态平衡"等,环境标准的制定主体为国务院环境保护主管部门(原环境保护部)和省级人民政府。学者们依据现行

[①] 陈伟:《环境标准侵权法效力辨析》,载《法律科学》2016年第6期;韩德培主编:《环境保护法教程》,法律出版社2012年版,第113页。

[②] 参见周骁然:《环境标准在环境污染责任中的效力重塑——基于环境物理学定律的类型化分析》,载《中国地质大学学报(社会科学版)》2017年第1期;曹明德:《环境与资源保护法》,中国人民大学出版社2016年版,第67页。

[③] 参见徐芳等:《现代环境标准及应用进展》,上海交通大学出版社2014年版,第1页;金瑞林:《环境与资源保护法学》,高等教育出版社2013年版,第91页。

[④] 黄锡生、李希昆:《环境与资源保护法学》,重庆大学出版社2011年版,第126页。

[⑤] 参见马腾:《环境标准侵权责任法效力规则研究》,载《社会科学家》2017年第5期;王世进、曾祥生:《侵权责任法与环境法的对话:环境侵权责任最近发展》,载《武汉大学学报(哲学社会科学版)》2010年第3期。

环境法之目的条款进行环境标准的概念界定具有较好的规范基础。然而，第二种观点中的"维持环境质量""保障社会财富"之目的，第三种观点中的"保障社会财富"之目的，则与原《环境标准管理办法》有着一定的出入。其中，"维护社会财富"作为环境标准的制定目的与现行环境法并不契合，因此，两种目的说存在一定的不严谨之处。从比较的视野来看，各国环境标准制度并没有把"维护社会财富"当作直接目标。事实上，环境标准的制定与实施助益于环境问题的有效治理，故而对人类的财产安全和经济发展有促保价值，这是环境标准的"果"而非"因"。不同于两种目的说，环境标准要素说尤为关注环境标准的制定程序，具体体现为对法定程序的要求。此外，第四种观点还对技术要求的强制性予以关注，借此凸显环境标准的公法效力。最低监管限度说侧重于阐明环境标准在私法中的作用，即超标排污必然要承担侵权责任，而合标排污不一定免除侵权责任。

在分析既有的环境标准概念学说后，笔者以为，制定目的是定义环境标准需要第一顺位考量的。从比较的视野来看，日本1993年《环境基本法》规定环境标准的制定目的是保障人体健康和维持生活环境。[①] 美国亦是如此，其1963年《清洁空气法》对环境标准的制定目的作了简明扼要的规定，即"保障公众健康和防治污染"。[②] 环境标准的定义应彰显核心目的，而非追求繁复的目的。其次，需要从制定主体进行考量。环境标准以保护人体健康、防治环境污染为目的，其制定和实施涉及社会公益，因此各国的环境标准多由较高级的环境保护行政主管部门制定。例如，美国联邦环保署负责制定联邦环境标准，州政府负责制定州环境标准。再次，需要从文本内容上进行考量。判断环境行为是否符合环境法的客观依据是环境标准中的各式各样的限值。因此，各国对环境标准的定义均带有科学性的色彩，以凸显环境标准的定量化特色。最后，需要从制定程序上进行考量。环境治理以环境标准为技术依托，对行政部门、司法部门、社会大众均具有规范效应，如环境标准可以作为环境行政处罚的依据。基于保障私权、监督公权的考量，环境标准的制定应当符合法定、正当的程序。简言之，环境标准是指为保障人体健康、防治环境污染，公认的权威机构根据法定程序以科学技术为基础制定的涉环境质量以及污染排放、环境监测等环保事项的技术规范之总称。

---

① 吕忠梅、刘超：《环境标准的规制能力再造——以对健康的保障为中心》，载《时代法学》2008年第4期。

② 黄衔鸣、蓝志勇：《美国清洁空气法案：历史回顾与经验借鉴》，载《中国行政管理》2015年第10期。

二、环境标准的特征

环境标准既是一国标准化体系的重要分支,又是一国环境保护的重要工具。因此,其特征理应在标准化和环境保护的双重维度上予以解析。

(一)规范性

标准不是一般的文件,而是为相关活动或其结果提供规则、导则或规定的文件,[①]故此,标准的基本特征是规范性。标准的规范性使它成为一种"公共契约"。环境标准亦是如此。其规范性体现为:一是形式规范性。环境标准需要在结构、编写、格式及印刷等方面符合特殊的形式要求。例如,参照国家标准体系编码的方法,国务院环境保护主管部门和省级人民政府采用"七位三层码"编码方式发布环境标准。再如,根据《标准化工作指南》和《标准化工作导则》的规定,环境标准须由中国环境科学出版社印刷出版。二是内容规范性。标准能在一定范围内"共同使用和反复使用",彰显出其内容的规范性。环境标准便是通过具体数值、指标来表示公民、法人及其他组织的环境行为之界限。例如,《制药工业大气污染物排放标准》(GB 37823—2019)要求,"排放光气、氰化氢和氯气的排气管不低于 25 m,其他排气管不低于 15 m",制药企业在排放污染物时需要建造合标的排气管。再如,《医疗废物处理处置污染控制标准》(GB 39707—2020)规定:"处理处置单位对感染性、损伤性、病理性废物的贮存应符合以下要求:a) 贮存温度≥5 ℃,贮存时间不得超过 24 小时;b) 贮存温度<5 ℃,贮存时间不得超过 72 小时;c) 偏远地区贮存温度<5 ℃,并采取消毒措施时,可适当延长贮存时间,但不得超过 168 小时。"处理处置单位在贮存感染性、损伤性、病理性废物时需要严格遵从贮存温度和贮存时间的限值。一言以蔽之,环境标准的文本中会出现"可以"、"应当"、"必须"与"不得"的字样,为环境行为提供精确指导。有学者指出,标准本身是一个规范性的概念,它为风险规制者以及公众提供了判断风险是否处于可接受范围以及是否需要采取进一步规制措施的标尺。[②]

(二)技术性

普通民众无法编写出准确的环境标准,即使能够编制也难以实现最佳的环

[①] 国家标准技术审查部主编:《标准研制与审查》,中国标准出版社 2014 年版,第 2 页。
[②] 张晏:《风险规制中的环境标准制定》,法律出版社 2021 年版,第 32 页。

境秩序,因为其以系统的科学技术和广泛的实践经验为基础,是科学技术与实践经验交融的高端产物。换言之,环境标准具有很强的技术性。环境标准从表面上看是一系列的数字和限值,但背后是丰富的科技成果。科学技术在环境标准大厦中犹如金字塔的基座,对环境标准的制定、实施、修订具有重大的影响。以美国水污染物排放标准为例,《清洁水法》并没有规定统一的排放标准,而是基于不同的污染源,结合现行科学技术水平,经过成本收益分析后,规定了最佳可行控制技术标准等三类排放标准。① 在我国,按照《环境保护法》第15条、第16条及环保单行法的相关规定,尽管国务院环境保护主管部门和省级人民政府负责制定环境标准,但是它们本身无法独立制定出环境标准。这两个部门的主要作用更多地体现为对科学专家意见的尊重与转化。汪劲教授认为:"环境领域的人类活动及其对环境所产生的负荷之分析应是定量而非定性的,这就需要以科学数据为内容的环境标准。"②此外,也正因技术性的特征,随着经济社会的迅猛发展、科学技术的快速进步和环境质量要求的不断提高,国务院环境保护主管部门和省级人民政府必须定期修订环境标准,否则其技术性将会流失。例如,《农田灌溉水质标准》(GB 5084—2021)于1985年首次发布,分别在1992年、2005年、2021年进行了3次修订。最新修订的主要内容:"增加了总镍、氯苯、1,2-二氯苯、1,4-二氯苯、硝基苯、甲苯、二甲苯、异丙苯、苯胺等9项农田灌溉水质选择控制项目限值;修改了对农田灌溉水质的监测要求等。"再如,2018年的《船舶水污染物排放控制标准》(GB 3552—2018)比1983年的《船舶水污染物排放控制标准》(GB 3552—83)增加了含有有毒液体物质污水的排放控制要求,更新了船舶垃圾的排放控制要求。

三、环境标准与环境基准的区别

为加深对环境标准的认识与理解,还需讨论其与环境基准的区别,因为二者是错综交织、紧密相联的。一般认为,环境基准是指基于对环境系统中某一有害物质与人、生物等保护对象之间的剂量—反应关系(dose-response relationship)的科学调查和实验研究,以对保护对象不会产生不良或者有害影响为准确定一个阈值,即最大无害剂量、最大无害浓度,并以科学数据为表现形式。以大气污染为例,污染浓度达到 A mg/m³,保护对象不会有什么不良反

---

① [美]戴维·H.格奇斯:《水法精要》(第4版),陈晓景、王梨译,南开大学出版社2016年版,第331页。
② 汪劲:《环境法学》,北京大学出版社2018年版,第116页。

应;达到 B mg/m³,有一定的不良反应但尚不致命;达到 C mg/m³,出现一定的死亡率;继续增大浓度,保护对象无一存活。此时,B mg/m³ 可以作为大气污染的环境基准。由此可知,以定量数值为内容的环境基准是一个纯自然科学的概念,具有描述性、客观性、非强制性的特征。[1] 根据环境要素的不同,其可分为大气环境基准、噪声环境基准、水环境基准、土壤环境基准和辐射环境基准等。环境基准的确定需要综合运用实验研究、实地调查以及文献分析等方法,因此其归属于自然科学研究的范畴,且须最大限度地减少或者排除非科学因素的干扰。

环境标准虽然以环境基准为制定依据,但是还要考虑经济社会发展水平的限制以及社会大众对环境风险的接受程度。二者之间有着以下的区别:一是环境基准是学术概念而非法律概念,环境标准则既是学术术语也是法律概念。二是环境标准的技术数值只能是高于或者等于环境基准的技术数值。正如日本学者野村好弘所言,环境标准仅是实践上可能达到的状态,并不是科学上理想的状态,即它只考虑了标准制定时的技术水平和未来提高标准时的问题。[2] 三是环境基准是纯粹的科学活动,强调科技把关,突出专家参与,而环境标准并非纯粹的科学活动,注重公众参与,追求利益平衡。四是环境基准因科学性可在全球范围内进行高度互通,但环境标准则可能不行。简单来说,环境基准是科学研究,需要从科学视角来看待;环境标准是制度安排,需要从法学视角来审视。

第二节　环境标准的体系架构

从多层次的目的和多维度的视角出发,我们依据不同的准则对标准予以类型化分析,由此形成多种标准类型。[3] 对体系庞杂的环境标准进行单一视角的观察存在"盲人摸象"的危险,难以全面地认识环境标准。可从标准内容、制定主体、标准效力的视角对环境标准进行类型化认识,既能深化对环境标准的认识,又能厘清环境标准规范属性的讨论前提。

---

[1] 周启星等:《环境基准值的科学研究与我国环境标准的修订》,载《农业环境科学学报》2007年第1期。

[2] [日]野村好弘:《日本公害法概论》,康树华译,中国环境科学出版社1982年版,第180页。

[3] 李春田主编:《标准化概论》,中国人民大学出版社2014年版,第20页。

一、以内容分类

以标准内容分类,根据《生态环境标准管理办法》的规定,我们可将环境标准细分为环境质量标准、环境风险管控标准、污染物排放标准等六类。

(一)环境质量标准

环境质量标准是指对特定的时空范围内的环境中污染物质的剂量或浓度所作的限值,以保护生态环境、保障人体健康。这一标准是我国环境标准体系的龙头,体现环境保护的出发点和归宿。环境质量标准涉及范围较广,涵盖了基础的环境要素,如大气、水、声、辐射等。根据《生态环境标准管理办法》第 11 条的规定,"水环境质量标准、大气环境质量标准、海洋环境质量标准、声环境质量标准、核与辐射安全基本标准"共同组成我国的环境质量标准体系,如《环境空气质量标准》(GB 3095—2012)、《农田灌溉水质标准》(GB 5084—2021)、《海水水质标准》(GB 3097—1997)、《声环境质量标准》(GB 3096—2008)、《电磁环境控制限值》(GB 8702—2014)等。作为环境质量状况的评价依据,环境质量标准还是制定污染物排放标准的直接依据。

(二)环境风险管控标准

环境风险管控标准是指对一定时空范围内的环境风险进行筛查与分类管理,以控制环境中的有害物质和因素。为预防人体健康风险和生态环境风险,环境风险管控标准采用风险筛选值和风险管制值的表达方式,与环境质量标准采用的限值表达方式不同。随着风险预防意识的兴起,环境标准体系需要转向风险管控模式,特别是在土壤污染等高风险的领域。[1] 环境风险管控标准系《生态环境标准管理办法》新增的标准类别,致力于在土壤污染等领域贯彻风险预防的原则。目前,环境风险管控标准集中于土壤环境保护,国务院环境保护主管部门在 2018 年发布了两项土壤污染风险管控标准。按照《土壤污染防治法》第 2 条的规定,土壤质量达标与否不以土壤污染风险管控标准为据,因此它侧重于筛查与分类土壤风险。根据《生态环境标准管理办法》第 19 条的规定,环境风险行政管理须以环境风险管控标准为据。

---

① 魏旭:《土壤污染修复标准的法律解读——一种风险社会的分析思路》,载《法学评论》2016 年第 6 期。

(三)污染物排放标准

污染物排放标准是指以环境质量标准为据对排放至环境中的污染物质的浓度或总量所作的限值,又可称为"污染物控制标准"。这一标准可分为浓度限值和总量限值两种,前者以 mg/L 等为单位,后者以吨/年为单位。污染物排放标准在我国以浓度限值为主。环境质量标准主要用于环境质量状况的评价,污染物排放标准则用于污染物排放情况的评价,前者是后者的目标,后者是前者的手段。根据《生态环境标准管理办法》第 21 条的规定,污染物排放标准按照适用对象分为行业型、综合型、通用型、流域(海域)或者区域型五小类。目前,数量较多的污染物排放标准已对我国 95% 以上的废气排放、80% 以上的废水排放、90% 以上的重金属排放进行了规管。[1] 由于《环境保护法》及环保单行法明确了"超标违法"规定,加之污染物排放标准数目较大,其是环境行政的重要依据,对企业民众的环境行为予以广泛而权威的规范。

(四)环境监测标准

环境监测标准是指为监测环境质量、环境风险和污染物排放情况,对布点采样、分析测试、监测仪器、质量控制、数据处理等所作的技术要求。这一标准可以保证环境监测的可靠性、可信性,可为环境质量标准、环境风险管控标准、污染物排放标准的执行提供数据支持,并为环境行政提供重要的证据支持。例如,在水污染中,环境保护主管部门需要借助环境监测标准对污水进行监测,进而判定排水是否超标、超标多少,据此作为行政处罚的证据。可以说,环境监测标准给环境质量标准、环境风险管控标准、污染物排放标准的实施提供了程序保障。目前,环境监测标准在环境标准体系中占比约 60%,基本涵盖了水、大气等所有的环境要素。[2] 根据《生态环境标准管理办法》第 27 条的规定,环境监测标准由监测技术规范、监测分析方法、监测仪器技术要求、监测系统技术要求和标准样品等组成。

(五)环境基础标准

环境基础标准是指统一规范环境标准制修订工作和环境标准管理工作的技术要求,包括通用术语、图形符号、编码名称等。顾名思义,环境基础标准是

---

[1] 裴晓菲等:《关于国家污染物排放标准若干问题的思考》,载《环境保护》2018 年第 20 期。

[2] 雷晶等:《我国环境监测标准体系发展现状、问题及建议》,载《环境保护》2018 年第 22 期。

制修订环境标准的操作手册,是环境标准的标准。这一标准的作用在于促进环境标准体系的统一化,因为倘若没有基础标准的规范,其他类型的环境标准之间在用语、图形、编码等方面产生矛盾冲突。例如,《国家生态环境标准制修订工作规则》第 34 条规定:"固定污染源大气、水污染物排放标准应分别按照《国家大气污染物排放标准制订技术导则》(HJ 945.1)和《国家水污染物排放标准制订技术导则》(HJ 945.2)的规定开展制修订工作。生态环境监测分析方法标准应按照《环境监测分析方法标准制订技术导则》(HJ 168)的规定开展制修订工作。其他有相应标准制订技术导则的,应按照技术导则的规定开展制修订工作。"1973 年至 2015 年,我国累计发布了 42 项环境基础标准,[1]有力推动了环境标准的体系化发展。

(六)环境管理技术规范

环境管理技术规范是指规范环境保护管理工作所作的技术要求。这一标准彰显了环境管理的意图,规范了环境管理的工作。环境管理技术规范涉及诸多环境管理领域,因而内容十分繁杂,即不在前述五类环境标准范畴内的其他环境标准,包括环境影响评价技术导则、环境标志产品标准等。环境管理技术规范的具体名称较为多元,有标准、技术指南、技术导则、技术规程、技术规范之称,如《开发区区域环境影响评价技术导则》(HJ/T 131—2003)、《建设项目竣工环境保护验收技术规范 造纸工业》(HJ/T 408—2007)、《环境保护产品技术要求 隔声门》(HJ/T 379—2007)、《环境标志产品技术要求 厨柜》(HJ/T 432—2008)、《防治城市扬尘污染技术规范》(HJ/T 393—2007)、《清洁生产标准 电石行业》(HJ/T 430—2008)。

二、以主体分类

根据《标准化法》、《环境保护法》及环保单行法的规定,国务院环境保护主管部门和省级人民政府是环境标准的制定主体。由前一部门制定的环境标准按照原《环境标准管理办法》第 3 条可以细分为国家环境标准和行业环境标准,但 2021 年 2 月以后,《生态环境标准管理办法》第 4 条对此不再作区分。据此,我国环境标准体系由"国标、行标与地标"的三级结构变为"国标与地标"二级结构。

---

[1] 施问超、施则虎主编:《国家环境保护标准研究》,合肥工业大学出版社 2017 年版,第 30 页。

(一)国家环境标准

国家环境标准的编码代号为"GB",可以简称为"国标"。按照《标准化法》第 10 条的规定,[①]有关保障生态环境安全的技术要求,须由国务院环境保护主管部门负责制定强制性国家标准。自此,国务院环境保护主管部门获得国家环境标准的制定授权。《环境保护法》、环保单行法及环保行政规章则对此作了细化。《环境保护法》第 15 条、第 16 条规定,国务院环境保护主管部门有权制定国家环境质量标准和污染物排放标准,但是其他类型环境标准的制定则并无着墨。《土壤污染防治法》第 12 条规定,国务院环境保护主管部门有权制定国家土壤污染风险管控标准。根据《生态环境标准管理办法》第 4 条的规定,国务院环境保护主管部门有权制定环境质量标准等六类国家环境标准,并在全国范围或者指定区域实施。地方政府在环境治理上存在逐底竞争的倾向使得中央政府须制定国家环境标准。[②] 美国学者萨尔兹曼认为:"逐底竞争不仅仅会迫使州降低环境标准,也会阻止其他州提高环境标准。从这个角度出发,全国性标准是必要的。"[③]故此,国家环境标准须在我国环境标准体系中居于主导地位。

在国家环境标准(GB)没有作出规定但环境保护工作又急需相关标准的情况下,行业环境标准可以充当临时的国家环境标准而用。这一标准也由国务院环境保护主管部门负责制定,以"HJ"为编码代号。但行业环境标准只是国家环境标准的补充,一旦相关的国家环境标准付诸实施,相关的行业环境标准便自行失效。长期以来,囿于国家环境标准体系不周全,我国制定了数量众多的行业环境标准,主要集中在监测标准、基础标准和技术规范领域。换言之,行业环境标准不能涉及环境质量标准、环境风险管控标准、污染物排放标准。需要强调的是,《生态环境标准管理办法》虽然取消了行业环境标准的分级,但对现行的行业环境标准而言,其与国家环境标准还是存在不小的差异,在执法实践中对二者进行区分仍是必要的,尤其司法裁判应予以注意。

[①] 《标准化法》第 10 条规定,对保障人身健康和生命财产安全、国家安全、生态环境安全以及满足经济社会管理基本需要的技术要求,应当制定强制性国家标准。国务院有关行政主管部门依据职责负责强制性国家标准的项目提出、组织起草、征求意见和技术审查。

[②] 汪鲸:《地方政府间大气污染管制的竞争效应研究》,载《贵州财经大学学报》2015 年第 6 期。

[③] [美]詹姆斯·萨尔兹曼、巴顿·汤普森:《美国环境法》(第 4 版),徐卓然、胡慕云译,北京大学出版社 2016 年版,第 19 页。

(二)地方环境标准

地方环境标准的编码代号为"DB",可以简称为"地标"。基于环境的区域性特征,制定地方环境标准是理性且必要的。根据《环境保护法》第15条和第16条的规定,①省级人民政府可以制定地方环境质量标准和污染物排放标准。根据《土壤污染防治法》第12条的规定,省级人民政府可以制定地方土壤污染风险管控标准。但是也有特殊情况,如《放射性污染防治法》目前尚未赋予省级人民政府制定地方放射性污染环境标准的权力。这些地方环境标准的制定并不是任意的,需要受到"严于国家环境标准或者国家环境标准尚未规定"的前提限制。

地方环境质量标准、环境风险管控标准和污染物排放标准在发布标准的行政区域或者指定区域优先执行。根据《生态环境标准管理办法》第43条的规定,省级人民政府在制定完地方环境标准后,须向国务院环境保护主管部门进行标准备案。不过,该备案是事后备案而非事前审查,无论备案与否,均不影响前述三种环境标准的生效执行。除此之外,根据《生态环境标准管理办法》第4条的规定,省级人民政府也可以制定地方其他环境标准,如地方环境监测标准。但是根据《生态环境标准管理办法》第30条、第31条的规定,地方环境监测标准仅在缺乏国家环境监测标准的情况下才可以执行,当相关的国家环境监测标准实施后,相关的地方环境监测标准不再执行。总体而言,地方环境标准基于环境区域性特征对国家环境标准进行完善与补充。

三、以效力分类

依据环境标准是否能够强制执行,可将环境标准分为强制性环境标准和推荐性环境标准。

(一)强制性环境标准

原《标准化法》将强制性标准和推荐性标准的划分限于国家标准和行业标准,但新《标准化法》将行业标准从中予以剔除。为使行业环境标准可有强制性

---

① 《环境保护法》第15条规定,省、自治区、直辖市人民政府对国家环境质量标准中未作规定的项目,可以制定地方环境质量标准;对国家环境质量标准中已作规定的项目,可以制定严于国家环境质量标准的地方环境质量标准。第16条规定,省、自治区、直辖市人民政府对国家污染物排放标准中未作规定的项目,可以制定地方污染物排放标准;对国家污染物排放标准中已作规定的项目,可以制定严于国家污染物排放标准的地方污染物排放标准。

与推荐性之分,《生态环境标准管理办法》取消了行业环境标准分级,将其统归于国家环境标准之中。由于省级人民政府基于环境区域性特征可以依法制定地方环境标准,为使这类标准获得强制执行力,《环境保护法》及环保单行法、《生态环境标准管理办法》将强制性标准和推荐性标准的划分扩张至地方环境标准。具体而言,我国强制性环境标准有如下几种:一是国家环境质量标准、国家风险管控标准、国家污染物排放标准,代号编码为"GB XX—YY";二是国家环境监测标准和国家环境基础标准,代号编码主要以"HJ XX—YY"为主;三是地方环境质量标准、地方环境风险管控标准、地方污染物排放标准,代号编码为"DB XX—YY";四是其他环境标准被法律、法规规定强制执行的;五是推荐性环境标准被强制性环境标准或者行政规章、行政规范所引用的,但其性质不变。① 需要强调的是,强制性环境标准的强制性是由法律法规规章所赋予的,后文会对此作细致说明。

(二)推荐性环境标准

推荐性环境标准是指为了达到更好的环境保护目标,国务院环境保护主管部门和省级人民政府鼓励企业民众自愿适用的技术规范,也可称作"自愿性环境标准"。这类环境标准的主要目的:一是引导企业民众积极环保,二是补充强制性环境标准。例如,山东省 2003 年至 2015 年发布和实施地方推荐性环境标准 39 项,已在全国范围内起到了一定的引领和示范作用。国家推荐性环境标准的代号编码为"GB/T XX—YY""HJ/T XX—YY",如《生态环境损害鉴定评估技术指南　总纲和关键环节　第 1 部分:总纲》(GB/T 39791.1—2020)、《建设项目竣工环境保护验收技术规范　造纸工业》(HJ/T 408—2007);地方推荐性环境标准的代号编码为"DB/T XX—YY",如《突发环境事件应急监测技术指南》(DB 37/T 3599—2019)。② 一般而言,除了环境质量标准、环境风险管控标准、污染物排放标准以外,省级人民政府制定的其他环境标准属于推荐性环境标准。③ 此外,《生态环境标准管理办法》第 38 条规定:"生态环境管理技术规范为推荐性标准,在相关领域环境管理中实施。"

推荐性环境标准囿于不具有强制性,因而法律并不保障它的实施。不过,推荐性环境标准在以下情况下也须强制执行:一是强制性环境标准的引用。根据《生态环境标准管理办法》第 5 条的规定,强制性环境标准可以引用推荐性环

---

① 蔡守秋主编:《环境资源法教程》,高等教育出版社 2010 年版,第 176 页。
② 山东省环境规划研究院主编:《山东省强制性环境保护标准汇编》,中国环境出版社 2018 年版,序言。
③ 曹金根:《环境标准法律制度的困境与出路》,载《河南社会科学》2015 年第 11 期。

境标准,使其具有强制性。二是环境法的援引。环境法在特殊情况下会引入推荐性环境标准,其与相应的法律后果组成责任条款而具有强制性。

第三节 环境标准的援引图景

相较于其他部门法,环境法具有显著的技术性特征。[1] 囿于法律规范的抽象性、笼统性和概括性,环境法上环境权利(力)和环境义务大体处于不确定的状态。事实上,这不仅让企业民众和行政机关无所适从,而且使法律难以矫治环境违法。因此,我国环境法广泛援引环境标准。不言而喻,环境标准在环境立法中扮演着越来越关键的角色,对环境法治的影响日益扩大。试想下,倘若剥离环境标准,环境法会径直成为"空壳子",权利行使、义务履行和责任承担的判定将变得困难。本节拟通过对环境法文本的检索与分析来描绘环境标准援引图景。

一、环境法体系简介

在《立法法》体系下,我国环境法体系较为庞杂,不仅包括《环境保护法》等环保综合法、《水污染防治法》等环保单行法、环保行政法规、地方性法规、行政规章的专门性规范,还包括《宪法》涉及环境保护的规定、环境民法、环境刑法、环境行政法的交叉性规范。

《宪法》中的环境保护规定具有最高的法律效力,系我国环境法体系的基础。[2] 环保综合法是以《宪法》中的环境保护规定为依据,调整环境保护重大问题的综合性法律,如《环境保护法》。[3] 环保单行法是由全国人大常委会根据《宪法》《环境保护法》制定的保护特定对象或者防治特定污染的单项法律。它是环境行政开展、环境司法运行的重要依据。目前,环保单行法可分为以下三类:一是污染防治法,如《放射性污染防治法》;二是生态保护法,如《水法》;三是其他环保法律,如《城乡规划法》。行政法、刑法与民法中的环境保护规定:(1)环境行政法,如《行政许可法》第12条;(2)环境刑法,如《刑法》第338条"污染环境

---

[1] 朱谦:《环境法基本原理——以环境污染防治法律为中心》,知识产权出版社2010年版,第5~6页。

[2] 涉及《宪法》第9条、第10条、第26条、第51条。

[3] 郭春:《环境法的建立与健全——我国环境法的现状与不足》,山西经济出版社2017年版,第30页。

罪";(3)环境民法,如《民法典》第 7 编第 7 章"环境污染和生态破坏责任"。环保行政法规是由国务院根据《宪法》、《环境保护法》和环保单行法制定的保护特定对象或者防治特定污染的规范性文件,如《排污许可管理条例》。环保地方性法规是由省级人大及其常委会根据《宪法》、《环境保护法》、环保单行法制定的保护特定对象或者防治特定污染的规范性文件,如《北京市大气污染防治条例》。环保行政规章是国务院环境保护主管部门、省级人民政府及较大市人民政府根据《宪法》、《环境保护法》、环保单行法和环保行政法规制定的保护特定对象或者防治特定污染的规范性文件,如《固定污染源排污许可分类管理名录(2019 年版)》。

我国环境立法经过 40 多年的发展,最终形成了较为完善的环境法体系。据有关学者统计,"31 部环保法律、60 余部环保行政法规、660 余部地方性法规和行政规章组构起我国的环境法体系"。"环境保护法律在现行法律体系中占比约 10%,环境保护行政法规在现行行政法规体系中占比约 7%。"①

二、环境法文本选定

以环境法文本来检索环境标准,应注意避免以下两个错误:一是选样单一。环境法体系十分庞大,涉及污染防治、生态保护等诸多领域,环境标准的检索样本应当尽可能地多。二是选样泛化。数量庞大的环保行政法规、地方性法规和行政规章调整多是单一环保领域,且多是解释性规则,即细化执行综合法及单行法。为使选样具有较强的代表性,应排除前述的规范性文件。基于此,本部分选择四类环境法文本展开分析:一是《宪法》;二是《环境保护法》等综合法;三是单行法;四是环境民法、环境刑法、环境行政法。截至 2023 年 11 月 1 日,笔者利用"国家法律法规信息库"展开检索,共选定了 29 件法律文本,涵盖了环境保护的所有领域。②

---

① 黄锡生、史玉成:《中国环境法律体系的架构与完善》,载《当代法学》2014 年第 1 期。
② 《宪法》《民法典》《刑法》《行政许可法》《行政处罚法》《环境保护法》《环境保护税法》《环境影响评价法》《水污染防治法》《大气污染防治法》《海洋环境保护法》《固体废物污染环境防治法》《噪声污染防治法》《放射性污染防治法》《土壤污染防治法》《森林法》《水土保持法》《草原法》《渔业法》《水法》《防沙治沙法》《海岛保护法》《土地管理法》《进出境动植物检疫法》《野生动物保护法》《清洁生产促进法》《循环经济促进法》《城乡规划法》《农业法》。

三、环境法文本分析

在对选定文本展开分析前，应厘定"标准"一词的含义，即甄别是否具有标准化的意义，且要与环境保护相关。首先，排除非标准化意义的"标准"，如《大气污染防治法》第 93 条中的统一预警分级标准，这并不具有标准化的意涵。其次，将具有标准化的含义但又有非标准化的含义的"标准"纳入统计，如《行政许可法》第 38 条规定，行政相对人的申请若符合"法定标准"，行政机关应当依法准予许可。① 以环境影响评价为例，当环评报告符合"法定标准"（环境标准），环境保护主管部门应当审批通过。最后，剔除非环境保护意义的"标准"，如《民法典》第 293 条规定中的"工程建筑标准"。

通过对前述文本的检索，在剔除非标准化意义的用语后，文本分析的具体情况如下：

1. 检索出"环境标准"的法律文本有 18 件，占全部法律文本总数的 60%，具体包括《环境保护法》《环境保护税法》《环境影响评价法》《行政许可法》，以及《水污染防治法》等 6 部污染防治法②，以及《海洋环境保护法》《森林法》《水土保持法》《土地管理法》《野生动物保护法》《清洁生产促进法》《循环经济促进法》《城乡规划法》。

2. 未检索出"环境标准"的法律文本有 11 件，共计有《宪法》《刑法》《民法典》《行政处罚法》《草法》《渔业法》《水法》《防沙治沙法》《海岛保护法》《进出境动植物检疫法》《农业法》。

3. 在 18 件法律文本中，共检索出"环境标准"238 次。其中，环保综合法 33 次，占比约为 13.9%；污染防治法 176 次，占比约为 73.9%；生态保护法 7 次，占比约为 2.9%；其他环保法律 15 次，占比约为 6.3%；《行政许可法》7 次，占比约为 2.9%。这表明，我国环境法的基本内容仍旧以污染防治为主，亟待转向生态保护型的"第二代环境法"，即从污染因子单一管控向环境质量系统规制转变。③此外，这一检索结果也从侧面反映了我国环境标准制度在污染防治与生态保护上的发展失衡。

---

① 柳经纬、许林波：《法律中的标准——以法律文本为分析对象》，载《比较法研究》2018 年第 2 期。

② 《水污染防治法》《大气污染防治法》《固体废物污染环境防治法》《噪声污染防治法》《放射性污染防治法》《土壤污染防治法》。

③ 关于环境法的代际划分，参见王树义、皮里阳：《论第二代环境法及其基本特征》，载《湖北社会科学》2013 年第 11 期。

4. 在污染防治法中,"环境标准"的出现频次存在显著差异。其中,《土壤污染防治法》《水污染防治法》《大气污染防治法》的检索频次较高,分别为 31 次、37 次、47 次。《噪声污染防治法》《海洋环境保护法》的检索频次一般,分别为 19 次、20 次。《固体废物污染环境防治法》与《放射性污染防治法》的检索频次较低,分别为 10 次、12 次。

5. 环境标准援引在法律文本上呈现出不同的形式。具体而言:一是概念分解型。例如,《环境保护法》第 15 条规定:"国务院环境保护主管部门制定国家环境质量标准。省、自治区、直辖市人民政府对国家环境质量标准中未作规定的项目,可以制定地方环境质量标准;对国家环境质量标准中已作规定的项目,可以制定严于国家环境质量标准的地方环境质量标准。地方环境质量标准应当报国务院环境保护主管部门备案。国家鼓励开展环境基准研究。"本条对地方环境质量标准进行了概念界定,即要严于国家环境质量标准或者补缺国家质量标准。二是权利义务型。例如,《水污染防治法》第 35 条规定:"向水体排放含热废水,应当采取措施,保证水体的水温符合水环境质量标准。"本条对含热废水的排放设置了符合水环境质量标准的义务。三是"权利义务+法律后果"型。例如,《环境保护法》第 60 条规定:"企业事业单位和其他生产经营者超过污染物排放标准或者超过重点污染物排放总量控制指标排放污染物的,县级以上人民政府环境保护主管部门可以责令其采取限制生产、停产整治等措施;情节严重的,报经有批准权的人民政府批准,责令停业、关闭。"本条在设定须符合污染物排放(总量控制)标准义务的基础上,还明确了超标的法律后果。四是构成要件型。例如,《土壤污染防治法》第 96 条第 1 款规定:"污染土壤造成他人人身或者财产损害的,应当依法承担侵权责任。"本条中的赔偿责任需要以违反土壤环境标准造成的土壤污染为构成要件。从表述内容上看,环境标准大多集中在环境行政责任、环境刑事责任、环境侵权责任的行为违法性判断上,由此表明环境纠纷涉及广泛、复杂的技术问题。

6. 环境标准援引在我国环境法体系中存在差异化。一是宪法与民法、刑法、行政法涉及环境保护的条款缺乏环境标准之规定,二是三大诉讼法涉及环境诉讼的条款缺乏环境标准之规定。虽然这一现象与宪法和三大实体法、三大程序法的核心内容并不涉及科学技术问题,但是环境标准在实体法和程序法上鲜有着墨,可能难以为环境审判提供良好的规范指引,如环境标准是否具有法属性,以何种形式进入环境审判。这些问题均亟待进行法理解释和论证,否则将掣肘环境法治水平的提高。

第二章

环境标准拘束司法的前提勘定

　　环境标准规范属性是讨论环境标准司法适用的基础前提。环境标准的援引制度使我们对环境标准规范属性的认识在"法律规范"与"技术规范"之间摇摆。长期以来,多数环境法学者认为"环境标准以法律规范的形式拘束司法",这将环境标准的司法适用简化为公法规范的司法适用。然而,环境标准以何种形式拘束司法在我国并非一个已决问题,学术界对此争论不休。究其原因在于,环境标准法律属性论虽占据主流地位,但环境标准技术规范属性论更具合理性。故此,本章试图在梳理环境标准以法律规范为载体拘束司法的学术争论之基础上,辨析环境标准与环境法的关系,以明确环境标准以技术规范的形式拘束司法。

第一节　环境标准以法规范拘束司法的学术梳理

　　一直以来,学术界普遍认为"环境标准以法律规范的形式拘束司法"。背后的主要原因是法律规范论在环境标准规范属性的讨论中居于主流地位。不过,环境标准法律属性论的法理阐述并不深入。本节尝试对环境标准属性争论进行学术梳理,在既有研究成果的基础上揭示环境标准法律属性论的理论缺陷及其形成原因。

一、环境标准属性争论的表现形式

　　在我国,主张环境标准法律属性论者,多立基于环境标准与环境法的密切关系。环境标准在环境法中的高频出现,使学者们对二者之间的关系有着不同理解,进而形成了截然相反的环境标准属性论。

(一)环境标准的法律渊源

《标准化法》及其实施条例作为我国标准化的基础规范,环境标准制度当然要准用。除此之外,以《环境保护法》为中心的环境法体系也对环境标准制度作了专门规定。

一是专门行政规章涉及环境标准的规定。《生态环境标准管理办法》分为总则、生态环境质量标准等10章,总计54条。该办法对一般性规定、六类标准的作用及管理、地方标准的作用及管理、标准实施评估及其他规定作了较为全面的规定。《生态环境标准管理办法》是由国务院环境保护主管部门制定的,属于环保部门规章。

二是环保单行法与行政法规、行政规章涉及环境标准的规定。某一要素的环境标准之制定、内容及其实施主要由环保单行法作出规范。《固体废物污染环境防治法》《噪声污染防治法》《大气污染防治法》《土壤污染防治法》《水污染防治法》《放射性污染防治法》分别对固体废物环境标准、噪声环境标准、大气环境标准、土壤环境标准、水环境标准、辐射环境标准作出规定。例如,根据《固体废物污染环境防治法》第14条的规定,国务院环境保护主管部门会商其他有关部委制定固体废物鉴别标准及防治标准。数量较多的环境保护行政法规、行政规章主要规定环境标准的具体实施。例如,根据《医疗废物管理条例》第20条的规定,医疗卫生机构产生的污水、传染病病人或者疑似传染病病人的排泄物,应在达到国家规定的排放标准后,方可排入污水处理系统。根据《农用地土壤环境管理办法(试行)》第12条的规定,农田灌溉用水应当符合《农田灌溉水质标准》(GB 5084—2021),以避免土壤、地下水和农产品受到污染。

三是《环境保护法》涉及环境标准的规定。环境标准的制定、内容及其实施在我国环境保护基本法中有9个条文的体量。《环境保护法》第15条、第16条规定了国家和地方环境质量标准、污染物排放标准的制定主体与地方环境质量标准,污染物排放标准的制定前提及备案登记制度。《环境保护法》第60条规定,环境保护主管部门对生产经营者超标排污的违法行为可以作出限产、停产、关闭等行政处罚。这些条文从环境保护基本法的角度出发充实和丰富了环境标准制度,表明了环境标准在我国环境保护中的作用与地位。

四是《标准化法》《标准化法实施条例》涉及环境标准的规定。《标准化法》《标准化法实施条例》尽管没有直接对环境标准作出规定,但多数条款是适用于环境标准的,并对其制定、内容及实施具有重要的规范效力。例如,《标准化法》第2条规定强制性标准具有强制执行力。第10条规定保障生态环境安全的技术要求应当制定强制性国家标准。《标准化法实施条例》第20规定标准需要定期复审,限期5年内。《标准化法》《标准化法实施条例》关于标准制定、标准内容、标准实施的一般性规定给环境标准制度搭建了基本框架。

简言之,环境标准的制定与实施不仅在《标准化法》及其实施条例中有一般规定,而且在环境法体系中有专门规定,由此看来其似乎当然属于法律规范。但笔者认为,环境标准与环境标准法不能简单等同。

(二)环境标准与环境法的关系争议

在环境法领域,理论研究想要绕开环境标准几乎不可能,因为环境标准已深嵌于环境法中。故此,对二者间的关系之认识必然影响环境标准规范属性的厘定。目前,学者们关于环境标准与环境法之间的关系讨论有三种不同的观点:

1. 基础说。持基础说的学者们认为,环境标准是建构环境法的基础,并保障环境法具体规范的运行。通过对各国环境法的比较考察,尽管具体内容存有一定的区别,但是在依赖环境标准上呈现统一趋势,即大量地引进环境标准。比如,环境质量标准设定了一国环境法的制定与实施之目标,污染物排放标准等环境标准细化了一国环境法关于权利(力)义务的抽象规范。实事求是地说,环境法体系是建基于环境标准之上的。①

2. 独立附属说。持独立附属说的学者们认为,作为技术要求和检验方法,环境标准的制定需要环境法的明文授权,即由法定的主体按照法定的程序进行统一制定,并在环境法的保障下予以实施。② 因此,于环境法而言,环境标准处于一个既相对独立又相对依附的地位。突出表现为:环境标准确实独立于环境法体系之外,但是又只能和环境法结合起来才能发挥作用。

3. 共生说。持共生说的学者们认为,我国环境法既包括不涉及科技问题的非技术规范,也包括涉及科技问题的技术规范。其中,技术规范多指环境标准。③ 与此同时,两类规范在环境法内密切协作,互为支持、相互照应,并无主从、先后之别。换言之,环境标准与环境法之间系属相辅相成的共生关系。

基于对关系争议的分析,我们发现,基础说和共生说均倾向于认为环境标准属于环境法的组成部分,具有明显的法律属性倾向;独立附属说对环境标准与环境法之间的关系的认识基本上是正确的,但仍需附属于法律则忽视了标准化原理与标准化价值。显然,理论界对二者之间的关系的认识已注定了环境标准属性论争集中于环境标准是完全属于法律规范还是部分属于法律规范。

---

① 周珂等主编:《环境法》,中国人民大学出版社2016年版,第24页。
② 常纪文:《环境标准的法律属性和作用机制》,载《环境保护》2010年第9期。
③ 徐以祥:《我国环境法律规范的类型化分析》,载《吉林大学社会科学学报》2020年第2期。

（三）环境标准的属性争论

在梳理完环境标准与环境法之间的关系论争后，我们发现关于环境标准的规范属性问题存在截然不同的观点。许多学者认为，"作为环境法体系的重要组成部分，环境标准当然具有法律的属性"。不过，环境标准法律属性论又可分为完全肯定和部分肯定两类。与此同时，也有部分学者认为不应将环境标准视为环境法的组成部分，而持环境标准法律属性否定论。

1. 环境标准法律属性完全肯定论，代表性学者有吕忠梅教授、黄锡生教授、常纪文教授、王树义教授等。吕忠梅教授认为，环境标准是环境法规的重要组成部分，一经发布即具有法律效力，必须严格执行。① 黄锡生教授认为，环境标准以行政规章的形式作为环境法体系的重要组成部分。② 常纪文教授按照"纳入其中即为组成"的逻辑认为，环境标准是环境法律体系的一部分。③ 王树义教授认为，环境标准是环境法律体系的主要构成部分。④ 由此可见，环境标准法属性完全肯定论也存在法律说、法规说、规章说的争议。

2. 环境标准法律属性部分肯定论，代表性学者有王灿发教授、蔡守秋教授、彭本利教授等。王灿发教授认为，囿于本身不具有法律效力，即使存在违标行为，环境标准并不能追究该行为的法律责任，而需要借助其他法律规范才能加以制裁，故此其须通过与具体规定的结合方能成为环境法体系的组构部分。⑤ 蔡守秋教授认为，环境标准不能在"是环境法规范或者不是环境法规范"之间作一刀切的判定，应是与其他法律规范结合成为环境法更完善的一部分。⑥ 彭本利教授在肯定环境标准具有法属性的基础上，认为应当区分而论，强制性环境标准属于环境法体系的构成部分，推荐性环境标准则不属于。⑦ 在环境标准法属性部分肯定论中，可隐约感知到，环境标准统归于环境法所存在的逻辑不周延性。

3. 环境标准法律属性否定论，即在《立法法》体系下，环境标准不属于环境法体系的组成部分，代表性学者有柳经纬教授、杨朝霞教授、施志源教授等。柳

---

① 吕忠梅主编：《环境法导论》，北京大学出版社 2010 年版，第 102～104 页。
② 黄锡生、史玉成：《中国环境法律体系的架构与完善》，载《当代法学》2014 年第 1 期。
③ 常纪文：《环境法前沿问题——历史梳理与发展探究》，中国政法大学出版社 2011 年版，第 47 页。
④ 王树义等：《环境法基本理论问题》，科学出版社 2012 年版，第 425 页。
⑤ 王灿发：《环境法教程》，中国政法大学出版社 1997 年版，第 55、135 页。
⑥ 蔡守秋：《论环境标准与环境法的关系》，载《环境保护》1995 年第 4 期。
⑦ 彭本利、蓝威：《环境标准基础理论问题探析》，载《玉林师范学院学报》2006 年第 1 期。

经纬教授认为,环境标准与环境法分属不同性质的规范系统,因为二者在制定主体、制定程序、实施机制和监督机制等方面有着显著的差异。① 杨朝霞教授认为,环境标准法律属性论的研究存在三大问题:一是偏向强制性环境标准而忽略推荐性环境标准,二是误认所有的法律规范均具强制性,三是混淆环境标准与环境标准法。② 施志源教授认为,环境法的具体规范或者环境执法行为赋予环境标准的强制执行效力,因此无论是强制性环境标准还是推荐性环境标准,其作用在于事实认定,而非法律规范。③

基于对既有学术争论的分析,环境标准法律属性论目前在学界占据主流,否定论尚未获得应有重视。至于环境标准属于哪一类环境法,学术界一般认为环境标准是行政法规或者行政规章。④ 需要指出的是,环境标准法律属性论更多指向强制性环境标准,但也包括《生态环境标准管理办法》第5条规定的"推荐性环境标准被引用或者法律法规规章明定"的情况。因此,下文的分析也多聚焦于强制性环境标准,但也旁涉推荐性环境标准。

二、环境标准法律属性论的理论缺陷

许多学者认为环境标准具有法律的规范属性,多限于环境保护的特定领域。不过,由于环境标准是我国标准化工作的一部分,我们对其规范属性的讨论应置于标准化的全局实践中加以考察。当视野扩展开来,我们会发现环境标准法律属性论将陷入理论解释的困境,并对我国标准化事业和环境法治产生消极影响。

(一)环境标准与环境法的模糊

人们认识和理解客观世界往往会采取"范畴化"的基本方法,即分类法、类化法。事物分类或者类化主要以性质、式样、功能等方面的相似度为据。采取

---

① 柳经纬:《评标准法律属性论——兼谈区分标准与法律的意义》,载《现代法学》2018年第5期。
② 杨朝霞:《论环境标准的法律地位——对主流观点的反思与补充》,载《行政与法》2008年第1期。
③ 施志源:《环境标准的法律属性与制度构成——对新〈环境保护法〉相关规定的解读与展开》,载《重庆大学学报(社会科学版)》2016年第1期。
④ 王春磊:《环境标准的法律效力:问题梳理及实践动向》,载《中州学刊》2016年第11期。

适当的分类依据既有助于我们的认识、理解和记忆,也可有效地减少认知负荷。① 因此,依据事物的本质属性进行分类是较为妥当的方法,将相同本质属性的事物归为同一类,将不同本质属性的事物相区分开来。遵循这一分类逻辑,属性差异是区分事物的重要依据,不同的事物必然存在不同的属性,相同的事物也必然具有相同的属性。例如,法律与道德显属不同的规范,刑法和民法则同属法律规范。

在环境标准与环境法之间的关系厘定上,环境标准法律属性论要么混同了其与环境法的界线,将环境标准或者某一类环境标准放进法律的范畴。譬如,从环境标准的制定主体为国务院环境保护主管部门和省级人民政府来论证,将其等同于行政规章。要么忽视了环境标准的同一性,将环境标准断分为有法律效力的环境标准和没有法律效力的环境标准,或者断分为硬法型环境标准和软法型环境标准。例如,环境法学界普遍认为强制性环境标准属于法律的范畴,推荐性环境标准则属于非法律的范畴。然而,按照标准化原理,环境标准事实上是一个逻辑清晰、自给自足的体系。如此说来,环境标准法律属性论与事物分类的基本规律是背道而驰的,显属典型的"盲人摸象"之举,导致的恶果是既阻碍了人们对环境标准的科学认知,又破坏了人们对环境法的理性认识。长此以往,环境标准法律属性论会阻碍环境标准制度的深度发展,因为其归入法律而被束缚便会丧失标准的原有特质与功能,如灵活性、效率性。

(二)强制性环境标准与推荐性环境标准的割裂

在我国"两级六类"的环境标准体系中,环境标准的执行性质存在两分,即强制性和推荐性。事实上,标准的基本属性是推荐性,因为其诞生与实施起初是为了填补法律的不足与空白。推荐性标准之所以要转向强制性标准,是因为政府需要保障公共安全、维系公共利益,毕竟公共安全、公共利益是检验现代政府是否具有正当性的重要依据,系政治正确的核心事项。为了保障环境安全、维系环境公益,现代政府须采取一切可能的手段,通过法律赋予环境标准以强制性就是其中之一,《标准化法》第 10 条即明证。不过,强制性环境标准在环境治理中只能起到保底作用,为更好地保障环境安全、维系环境公益,与被规制主体合作制定或者吸纳其参与制定推荐性环境标准是更佳的策略。强制性环境标准在环境标准体系中属于关键的少数,应和推荐性环境标准形成良性互动与密切协作。因此,在标准化实践中,两类性质的环境标准并非截然分立的。质

---

① 张佳昱、苏彦捷:《主题还是分类学? 对事物分类倾向的发展研究》,载《心理科学》2008 年第 6 期。

言之,在强制性环境标准和推荐性环境标准之外,还有不少的"混合"环境标准存在,即既具有强制性内容又有着推荐性要素。例如,《船舶水污染物排放控制标准》(GB 3552—2018)引用了《生活饮用水标准检验方法》(GB/T 5750—2006)关于"消毒剂指标""微生物指标",使此两项推荐性指标变为强制性指标,但《生活饮用水标准检验方法》的其他指标仍然是推荐性。《生活饮用水标准检验方法》即属于"混合"环境标准。除此之外,强制性环境标准部分替代推荐性环境标准,未被替代的环保领域仍需参用推荐性环境标准。例如,《地表水和污水监测技术规范》(HJ/T 91—2002)被《污水监测技术规范》(HJ 91.1—2019)部分替代,地表水监测仍旧要引用原有标准。

显而易见,持环境标准法律属性论的学者们并未注意到"混合"标准与推荐性标准被引用的存在。一方面,按照他们的法律属性论解释,会得出"混合"标准中部分内容是环境法而另一部分内容不是环境法的悖论。另一方面,在推荐性环境标准被援引的场合中,其在此情形下是具有强制性的。但是依据环境标准法律属性论,一项推荐性环境标准在独立存在时和被引用时具有不同的属性,这一解释无法自圆其说。简言之,环境标准法律属性论忽略了对推荐性环境标准的分析,导致推荐性环境标准的价值与功能被淹没。强制性环境标准与推荐性环境标准的割裂对环境标准体系的发展与完善是消极的。在标准化实践中,以市场和社会为基础的推荐性标准是合作治理的重要工具,[①]对扩大标准供给、优化强制性标准等大有裨益。环境标准制度亦是如此。有学者指出,自愿性排放标准可以增加排放标准的有效供给、为强制性标准的制定探路。[②] 在环境标准法律属性论的影响下,现有环境标准的实施几乎依赖于威慑型的强制性标准,忽略了合作型的推荐性标准。

(三)积极采标政策的背离

根据《标准化法》第 8 条的规定,我国推行"结合国情积极采标"的标准化发展政策,通过学习、引进国际和国外的先进标准,以提升标准化国际水平、完善标准体系。[③] 目前,ISO 制定了涉及水污染、土壤污染、大气污染的环境监测标准以及环境管理技术规范等,如 ISO 14001 环境管理体系。WHO 制定了空气

[①] 于连超:《作为治理工具的自愿性标准:理论、现状与未来——兼论中国标准化法制的革新》,载《宏观质量研究》2015 年第 4 期。

[②] 吕红、温汝俊、张懿:《环境管理中的自愿性排放标准及重庆实践》,载《环境保护》2016 年第 23 期。

[③] 甘藏春、田世宏主编:《中华人民共和国标准化法释义》,中国法制出版社 2018 年版,第 39 页。

质量标准、饮用水水质标准等。国际海事组织(IMO)等诸多国际组织在各自专业领域制定了相关的环境标准,被世界各国普遍采用,在推进全球环境保护中发挥着重要作用。欧美日等基于先进的科学技术和高度的环保意识已构建结构完备、内容完善的环境标准制度。而我国现行的环境标准体系存在部分标准制修订滞后,以及科学性不足的问题,① 与国际标准、国外先进标准还有着较为明显的差距。例如,WHO 早在 2005 年就在空气质量标准中对 $PM_{2.5}$ 作出技术规定,而我国则迟至 2012 年才将此一污染物纳入大气环境标准,但并未将 $PM_{2.5}$ 纳入常规监测体系内。② 再如,我国环境基准研究较为薄弱,而环境标准的制修订需求巨大,导致部分环境标准要么落后要么欠缺。③ 因此,我国应当积极采用和转化国际和国外先进环境标准,以加快我国环境标准体系的完善进程。

积极采标固然值得肯定,但也会产生一个棘手的问题,即被采用的国际和国外先进环境标准的版权保护。比如,我国在制定《电磁环境控制限值》(GB 8702—2014)时就参考了国际非电离辐射防护委员会(ICNIRP)的电磁辐射标准和电气与电子工程师学会(IEEE)的电磁辐射标准。此两项国际电磁辐射标准的版权保护问题值得深度思考与认真对待。按照 ISO 的版权政策要求,ISO 标准具有版权,并归 ISO 所有。其他国际标准组织和国外标准化机构的版权政策亦是如此。例如,在美国,无论联邦法规是否采用标准,都不影响其受到版权保护。是故,我国在采用国际和国外先进环境标准时,务必注重对这些标准的版权保护。④ 不过,环境标准法律属性论却容易引发涉国际(国外)环境标准的版权纠纷。根据我国《著作权法》第 5 条的规定,法律、法规及规章均不受著作权保护。如此一来,按照环境标准法律属性论的理解,被采用的国际(国外)环境标准属于环境法体系的组成部分,自然不受我国《著作权法》的保护。

涉及技术标准版权保护的问题,学界存在三种观点:一是不论强制性技术标准还是推荐性技术标准均不具有版权;二是强制性技术标准和推荐性技术标准均具有版权;三是强制性技术标准不具有版权,推荐性技术标准具有版权。⑤

---

① 杜学文、蒋莉:《我国环境标准体系的不足与完善》,载《中共山西省委党校学报》2018 年第 3 期。
② 阚海东:《〈环境空气质量标准〉(GB3095—2012)细颗粒物($PM_{2.5}$)标准值解读》,载《中华预防医学杂志》2012 年第 5 期。
③ 孔赟等:《环境保护标准体系研究现状及策略构建》,载《中国标准化》2014 年第 8 期。
④ 陈燕申、陈思凯:《美国技术法规中的标准版权保护与启示》,载《中国标准化》2016 年第 5 期。
⑤ 郑培等:《技术标准著作权问题研究》,知识产权出版社 2015 年版,第 148~149 页。

笔者认为,第一种观点忽略了技术标准内涵的作品创作之核,第三种观点破坏了标准化的统一实践。回归技术标准的本体,其当然具有作品的属性,理应受到版权的保护,这也是国际上的通行做法。① 之所以形成如此对立的论争,原因在于技术标准的公共性,其需要为社会大众免费使用。那么,版权保护与免费使用是否构成实质冲突呢?答案明显是否定的。给予技术标准以版权保护是对技术标准创作的鼓励,让技术标准可免费使用则是版权保护的实施策略。正如有学者所言,标准作为技术规范,与著作权法保护的其他作品之间存在着区别,因此对标准的著作权保护也需要建立相应的特殊规则。② 笔者认为,无论是推荐性环境标准还是强制性环境标准,均属于法人作品,其著作权归属于国务院环境保护主管部门与省级人民政府。③ 不过,由于环境标准带有公共性质,关乎污染防治与生态保护,对其保护强度应减弱,如强制性环境标准的免费公开。简言之,环境标准法律属性论不仅阻碍了我国积极采标政策的实现,也迟滞了环境标准版权制度的完善。

(四)行政立法的扩大

按照宪制主义的基本理念,涉及公共利益的重大决定只能由经人民选举且符合直接民权要求的立法机关作出,尤其是对私人权利义务构成普遍约束的行为规范。从理论上而言,只有前述机构才有权制定法律。不过,由于经济社会的迅速发展,国家要干预的事项越来越多,干预的程度越来越深,立法任务也相应地激增了,立法机关垄断立法权遭遇人力、物力的危机而渐渐力不从心,不得不将独享的立法权有限地转授给行政机关。由此可见,传统的宪制架构下立法权垄断早已被打破,立法权下移与共享成了宪制改革的一大趋势。故此,工业革命以来,西方发达国家的政府"积极行政",不断地扩张行政权力,逐步谋取了与议会立法权旗鼓相当的行政立法权。它们的议会在面对日趋复杂化、高度技术化的管理需求时表现出知识匮乏和能力欠缺,因而只能初步设定管理框架和管理目标,至于管理细节只好交给行政机关自行裁量,由其酌定管理政策和管理手段。英国行政法学者威廉·韦德就曾说过:"从实务的视角看,我们立刻便会明白,行政机关进行大规模的普遍性立法是必要的。"④ 实际上,我国的情况也

---

① 周宇:《知识产权与标准的交织》,载《电子知识产权》2020年第1期。
② 柳经纬:《标准的规范性与规范效力——基于标准著作权保护问题的视角》,载《法学》2014年第8期。
③ 凌深根:《关于技术标准的著作权及其相关政策的探讨》,载《中国出版》2007年第7期。
④ [英]威廉·韦德:《行政法》,徐炳等译,中国大百科全书出版社1997年版,第559页。

是如此。改革开放以来,为满足经济社会的庞大管理需求,我国行政立法迅猛发展。

行政立法的扩大尽管能够满足公共治理的需要,但是导致行政权脱法律化是不争的事实。美国行政法学者伯纳德·施瓦茨评论道:"在行使立法权后,行政机关渐渐将其作为行政武库的主要武器。"①行政立法的扩张实践似乎也印证了这一现象,我国行政法规、行政规章的数量远大于法律,或多或少对上位法形成僭越。截至 2018 年 8 月底,我国现行有效的行政法规有 756 件,行政规章有 3000 多件。有学者指出,"依规章行政"之现实早已取代了"依法行政"之理念,这也在相当程度上滋长了行政机关的强硬立场和傲慢思维。② 因此,对日益膨胀的行政立法权进行必要降温成为学界和民众所关心的焦点问题。行政立法的权限控制与程序控制是可行的路径。回归环境法治的讨论,我国现行环保行政法规 60 余部,环保行政规章 600 余项,行政机关由此享有的自由裁量权不可谓不大。此时,秉持环境标准法律属性论,按照《标准化法》《环境保护法》及环保单行法的规定,负责制定环境标准的国务院环境保护主管部门和省级人民政府将拥有更大的行政立法权,进而无限放大了环境保护的行政立法圈。十分明显,这与对行政立法进行必要控制是背道而驰的。事实上,环境标准的制定程序尚未受到《立法法》《规章制定程序条例》的规制。在此种情况下,环境标准具有的法律属性,致使环境法体系紊乱的风险大大增加。有学者指出,与具有严格立法程序的人大立法相比,行政立法,尤其是规章立法,夹杂的主观因素相对多一些,致使我国现行行政法体系中破坏自然的规范大量存在。③ 不言而喻,环境标准的本质是科学性而非强制性,这才是环境标准的制度追求。鉴于此,我们需要审视环境标准法律属性论带来的法治风险,探寻其发挥价值的妥适机制。

三、环境标准法律属性论的形成原因

为破除环境标准法律属性论,我们需要探讨形成错误认识的主客观原因。环境标准法律属性论形成的主客观原因,如制定授权、理论误用、传统惯习、融合现象、研究薄弱等。

---

① [美]伯纳德·施瓦茨:《行政法》,徐炳译,群众出版社 1986 年版,第 29 页。
② 鲁鹏宇:《法治主义与行政自制——以立法、行政、司法的功能分担为视角》,载《当代法学》2014 年第 1 期。
③ 关保英:《行政立法尊重自然的理论思考与实践进路》,载《南京大学学报(哲学·人文科学·社会科学)》2020 年第 1 期。

(一)制定授权

为了应对公共管理的新情势,行政机关正在获得越来越多的立法授权。授权环境保护主管部门制定环境标准的初衷在于对专业行政机关的技术尊重,毕竟作为综合行政机关的标准化行政主管部门虽然具有标准制定权和标准专业知识,但是对环境保护这一高度专业、复杂的问题而言,其在制定能力上仍存在不少欠缺,由此需要转授环境保护行政部门来制定环境标准。在我国,这一授权形式有两种:一是《标准化法》和《环境保护法》及环保单行法的直接授权,即法律条文的明确授权;二是《环境保护法》及环保单行法的间接授权,即通过不确定法律概念进行授权。

生态环境安全需要通过环境保护予以落实,因此《标准化法》明确规定涉及生态环境安全的技术要求应当制定强制性国家标准,并将制定权授予国务院环境保护主管部门。① 这一授权也得到了《环境保护法》及环保单行法的细化与扩大。② 例如,《环境保护法》第15条、第16条规定,国家环境质量标准和污染物排放标准由国务院环境保护主管部门制定,相应的地方环境标准则由省级人民政府制定。除此之外,《大气污染防治法》等6部污染防治法也有类似的规定。据此,国务院环境保护主管部门和省级人民政府依法获得了环境标准的制定授权。

法律文本总是或多或少地存在不确定性,这系属立法不可避免的一部分。考虑到行政规制的复杂多变,立法机关在有些情况下有意留下空白,通过不确定性的概念,为专业行政机关的规制创设灵活的空间。比如,法律无法对科技事务作出详尽、具体的规定。此外,即使立法机关不想在法律中留白,法律语言自身也存在不确定性,难以做到事事巨细。对环境问题的治理、环境风险的规制而言,立法机关往往会通过不确定法律概念的设置而将具体化规则的权力交给国务院环境保护主管部门和省级人民政府,因为它们拥有众多的专业人员和丰富的信息渠道等优势。为填补《环境保护法》及环保单行法有关"超标"等不确定性概念,国务院环境保护主管部门和省级人民政府须制定相应的环境标准。例如,《土壤污染防治法》第87条规定:"违反本法规定,向农用地排放重金属或者其他有毒有害物质含量超标的污水、污泥,以及可能造成土壤污染的清淤底泥、尾矿、矿渣等的,由地方人民政府生态环境主管部门责令改正,处十万

---

① 参见《标准化法》第10条的规定。
② 参见《环境保护法》第9条、第10条的规定,《大气污染防治法》第12条至第14条的规定等。

元以上五十万元以下的罚款;情节严重的,处五十万元以上二百万元以下的罚款,并可以将案件移送公安机关,对直接负责的主管人员和其他直接责任人员处五日以上十五日以下的拘留;有违法所得的,没收违法所得。"其中的"超标"即属不确定法律概念,须交由国务院环境保护主管部门和省级人民政府制定相应的环境标准来量化规定。

站在《标准化法》、《环境保护法》及环保单行法的授权角度,国家环境标准似乎属于部门规章,地方环境标准似乎属于地方政府规章。因此,环境标准的制定授权成为法律属性论的重要理据。

(二)理论误用

学术界将技术法规理论、软法理论作为环境标准法律属性论的理论依据。这些理论似乎可以提供某种论证,但均存在难以自恰之处。其中,最大的问题是不能脱离我国法源的基本框架。法源就是"有效力的法律表现形式",是由一国的法律所规定的。我国关于法源的规定是由《宪法》和《立法法》所规定的,不可对此进行过度扩展。①

1. 技术法规与环境标准

技术法规(technical regulation)往往出现在国际协定和国家之间的条约中,系属国际法的实践产物。按照 ISO/IEC 指南的定义,技术法规是指规定技术要求的规范性文件。② 按照 WTO/TBT 协定附件 1 的定义,技术法规是指有关产品特性或工艺和生产方法等需要强制执行的规范性文件。③ 前一个定义侧重于说明标准对技术法规的支撑作用,而后一个定义则倾向于关注国际贸易的技术措施,对标准没有过多强调。随后,欧美日等将 ISO 和 WTO 的技术法规转用于国内法。因此,许多国家关于技术法规定义与前述的技术法规概念较为类似。尽管技术法规已有完整定义且被广泛使用,但是它不能被归于某一个独立的法律部门,而仅是诸多技术性法规范的总称。④ 例如,美国技术法规可以是

---

① 刘作翔:《回归常识:对法理学若干重要概念和命题的反思》,载《比较法研究》2020年第2期。

② ISO/IEC 指南 2:2004 对技术法规的定义如下,规定技术要求的法规,它或者直接规定技术要求,或者通过引用标准、技术规范或规程来规定技术要求,或者将标准、技术规范或规程的内容纳入法规中。

③ WTO/TBT 协定附件 1 规定,"技术法规"是指规定强制执行的产品特性或其相关工艺和生产方法,包括适用的管理规定在内的文件。该文件还可以包括或专门关于适用于产品、工艺或生产方法的专门术语、符号、包装、标志或标签要求。

④ 谭启平:《符合强制性标准与侵权责任承担的关系》,载《中国法学》2017年第4期。

法律也可以是规章还可以是法典、条例。① 目前,技术法规在全球范围内尚未被任何一国当作专门的单行法或者单独的部门法,大多是以法律、法规、规章、指令、命令等多种形式发布施行。② 然而,借用技术法规的理论,国内学者认为强制性环境标准等同于技术法规,从而持环境标准法律属性论。

其实,在加入 WTO 之前,我国就早已使用技术法规的术语。1979 年《标准化管理条例》第 18 条曾有过"经批准发布的标准即技术法规"的规范表述。不过,随着 1988 年《标准化法》的颁布实施,"标准即技术法规"的规定不复存在,标准的执行效力被分为强制性和推荐性两类。自此,技术法规作为法律概念从我国的法律体系中完全消失,《立法法》也从未承认技术法规的地位。全国人大常委会认为,按照《立法法》的规定,"法规"一词只能指代行政法规和地方性法规,不能扩大用到强制性技术要求领域。不过,在我国标准化理论界和法学界中,部分学者对技术法规较为推崇,坚定地认为强制性标准就是技术法规。例如,有学者就认为,在传统法律体系之外,我国已建构起较为完备的技术法规体系。这一体系以强制性标准为主,辅之以国务院各专业行政部门制定的技术规范,较好地规范了我国经济社会的发展。产生这一论点的主要原因有:一是在入世谈判中,为满足 WTO 关于技术法规的要求,我国作出"强制性标准等同"的承诺。③ 二是混淆了强制性标准与技术法规的强制性来源,前者是间接的强制性,后者是直接的强制性。德国标准化学会(DIN)认为,DIN 标准不是法律,但是它可以借助协议、法律等渠道获得法律意义。④ 除此之外,强制性标准与技术法规还在制定机构、制修程序、格式内容等形式外观上有着很大的差异,⑤笔者在下文将会对此作较为细致的论述。实际上,技术标准作为技术法规使用是计划经济时代的特殊产物,而在市场经济时代,尽管强制性标准在一定程度上可以替代"技术法规"的角色,但是二者之间存在着显著的不同。⑥ 因此,学界不宜使用技术法规之概念来论证环境标准具有"法规范"属性。

2. 软法与环境标准

作为与硬法(hard law)相对的概念,软法(soft law)早已在国际治理、区际

---

① 刘春青、于婷婷:《论国外强制性标准与技术法规的关系》,载《科技与法律》2010 年第 5 期。
② 刘春青等:《国外强制性标准与技术法规研究》,中国质检出版社 2013 年版,第 19 页。
③ 王忠敏:《关于"最新"〈标准化法〉的乌龙》,载《中国标准化》2014 年第 5 期。
④ 郭冬环:《我国技术法规概念刍议》,载《科技与法律》2010 年第 2 期。
⑤ 林淼:《WTO/TBT 协定与我国技术法规体系建设》,载《国际商务》2008 年第 1 期。
⑥ 朱宏亮、张君:《从标准与技术法规的关联区别谈我国技术法规体系的建设》,载《标准科学》2010 年第 3 期。

治理中普遍实践,成为国际法领域的显学,但起初并不为国内法学者所重视。为推进国内治理的多元转向,学术界开始关注软法及其现象、实效,软法理论逐渐变为国内法研究的新范式。不同于国际法,主权国家在国内法场域内处于绝对垄断地位,不仅因法律是其权力的合法来源,而且因法律是其权力库的重要武器。但囿于传统的国家管控模式存在失灵情况,公共治理逐步勃兴,[①]迫切需要软法作为硬法的有益补充。关于软法的定义,国内学者大多引用罗豪才教授的经典论述,即"那些能够产生社会实效,但其效力结构可能是残缺的,实施机制无须依赖国家强制的法律规范"[②]。这一全新的理论修正了法的概念,使得法由国家意志转向公共意志,从而大幅地扩张了法的外延。国内不少学者就此认为"软法亦法",具有相当的约束力。在软法论者的眼中,软法是法律的另一种基本表现形式,不同于硬法的是它以其他方式彰显法律的基本特征、达成法律的主要功能。在实施机制上,作为"法律"的软法不仅可以发挥"软约束力",还可以借由某种硬法产生"硬"的作用。[③] 自此,软法论者将国内法划分为硬法和软法,他们以能否运用强制力来保障实施作为区分软法和硬法的标准。他们大多认为,法律分类的标准是"是否需要运用强制力来保障实施",以强制力为保障的属于"硬法",不以强制力为保障的则属于"软法"。

在环境软法论者看来,尽管我国制定了较大规模的环境硬法,但是软法现象在环境法体系中并未因此而消减,反而各类软法规范层见叠出,并在以硬法为主导的环境法体系中形构起蔚为大观环境软法的亚系统。[④] 按照环境软法论者的见解,实践中的环境软法在我国主要有四大类:一是环境硬法中的软法条款,如指导性条款;二是环境保护政策,如《土壤污染防治行动计划》;三是仅次于国家法的民间环境自治规则,如《钢铁行业规范国内钢材市场秩序自律公约》;四是环境标准。[⑤] 因此,部分学者将环境标准归类为"软法",成为法的一种表现形式。令人遗憾的是,环境标准的软法地位问题并未得到软法论者的专门研究。需要指出的是,不同于一般软法论者,林良亮认为,仅有推荐性标准属于

[①] 罗豪才、周强:《软法研究的多维思考》,载《中国法学》2013 年第 5 期。

[②] 罗豪才、宋功德:《认真对待软法——公域软法的一般理论及其中国实践》,载《中国法学》2006 年第 2 期。

[③] 周佑勇:《在软法与硬法之间:裁量基准效力的法理定位》,载《法学论坛》2009 年第 4 期。

[④] 王晓田、傅学良、王轶坚:《中国环境法中的软法现象探析》,载《政治与法律》2009 年第 2 期。

[⑤] 王树义、李华琪:《论环境软法对我国环境行政裁量权的规制》,载《学习与实践》2015 年第 7 期。

"软法"的范畴,而强制性标准因可强制执行应归属"硬法"。① 马波认为,环境行业标准属于"软法"。② 但无论如何,在软法理论下,各类环境标准均归属于法的范畴。值得警惕的是,软法理论迄今很少受到批评,而陷入理论自赏的尴尬状态。其实,罗豪才教授也意识到了此种问题的存在,认为:"在实现法治目标上,软法之治的推动力显现出不确定和不稳定,因为软法尚匮乏有力的理论支撑和学术批判。"③笔者以为,时下的中国正处于法治建设的攻坚期,对质优量多的"硬法"之需求还很大,况且行政规章及其他规范性文件尚存不合法、不合理的问题,因而软法的过度提倡并加以规模实践对法治中国的建设容易产生难以预料的消极影响。正如杨海坤教授所言,各式各样的规范良莠掺杂,在没有廓清它们的内容与程序以及"潜规则"盛行的情况下,其消极作用可能更多一些。④回至环境标准层面,我国环境标准在制定、修订和实施上尚存不少规范问题,软法理论极可能会放大环境标准失范的危害。

(三)传统惯习

环境标准法律属性论的产生还存在着制度惯性的原因,即在计划经济时代背景下的我国标准化管理机制。

形成于计划经济时期的我国标准化管理机制带有浓厚的行政色彩,上至国务院及各部委,下至各级地方人民政府,都整齐划一地设立了标准化管理机构,由此建构起统一庞大的标准化管理体系。⑤ 国务院及各部委与省级人民政府不仅是标准的制定者、实施监督者,还是标准化的管理者,几乎包揽了标准化的全部工作。如此一来,行政管理与标准化管理因同一主体(政府)而缠绕交织,导致政府自身经常不易搞清行政管理的对象是哪些事务,标准化管理的对象是哪些事务。在环境保护领域,我国环境标准化主体更多是政府,国家环境标准和地方环境标准均由政府主导制定,这很容易被理解为是行政立法。与我国不同的是,德国的标准化工作系统以民间组织 DIN 为主导,通过非政府平台广泛地

---

① 林良亮:《标准与软法的契合——论标准作为软法的表现形式》,载《沈阳大学学报》2010 年第 3 期。
② 马波:《环境法"软法"渊源形态之辨析》,载《理论月刊》2010 年第 5 期。
③ 罗豪才、宋功德:《软法亦法:公共治理呼唤软法之治》,法律出版社 2009 年版,导言。
④ 杨海坤、张开俊:《软法国内化的演变及其存在的问题——对"软法亦法"观点的商榷》,载《法制与社会发展》2012 年第 6 期。
⑤ 我国学习苏联的模式,实行"政府主导、计划控制、强制实行"的标准化管理体制,参见刘三江、刘辉:《中国标准化体制改革思路及路径》,载《中国软科学》2015 年第 7 期。

吸纳社会诸多力量参与到标准化发展中。① 美国的情况也是大体如此,在标准化体制中政府既不生产标准也不管理标准,仅以合作者、使用者的身份参与标准化工作,直接或间接地援引国家标准技术研究院、私营部门制定的推荐性标准。② 由此一来,标准与法律之间的关系变得十分清晰,标准通过法律援引来发挥更好的规范作用。可以说,我国标准化管理机制产生的惯性力量,让不少学者自然而然地认为环境标准具有法律属性。比如,有学者就认为,国家标准、行业标准和地方标准因系由政府及其部门依法制定并组织实施,且能够获得普遍的适用,因而是具有"立法、行政性质的官方文件"。③

长期以来,我国标准化立法对标准的强制效力尤为强调,实质是为了与既有的标准化管理体制相契合。例如,1979 年《标准化管理条例》第 18 条就曾规定,经批准发布的标准即技术法规,必须严格执行。1988 年《标准化法》取代了《标准化管理条例》,并将标准区分为强制性标准和推荐性标准。但是,机械强调标准法律效力的立法传统仍旧存留,如《标准化法》第 2 条规定:"强制性标准必须执行。"回归环境保护领域,在环境标准制度中,不论是标准制定还是标准实施,国务院环境保护主管部门和省级人民政府占据主导,其中又以强制性环境标准居多。当前,我国在环境标准的制定和实施过程中扮演着"严父"的角色,一方面标准制定上主体单一化,另一方面标准实施上仰仗强制性。④ 毋庸置疑,突出强调标准(尤其是强制性标准)的法律效力的传统,是产生环境标准法律属性论的最直接动因,如强制性环境标准具有法规性质。

(四)融合现象

在环境保护领域,环境标准与环境法呈现出"你中有我""我中有你"的融合现象。不少学者基于此便认为环境标准具有法律属性。因此,需要理性认识环境标准与环境法的融合现象。首先是发生学上的认识。融合是发生在不同性质事物之间的,否则便谈不上融合。倘若环境标准与环境法均具有法律属性,那么二者融合便不能产生具体与抽象、灵活性与稳定性的互补优势。其次是逻辑学上的认识。环境问题的科技性迫使环境法不得不引进环境标准,但进入其

---

① 宋明顺、王玉珏:《德国标准化及其对我国标准化改革的启示》,载《中国标准化》2016 年第 2 期。
② 廖丽、程虹、刘芸:《美国标准化管理体制及对中国的借鉴》,载《管理学报》2013 年第 12 期。
③ 周应江、谢冠斌:《技术标准的著作权问题辨析》,载《知识产权》2010 年第 3 期。
④ 宋华琳:《当代中国技术标准法律制度的确立与演进》,载《学习与探索》2009 年第 5 期。

中的环境标准并不改变原本的属性。正如柳经纬教授所言:"法律的标准依赖性只能说明标准对于法律所具有的重要价值和特殊意义,既不会改换标准的本质属性,也不会混淆标准与法律的界线,更不会使标准变为法的表现形式或者法的组成部分。"[①]最后是法理学上的认识。环境标准只是在实施上需要借助于环境法的强制性,其制定过程与环境法联系并不多。环境标准虽然并不游离于法治之外,但是也不属于法治化的产物,而是标准化的产物。简言之,我们不能基于融合现象就简单地认为环境标准与环境法同属法的范畴。事实上,二者之间的规范性差异正是环境法治所急需的,环境标准以科学技术为先导,环境法以义务责任为后盾,二者的组合可成为环境治理的更优解。

(五)研究薄弱

标准在国家治理体系中的地位日益凸显,发挥着越来越重要的作用。但法学视野研究标准一直未能引起理论界与实务界的足够关注,导致此一研究整体上较为薄弱。在我国,标准化理论界是研究标准问题的主力军,但议题多为标准与标准化本体。标准的法学研究较为有限并更多服务于标准化发展,如标准的知识产权法研究、标准的竞争法研究。而标准与立法、行政、司法的互动之基础性问题,标准化专家受限于缺乏法律知识、法学专家受限于缺乏标准化知识而较少触及。事实上,标准与法律融合的现象虽然已为部分研究者所注意,但是既有研究更多地限于现象观察,不够深入更谈不上系统。融合动因、融合价值、标准与行政、标准与司法等问题并未有较为权威的研究成果。从知网发文和出版著作的情况来看,标准化专家和法学专家均没有对前述问题进行深度、系统的研究。一言以蔽之,标准与法律的融合研究主要停留于现象的观察描述,尚未揭示探明融合的基础理论。以环境标准的规范属性为例,既然环境标准是由国务院环境保护主管部门和省级人民政府制定的,且《标准化法》、《环境保护法》及环保单行法均规定强制性环境标准和被引用的推荐性环境标准具有强制性,环境标准化专家和环境法专家似乎不约而同地选择简化处理,认为其具有法的属性。但是,环境标准的强制性是什么以及来源何处,学者们并未作出细致讨论。由此可知,标准化法学理论研究的薄弱,是导致环境标准法律属性论的重要诱因。

---

① 柳经纬:《评标准法律属性论——兼谈区分标准与法律的意义》,载《现代法学》2018年第5期。

第二节　环境标准以法规范拘束司法的否定

基于对环境标准以法规范拘束司法研究的学术梳理，笔者认为，环境标准法律属性论的破除需要深度辨析环境标准的强制性，并细致比较其与技术法规、环境法（主要是行政规章）之间的差异，从而打破"环境标准以法规范拘束司法"的固有认识。

一、环境标准强制性的辨析

环境标准法律属性论源于强制性环境标准必须执行，即其强制性。因此，必须对环境标准的强制性进行辨析。为讨论的方便，笔者将环境标准的强制性简化为"标准的强制性"。

（一）标准强制性的内涵分析

根据《标准化法》第 2 条的规定，强制性标准具有强制执行的法律效力。这自然就引出一个关键且复杂的问题，即如何认识"标准的强制性"。

在法学家们眼中，法律规范与生俱来的"国家强制力"系本质特性，并因此与其他规范从根本上区别开来。试想下，法律规范倘若没有国家强制力的保障，那么不法行为将得不到有效制裁、法治意识将得不到深度贯彻，那法律规范可能就此变为鸡肋，在国家治理上难具主要手段的至高地位。国家强制力是以军队等组织化的国家暴力为内容。许多其他规范尽管具有这样或那样的强制力，但是显然与国家暴力不相关，即非国家强制力。[①] 简言之，国家强制力既是法律规范的本质属性，也是法律规范区别于其他规范的根本所在。根据法源通说，我国的法源包括宪法、法律、行政法规等八类。[②] 与此同时，《立法法》第 2 条也从制定法的视角描画了我国的法源圈。对法律规范的内涵与外延作出清晰界定是必要的，因为标准的属性争论与法律规范的强制性及其范围密切相关。泛化的强制性、宽泛的法源圈是造成环境标准法律属性论的根源。基于法源通说和《立法法》第 2 条的规定，经法解释学作业，标准显非法律规范，不具有"国家强制力"的特性。

---

① 张文显主编：《法理学》，高等教育出版社 2012 年版，第 47 页。
② 李敏：《民法法源论》，法律出版社 2020 年版，第 12 页。

随之而来的问题是,标准本身并不自带"国家强制力"但又必须执行,应作何解释呢?笔者以为,这一问题的回答需要回至法律规范的国家强制力上。众所周知,法律规范的国家强制力既不需要又不必要时刻显现,具有潜在性和间接性。当企业民众和行政机关依法而动时,国家强制力处于静默状态;而当企业民众和行政机关违法而动时,国家强制力才会即刻启动。日本法学家高柳贤三指出,法律以"强制的可能性"为其本质,与法律规范"被破坏之可能性同时,常有外部强制之可能性"。① 也就是说,国家强制力是法律规范的后援而非先锋。尽管标准并非法律规范,但是标准执行是法律实施的重要辅助,如环境法的实施离不开环境标准的支撑。倘若标准得不到良好执行,法律的实施可能也难以为继。此时,为保障法律的有效实施,国家强制力不得不对违反标准的行为予以制裁。换言之,"标准必须执行"系国家强制力基于保障法律实施之目的的溢出效应。因此,标准的强制性是间接的,必须借助于法律才能得以实现。正如有学者所言,为实现法律所定目标而需执行标准,标准则在法律实施中间接地得以强制执行。②

综上所述,笔者认为,环境标准的"强制性"是指国家强制力的外部化,而并非环境标准原初的属性。

(二)标准强制性的效力来源

在辨明标准强制性内涵的基础上,还需探讨标准强制性的效力来源。《标准化法》等法律有关"标准必须执行"的规定是标准强制性的一般来源,《环境保护法》等法律有关"违反标准的法律责任"的规定是标准强制性的具体来源。③ 在我国,环境法是与标准执行关联最为紧密的法律部门之一。以《环境保护法》为例,该法除了在第15条、第16条规定"环境质量标准和污染物排放标准必须执行"以外,还在第60条规定:"企业事业单位和其他生产经营者超过污染物排放标准或者超过重点污染物排放总量控制指标排放污染物的,县级以上人民政府环境保护主管部门可以责令其采取限制生产、停产整治等措施;情节严重的,报经有批准权的人民政府批准,责令停业、关闭。"第64条规定:"因污染环境和破坏生态造成损害的,应当依照《中华人民共和国侵权责任法》的有关规定承担侵权责任。"由此足见,环境法将环境标准的执行融入法律实施的过程中,通过多元、明确的法律责任来确保环境标准得以强制执行。例如,《船舶水污染物排

---

① [日]高柳贤三:《法律哲学原理》,汪翰章译,上海社会科学院出版社2017年版,第210页。
② 沈同等主编:《标准化理论与实践》,中国计量大学出版社2010年版,第286页。
③ 朱一飞等:《标准化法教程》,厦门大学出版社2011年版,第23页。

放控制标准》(GB 3552—2018)第 5 条规定了"生活污水排放控制要求",但其没有对超过"生活污水排放控制要求"排污须承担的法律责任作出规定。若存在前述超标排污行为,各级环境保护主管部门必须依据《水污染防治法》第 83 条的规定,依不同情况给予责令改正等处罚。如果《水污染防治法》也没有超标排污需要承担法律责任的条款,《船舶水污染物排放控制标准》(GB 3552—2018)的强制性将难以落实,即使有"标准必须执行"的一般规定。再如,原《环境标准管理办法》规定"强制性环境标准应当强制执行",但是该办法并没有拒不执行的责任条款,还须依据环境法律、环境法规有关超标的责任条款。

通过分析《环境保护法》及环保单行法的"标准条款",我们发现,环境标准的强制性效力,往往与企业民众的义务和责任,以及环境保护主管部门的职责联系在一起。从环境标准执行的过程和机理来看,环境义务是环境标准与环境法之间的天然衔接点。[①] 一方面,环境义务是环境法制定与实施的核心要素,勾联起法律规范、法律关系和法律责任,在环境立法、环境行政、环境守法和环境司法中都必不可少。另一方面,环境义务虽然不是环境标准的基本要素,但是其履行情况需要环境标准的技术判定。因而,环境标准规定了环境义务的边界。据此,我们可以得出一个初步的结论:环境标准的强制性效力,实则是环境法中有关企业民众和环境保护主管部门的环境义务及不履行义务的法律责任,即由环境法授予环境标准以强制执行效力。

二、环境标准与技术法规的区别

科学界分强制性环境标准与技术法规的关系,有助于准确地、深刻地认识环境标准的规范属性。前文已述,由于强制性环境标准与技术法规均具有强制性,加之入世时的官方承诺,我们对二者的关系陷入"等同"的错误认识。故此,本节将着重分析强制性环境标准与技术法规之间的区别。

(一)环境标准与技术法规的关系争论

概括而言,学术界对强制性环境标准和技术法规的关系认识有多种观点,包括否定说、包属说、等同说、两分说、含糊说。[②] 后四种学说可均归为等同说,

---

[①] 王春磊:《环境标准法律效力再审视——以环境义务为基点》,载《甘肃社会科学》2016 年第 6 期。

[②] 杨凯:《技术法规的基本观念反思》,载《北方法学》2014 年第 4 期。

只是等同程度不同而已。因此,本节以否定与等同的视角对既有的学术文献进行整理,尝试厘清强制性环境标准和技术法规的关系。为讨论的方便,笔者将强制性环境标准简化为强制性标准。

1. 技术法规否定说。持该观点的学者们认为,强制性标准并非技术法规,因为二者之间存在较多差异。有学者认为,严谨地讲,强制性标准与技术法规固然联系紧密,但是它们是根本区别的两个概念,且前者属于标准化领域而后者属于法律领域,强制性标准难以归入法律规范的范畴,也不具有法律地位,因此不能简单等同于技术法规。[1] 有学者认为,法律法规对标准的引用虽然能够赋予其强制执行效力,但是并不会改变其原本的属性。[2] 有学者认为,国际法上标准早已与技术法规区分开来,前者是非强制执行文件,后者是强制执行文件。但我国仍然把强制性标准当作技术法规使用,这其实与国际惯例不相符。强制性标准不能替代技术法规的重要原因在于强制性标准并不是按照立法程序制定,也不具备"简明""平实""稳定"等法律特点。故此,强制性标准并非技术法规,推荐性标准就更不是技术法规。[3] 为此,不少学者建议,为匹配国际惯例,我国应尽快调整强制性标准,将其转化为推荐性标准,并明确技术法规援引推荐性标准的机制及其效力。

2. 技术法规等同说。持该观点的学者们认为,强制性标准与技术法规几无差异,二者之间可以等同替代。有学者认为,部分国家的技术法规和标准化法时常明文规定标准为强制性标准,或者在法律法规中援引推荐性标准使其具备法律的强制约束力。这就让"WTO 协定下的技术法规即强制性标准"的观点为我国学术界和实务界所秉承。[4] 有学者认为,强制性标准和技术法规均是由政府按照法律所制定的,都具备强制性,能够起到同样的实施作用,仅仅是文件名称、发布方式和管理方法不同而已,并无任何本质差异。各个国家根据自身的实际情况对需要强制执行的技术要求制定规范性文件,至于这些文件的名称、发布形式、管理方法则不必统一。因此,二者可以互为替代、互相等同。[5] 还有观点认为,尽管强制性标准相较于技术法规存在强制范围过宽等问题,但是依

---

[1] 曲昭力:《论技术法规、强制性标准及技术规范》,载《中国标准化》1996 年第 4 期。
[2] 黄冠胜等:《技术法规与国际贸易》,载《中国标准化》2006 年第 2 期。
[3] 洪凌等:《浅议技术法规和标准》,载《中国标准化》2002 年第 4 期。
[4] 张云:《WTO 机制下的技术法规基本理论问题研究》,载《河南省政法管理干部学院学报》2004 年第 4 期。
[5] 文松山:《强制性标准与技术法规之异同》,载《世界标准化与质量管理》1998 年第 12 期。

据法律效力和内容,强制性标准在我国就是技术法规。①

笔者更为支持技术法规否定说,因为这一学说关注到了环境标准与技术法规之间的诸多差异,并且能够切合当代我国法律体系之既定现实。换言之,技术法规没有《立法法》的规范依据,更没有《立法法》澄清其效力来源、等级和范围。

(二)环境标准与技术法规的差异区别

在技术法规否定说的基础上,我们深入对比强制性标准与技术法规,会发现二者之间存在很大的差异。

1. 性质不同。规范一般分为"技术规范"(调整人和自然的关系)和"社会规范"(调整人与人的关系)。前者包括技术标准和操作规程,后者包括法律、道德等。技术法规在一国法律体系中并非一个独立的法律部门,但其实质仍是法律的范畴。而强制性环境标准则属于技术规范的范畴,其基础理论是标准化理论。②

2. 制定主体不同。因为技术法规属于法律的范畴,所以其制定主体是享有立法权或准立法权的机关。而强制性环境标准的制定主体不是立法主体,更多是环境行政机关或公益性的私人团体。

3. 制定程序不同。技术法规需要遵循一国的立法程序规定,其制定程序完备且权威。而强制性环境标准的制定程序则没有前者那么规范,没有严格的法定程序。

4. 内容不同。技术法规作为法律,其内容包括完整的"假设—处理—制裁"的逻辑结构,存在原则性、概括性、抽象性等特点。而强制性环境标准的内容多以"假设—处理"为逻辑结构,具有针对性、细节性、可操作性的特点。

5. 效力不同。技术法规具有国家强制力,且这一强制力是天然、直接的。强制性环境标准本身不具有强制力,其获得强制性需要得到法律的援引,故其强制力属于后天、间接的。此外,技术法规属于统称概念,其内部按照一国立法体制存在效力位阶,但强制性环境标准则不存在这一情况。③ 例如,根据《生态环境标准管理法》第4条的规定,强制性地方环境标准在特定区域比强制性国家标准优先执行。

---

① 杨凯:《技术法规的基本观念反思》,载《北方法学》2014年第4期。
② 张琦恩:《WTO/TBT与中国标准化法》,载《机械工业标准化与质量》2003年第9期。
③ 刘春青等:《国外强制性标准与技术法规研究》,中国质检出版社2013年版,第45页。

三、环境标准与环境法的区别

一种规范要成为"法",既需有"法"的形式外观,更需有"法"的实质内容。基于此,笔者将从实质内容(规范构成)与形式外观(如制定授权、制定程序、外在形式等)两方面对比分析环境标准与环境法之间的重大差异。

(一)内容比较

从近代开始,受自然科学分析思维和原子方法论的影响,人们倾向于事物的微观结构来理解事物本身。于法律而言,这个微观结构就是法律规范。一方面,欲理解整体先理解个体,要了解法律(的性质)是什么,首先要了解法律规范(的性质)是什么;另一方面,将法律先还原为类型单一或不同类型之规范,然后再组合成一个有机的整体(此谓"分析综合法"),被认为有助于更为透彻地理解法律的体系性结构。因此,"规范"就成了人们理解法律的基本构成单位,以及法学上的核心概念。① 考察环境标准与环境法的属性是否存在差异,必须以规范构成要素为切点。只有在明晰二者规范构成要素异同的基础上,我们才能对环境标准与环境法的属性形成理性认识。概而论之,法律规范的逻辑构成有"三要素说"与"二要素说"两类理论,它们之间的差异主要在于"假定条件"要素的有无。② 为系统对比环境标准与环境法之间的规范构成之异同,笔者选择"三要素说"为分析坐标,以求得对环境标准规范属性的科学认识。

1.假定条件。它是指规范适用的对象,以及特定的时间、空间、场合等事实状态。比如,根据《水污染防治法》第83条的规定,县级以上环境保护主管部门对"未依法取得排污许可证排放水污染物的"等四类行为有权作出改正、限产、停产、罚款的处罚措施。这一规定的假定条件包括:(1)适用对象为企事业单位和其他生产经营者;(2)适用场合为无证排放水污染物的等四类行为。倘若前述对象没有进行此四类排放行为,县级以上环境保护主管部门则不能适用这一规定。《环境保护法》及环保单行法中有诸多类似规定。

由于涉及适用范围的问题,环境标准也有假定条件的条款。如《加油站大气污染物排放标准》(GB 20952—2020)第1条规定,适用于加油站在汽油(包括

---

① [德]诺伯特·霍斯特:《法是什么:法哲学的基本问题》,雷磊译,中国政法大学出版社2020年版,第12页。

② "三要素说"认为法律规范由假定条件、行为模式与后果构成,"二要素说"则认为法律规范由行为模式和后果构成。参见舒国滢主编:《法理学导论》,北京大学出版社2019年第3版,第101~102页。

含醇汽油)卸油、储存、加油过程中油气排放行为。在规范构成上,其假定条件为:(1)适用对象为加油站;(2)适用场合为汽油(包括含醇汽油)卸油、储存、加油过程中的油气排放。事实上,所有的环境标准都有关于"适用范围"的规定。

由此看来,假定条件系环境标准与环境法都有的要素,包括适用对象和适用场合。然而,当仔细分析二者的假定条件之内涵,我们会发现它们的假定条件存在着一些不同,尤其是适用对象。《水污染防治法》第83条的适用对象是企业事业单位和其他生产经营者,这一对象属于法人或非法人组织,在法律上具有主体资格,能够享有权利并承担义务。按照该项规定,企业事业单位和其他生产经营者应当承担"许可排污、合标排污"等法定义务。然而,《船舶水污染物排放控制标准》(GB 3552—2018)的适用对象是船舶,这一对象显然属于物从范畴,在法律上不具有主体资格。依据该标准,不能推导出船舶负有执行此项标准的法定义务之非逻辑结论。

2. 行为模式。它是指规范关于人们具体行为所作的规定。由于条款内容的不同,环境法有着多元的行为模式,主要包括授权型行为模式,如"可以"(有权);命令型行为模式,如"应当"(必须);禁止型行为模式,如"不得"(禁止)三类。① 授权型行为模式意指权利,命令型行为模式意指作为义务,禁止型行为模式意指不作为义务。这些行为模式均直接出现,行环境法文本中。例如,《环境保护法》第34条规定,国务院和沿海地方各级人民政府应当加强对海洋环境的保护。向海洋排放污染物、倾倒废弃物,进行海岸工程和海洋工程建设,应当符合法律法规规定和有关标准,防止和减少对海洋环境的污染损害。其中,"应当"的用语属于命令型行为模式。第57条第1款规定,公民、法人和其他组织发现任何单位和个人有污染环境和破坏生态行为的,有权向环境保护主管部门或者其他负有环境保护监督管理职责的部门举报。其中,"有权"的用词属于授权型行为模式。

环境标准的情形较为复杂。部分环境标准没有检索到"可以""应当""不得"等用语,如《印刷工业污染防治可行技术指南》(HJ 1089—2020)。当然,多数的环境标准还是有"可以""应当""不得"等用语。例如,《船舶水污染物排放控制标准》(GB 3552—2018)中有"可以"和"应当"的用语,但没有"有权"和"禁止"的用语。

基于对环境法和环境标准的行为用语的初步检索,从形式上看,二者似乎并无差异。严格地讲,虽然多数的环境标准使用了类似于授权型行为模式、命

---

① 柳经纬:《标准的规范性与规范效力——基于标准著作权保护问题的视角》,载《法学》2014年第8期。

令型行为模式和禁止型行为模式的用语,但是对这些用语结合上下文进行分析后,我们会发现同一或类似用语在环境标准与环境法中所产生的指称意义是截然不同的。环境法中的"可以"对应的是权利,"应当"、"必须"或"不得"则对应为义务。然而,环境标准中的"可以"、"应当"、"必须"与"不得"仅指技术上的判断,而非权利、义务的判定。例如,《挥发性有机物无组织排放控制标准》(GB 37822—2019)第 5.1.1 条规定,"VOCS"物料应存储于密闭的容器、包装袋、储罐、储库、料仓中。此处的"应"并不是法律义务,仅是技术指南。此外,环境标准中一般是没有"有权"用词,其也不能替代"可以",而在环境法中"可以"与"有权"之间是互替的。

3. 后果。它是指行为人是否遵从行为模式而出现的肯定性或者否定性后果。在环境法中,立法者的意志深度融入肯定性后果和否定性后果,因此法律后果属于价值取向的评价。① 肯定性后果如《环境保护法》第 22 条的规定,企事业单位和其他生产经营者在合标排污的基础上进一步减少排污,各级人民政府应当依法采取财政等政策和措施予以鼓励和支持。否定性后果如《环境保护法》第 64 条的规定,行为人因污染环境和破坏生态损害他人生命健康和财产安全的,须承担侵权责任。

至于环境标准有无"后果"要素,笔者目前尚未找到对此进行深入分析的论著。站在立法者对环境行为给予价值取向性质的评价角度,笔者认为,环境标准是不存在此种后果的,即无涉价值取向性质评价。究其原因在于,不论是否遵守环境标准所定的行为模式,环境标准的制定主体无意也无力对合标行为或者违标行为作出具有价值取向性质的评价。诚然如此,站在科技取向性质的评价角度,笔者认为,合标行为会产生肯定性后果,违标行为会产生否定性后果。但不论如何,"后果"要素是区分环境标准与环境法的关键点,这与前文所述标准的强制性有关。

通过对规范构成要素的比较分析,不难发现,环境标准与环境法尽管同为规范,但规范构成存在不小的差异。首先是环境标准的"假定条件"具有物从性,其次是环境标准的"行为模式"仅为技术指导,最后是环境标准的"后果"只是技术评价。因此,环境标准的规范要素不具有法律意义,仅具有科学技术层面的意义。换言之,标准化有一套相对独立的话语体系,这套话语体系决定了标准规范的表达具有自身的特点。② 环境标准既不以权利义务为内容,也欠缺

---

① 柳经纬:《标准的规范性与规范效力——基于标准著作权保护问题的视角》,载《法学》2014 年第 8 期。

② 柳经纬:《论标准对法律发挥作用的规范基础》,载《行政法学研究》2021 年第 1 期。

法律后果要素。违标行为受到的制裁由法律施加,合标行为产生的效力由法律评价,而非环境标准。

(二)形式比较

由于环境标准的制定主体是国务院环境保护主管部门和省级人民政府,依据《立法法》第 7 条、第 65 条等的规定,①其既不是环境法律,也不是环境行政法规。受国务院环境保护主管部门和省级人民政府是制定主体的迷惑,许多学者将环境标准视为行政规章。然而,从环境标准的制定程序方面来审视,"国家环境标准属于部门规章、地方环境标准属于地方政府规章"的属性判断是值得商榷的。故此,本部分主要讨论环境标准与行政规章在制定授权、制定程序等方面的差异。

1. 制定授权

在现代行政国家,为满足公共治理的需求,宪法、立法法等法律授予行政机关在专业行政领域进行立法的权力。这一授权可以分为直接授权和间接授权两类,前者以组织规范为基点,后者以不确定法律概念为支点。尽管授权立法具有必要性和独特作用,但危险在于授予的权力可能被滥用,产生削弱民主、危及自由以及使法规、规章缺乏合理性等危害。有学者指出,中国行政立法存在破坏法治原则、滋生部门利益、降低立法质量的问题。② 不证自明,授权立法需要接受较为严格的控制。百年以来,在西方国家,监督和控制授权一直都是法治的热点议题,并已形成相当完备的监控制度和各式各样的监控方式。③ 简单来说,授权法控制和程序法控制属于主要的控制手段。根据前文论述,此两类授权模式似乎在环境标准的制定实践中均有体现。但是,环境标准的制定授权是否符合授权立法的基本法理呢?

按照《标准化法》第 10 条的规定,国务院各专业行政部门可以根据自身职能衍生出各种技术标准的制定权,如国务院环境保护主管部门拥有环境标准的制定权。《环境保护法》及环保单行法也据此细化了环境标准的制定权,国务院环境保护主管部门负责制定国家环境标准、省级人民政府负责制定地方环境标准。分析《标准化法》和《环境保护法》及环保单行法关于环境标准制定权的条文,这些规定更多具有组织规范上的权限配置意义,而缺乏程序法上的意义,即

---

① 法律由全国人大及常委会制定,行政法规由国务院制定,地方性法规由省级人大及常委会等制定。
② 王保民:《中国行政立法的利弊得失》,载《理论导刊》2008 年第 1 期。
③ 王丽:《论行政立法的程序控制》,载《法学论坛》2009 年第 5 期。

对授权的目的、范围和内容关切不足。① 正因如此,前述法律对环境标准的制定授权属于概括授权。例如,《环境保护法》第 15 条规定,国务院环境保护主管部门制定国家环境质量标准。省、自治区、直辖市人民政府对国家环境质量标准中未作规定的项目,可以制定地方环境质量标准;对国家环境质量标准中已作规定的项目,可以制定严于国家环境质量标准的地方环境质量标准。地方环境质量标准应当报国务院环境保护主管部门备案。国家鼓励开展环境基准研究。根据该条款的规定,前述两个部门获得了制定环境质量标准的概括授权,而对标准制定的内容以及程序,均缺乏相应的约束。环境法通过不确定法律概念给予国务院环境保护主管部门和省级人民政府的间接授权也同样存在约束缺失的问题。环境标准的制定主要受原《环境标准管理办法》与《生态环境标准管理办法》之规范,而此两项办法仅系由国务院环境保护主管部门制定的部门规章。如此一来,环境标准的制定仅受原《环境标准管理办法》与《生态环境标准管理办法》的规范,这容易滋生自我约束的弊病。相较之,《立法法》在授权国务院各部委和设区的市及以上人民政府制定行政规章时,已在目的、事项、范围、期限、制定程序等方面有具体的规定,如《规章制定程序条例》《河北省政府规章制定办法》。美国行政法学者伯德纳·施瓦茨对概括授权予以深刻批评,认为:"授权规范应对所授之权有制约机制,否则被授权机关如同领到了空白支票,可在授权领域内任性立法。"② 由此可见,概括授权对法治的权威、统一及正当具有较大的破坏性。有鉴于此,应当对概括授权予以必要约束,以减少其危害法治的危险。比如,对概括授权形成的规范予以非立法的评价。简言之,环境标准的制定授权欠缺授权立法的实质要素,很难简单依据制定授权直接判定环境标准具有法的规范属性。

2. 制定程序

为控制行政规章的制定程序,国务院于 2001 年依据《立法法》制定了《规章制定程序条例》,并在 2017 年作了修订。作为行政法规的该条例对于保障行政规章的制定质量是大有裨益的。根据《规章制定程序条例》第 2 条的规定,我国已型塑一套较为周详的行政规章制定程序,包括立项等五大基本环节。例如,《规章制定程序条例》在起草、审查环节上设置了听证会、专家审查等程序控制,且规定违反法定程序制定的行政规章无效。根据《标准化法》第 10 条、《标准化法实施条例》第 12 条的规定,提出计划、编制草案、征求意见、技术审查、批准发

---

① 宋华琳:《论技术标准的法律性质——从行政法规范体系角度的定位》,载《行政法学研究》2008 年第 3 期。

② [美]伯德纳·施瓦茨:《行政法》,徐炳译,群众出版社 1994 年版,第 566 页。

布是强制性国家标准制定的主要环节。而根据《标准化法》第 11 条至第 14 条的规定,推荐性标准在制定程序上并没有强制性国家标准那般严格。长期以来,我国环境标准是根据原《环境标准管理办法》制定的。根据该办法第 11 条的规定,环境标准的制定程序主要有:一是提出制标计划,二是编制标准草案,三是进行意见征求,四是组织技术审查,五是批准发布标准。2021 年 2 月后,环境标准的制定须依据《生态环境标准管理办法》,但是该办法的相关规定与旧办法大同小异。

通过对《规章制定程序条例》和原《环境标准管理办法》《生态环境标准管理办法》进行对比分析,我们发现,环境标准的制定程序与行政规章的制定程序并不完全一致。① 或者说,环境标准的制定程序相比行政规章的制定程序没有那么强的规范性。例如,根据《规章制定程序条例》第 19 条的规定,法制机构须周密地审查行政规章送审稿,审查事项涉及六个方面。再如,根据《规章制定程序条例》第 35 条的规定,企业民众认为行政规章与法律法规相抵触的,可以向国务院、省级人民政府提出审查建议。而环境标准的制定程序中则没有这一强度的法制审查。换言之,行政规章的制定要严格遵循法定的完备程序,而环境标准的制定并无法定的完备程序。② 有学者对此评论道:"我国环境标准的制定以下达课题的形式启动,在没有充分征求公众意见的情况下,由专家对标准草案进行审查,而后国务院环境保护主管和省级人民政府便予以批准发布。"③ 更为重要的是,《规章制定程序条例》系行政法规,属于国务院对各部委和设区的市及以上的人民政府的实质监督,而原《环境标准管理办法》《生态环境标准管理办法》系部门规章,属于国务院环境保护主管对自己的形式监督。

3. 外在形式

根据《规章制定程序条例》第 7 条的规定,行政规章的名称一般称"规定""办法",但不得称"条例",如《新化学物质环境管理登记办法》《山东省扬尘污染防治管理办法》。相较之,我国的环境标准名称则具有标准化特色,包括"国家标准——××""国家环境保护标准——××""国家生态环境标准——×× ""××地方标准——××",且各类环境标准还有 GB、HJ、DB 的编号代码,《国家标准——电子工业水污染物排放标准》(GB 39731—2020)、《国家环境保护标准——环境影响评价技术导则 输变电》(HJ 24—2020)、《国家生态环境标准——环境监测分析方法标准制订技术导则》(HJ 168—2020)、《天津市地方标

---

① 王旭伟:《实然与应然:环境与健康标准的法律地位分析》,载《江西社会科学》2019 年第 10 期。
② 包建华、陈宝贵:《技术标准在司法裁判中的适用方式》,载《法律适用》2019 年第 13 期。
③ 白贵秀:《基于法学视角的环境标准问题研究》,载《政法论丛》2012 年第 3 期。

准——污水综合排放标准》(DB12 356—2018)。国务院环境保护主管部门以"部令"的形式发布部门规章,设区的市及以上的人民政府以"政府令"的形式发布地方政府规章,并由行政首长签署命令。国家环境标准一般由国务院环境保护主管部门以"公告"的形式发布,地方环境标准则一般由省级人民政府以"通知"的形式发布,且没有行政首长签署命令。环境行政规章的名称较为多样复杂,而环境标准的名称往往直接体现出规范的对象,如《国家标准——船舶水污染物排放控制标准》(GB 3552—2018)。

从发布形式与文本载体来看,规章的发布往往是形式和内容的结合,条款内容就附在规章正文中。但是,由国务院环境保护主管部门和省级人民政府发布的标准,我们只能在发布公告或者通知中看到标准的名称、编码、实施日期等信息,而关于标准的内容,往往须去国务院环境保护主管部门官网、省级人民政府官网查找或者参阅标准图书。例如,国务院环境保护主管部门于2021年1月20日发布了"关于发布国家环境质量标准《农田灌溉水质标准》的公告",但此标准的正式内容并非公告本身,而须去部网查询。从名称、发布上看,环境标准不具有"规定""办法"之名,也没有"部令""政府令"之形,因此也就不具备行政规章的外观。事实上,我国出版的环境法律法规规章汇编图书,大都不把环境标准列入其中。比如,《环境保护法律法规全书(含全部规章及法律解释)》(2020年版)便没有环境标准的内容。①

综上所述,基于实质内容和形式外观的判断比较,环境标准并非行政规章,系行政机关基于实践之便利对某一个问题的解决方案实行标准化。②

第三节 环境标准以技术规范拘束司法的证成

在我国,环境标准是由国务院环境保护主管部门和省级人民政府通过非严密的程序而制定的,并在内容构成和外观形式上与环境法存在较大的不同,因此其难以被归入环境法体系之中。那么,环境标准的基本属性到底是什么呢?笔者以为,环境标准以科学技术为内核,其具有显著的技术规范属性。事实上,环境标准与环境行政法规、环境行政规章等法律规范之间的区别,不仅是授权主体、制定程序和公布方法的表面差异,更具实质意义的差异在于:其所处理的

---

① 中国法制出版社主编:《环境保护法律法规全书(含全部规章及法律解释)》,中国法制出版社2020年版。
② [葡]苏乐治:《行政法》,冯文庄译,法律出版社2014年版,第234页。

是专业技术问题,无论是制定主体的选择还是制定程序的设计均要凸显"技术权威"。不过,在环境标准法律属性论的基础上,不少学者提出了全新的观点,即环境标准属于规章以下的其他规范性文件。① 笔者将其视为环境标准准法律属性论。因此,本节需要着重解决环境标准是否可以归入规章以下的其他规范性文件的问题。

众所周知,一国法律体系之外还存在数量庞大的规章以下其他规范文件。关于两者之间的关系,在规范性文件的世界,规章以下其他规范文件是汪洋大海,法律则是大海中的几个孤岛。虽然环境标准难以称得上是行政规章而被归入法律的范畴,但不少学者认为环境标准属于规章以下其他规范性文件。例如,姜明安教授认为,技术标准属于规章以下其他规范性文件。② 在我国,行政法学界用以指称此类文件的学术用语有"行政规则""行政规范""行政规定""行政规范性文件"等概念。它们是大体相近的,而行政规则这一术语更为常用。③ 因此,本节亦使用行政规则一词展开讨论。

基于比较行政法的考察,国外行政立法由法规命令和行政规则两部分组成。由于涉及公民的权利与义务,具有外部规范性的法规命令之制定程序较为严密,且遵循正式的、法定的发布形式。并未规定公民权利与义务的行政规则因不具外部规范性在制定程序、发布形式上较为简略。④ 公民的权利义务是否涉及、外部规范性是否具有成为区分法律规范与非法律规范已是一种普遍的趋势,因为这可以防止权利义务的波动、防止部门利益的扩张、防止行政法治的萎缩,对法治国家的建设而言意义非凡。一般而言,行政规则可分为创制性规则、组织性规则、解释性规则、指导性规则四类。⑤ 其中,组织性规则和指导性规则基本上不具外部规范性,因此不是行政法学界的研究重点。在行政国家色彩浓厚的我国,当然也存在大量的行政机关制定但不具法律规范外观的行政规则。基于前文的分析,按照《立法法》的规定,环境标准并不具备"法律"的规范属性,

---

① 参见张晏、汪劲:《我国环境标准制度存在的问题及对策》,载《中国环境科学》2012年第1期;施志源:《环境标准的法律属性与制度构成——对新〈环境保护法〉相关规定的解读与展开》,载《重庆大学学报(社会科学版)》2016年第1期;周晓然:《环境标准法律制度研究》,中国社会科学出版社2020年版,第7页。

② 姜明安主编:《行政法与行政诉讼法》,北京大学出版社、高等教育出版社2015年版,第178页。

③ 郑雅方:《我国行政规则研究中的若干误区之克服》,载《政法论坛》2012年第5期。

④ 林庆伟、沈少阳:《规范性文件的法律效力问题研究》,载《行政法学研究》2004年第3期。

⑤ 陈恩才:《试论行政规则效力的外部化及司法审查》,载《江苏社会科学》2012年第2期。

既不是法律,也不是行政法规和行政规章。不过,由于环境问题及其治理的复杂性,《标准化法》《环境保护法》等法律便授权专业的国务院环境保护主管部门和省级人民政府就环境保护事宜作标准化处理,即制定环境标准。环境标准能够对环境法中的不确定的法律概念进行细化解释,指导环境保护主管部门的执法,进而对公民的权利与义务构成实质影响。由此看来,环境标准似乎符合"行政规则"的属性定位,即不规定公民的权利义务、不具有外部规范性。

环境标准自身并未对私人创设权利与义务,更多的是对环境法的实施进行技术解释和业务指导,因此它和解释性行政规则较为类似。国务院环境保护主管部门和省级人民政府具有《环境保护法》及环保单行法的制标授权,因此环境标准可归为法定的解释性行政规则。不过,这一全新的环境标准属性论证是否准确呢?笔者以为,还是需要结合前文对环境标准的强制性辨析和环境标准的作用机制来讨论。环境标准的强制性源于环境法的赋予,环境标准的作用机制是借助环境法而强化执行,而非完全依赖。有学者指出,对于违反环境标准的行为需要承担何种法律责任,均不由环境标准自身决定,而要由环境法来规定。① 换言之,环境标准只能和环境法结合起来才能发挥规范作用。尽管环境标准与行政规则在法解释上可行的,笔者对此予以肯定,但是还有必要考虑标准化的原理和国际惯例。站在标准化发展的全局立场,鉴于环境标准法律属性论或者准法律属性论所有的缺陷,我们还是应当回归环境标准的技术本身,宜将其定为一种技术规范。只要建构好环境法援引环境标准的机制,并辅之以完备的环境标准制修订制度,二者就能实现良好的互动,而不必非要赋予环境标准以法的规范属性。事实上,根据原《国务院环境保护主管部门行政规范性文件制定和管理办法》第 39 条的规定,国家环境标准的起草和审核从其他的规定。这从侧面印证了环境标准非行政规则的属性。从横向的比较视野来看,根据《农业部规范性文件管理规定》第 2 条的规定,标准、规程等技术性文件不属于规章以下规范文件。

综上所述,环境标准也非行政规则,②应回归其基本属性——技术规范。那么,环境标准是不是对环境司法不具有规范效应?答案当然是否定的。作为技术规范的环境标准其实具有类行政规则的性质,后文会对此作深入讨论。总而言之,环境标准借助法律规定和当事人约定的管道以技术规范的形式拘束司法。

---

① 杨朝霞:《论环境标准的法律地位——对主流观点的反思与补充》,载《行政与法》2008 年第 1 期。
② 尤明青:《论环境质量标准与环境污染侵权责任的认定》,载《中国法学》2017 年第 6 期。

第三章
环境标准拘束司法的效力阐释

在法理上,作为技术规范的环境标准似乎对环境司法难具规范效应。但在实践中,环境标准的适用范围早已从环境行政领域扩展到环境司法领域,成为环境违法是否存在、环境犯罪是否构件、环境侵权是否成立等复杂、疑难问题的科学、权威之基准。因此,我们需要阐释环境标准在司法审判中的影响与作用,即司法效力。立足法律文本与审判实践,下文将从行政、刑事和民事审判的多重视角对环境标准的司法效力展开具体的探讨。①

第一节 诉讼标的——以行政审判为中心

环境标准通过与环境法相结合在行为指导、秩序形成上发挥着法律效用,对私人的权利与义务产生间接但重大的影响。基于实质法治的现代理念,其理应与行政规则一样,受到人民法院的司法审查或者附带审查。故此,环境标准在行政审判中具有诉讼标的的规范效应。

一、行政诉讼标的之内涵与功能

诉讼是指当事人双方为保护自身的法定权益或者维系客观的法律秩序请求法院进行审理并作出裁判的专业活动。在这一复杂的活动中,当事人双方和法院都要围绕一个焦点而行动,否则将陷入无休止、无意义的纠缠之中。这一焦点本质上是当事人诉争的中心、法院审判的对象,为此需要从诉讼法层面提炼出相应的技术性概念。大陆法系国家的"诉讼标的"和英美法系国家的"诉因

---

① 笔者对本章中的案例有关标准的表述进行了补充完善,添加了标准编码信息。

理论"正是前述诉讼法理论作业的成果。我国台湾地区学者陈荣宗指出:"诉讼标的实为任何诉讼之核心问题。"① 理论上,三大诉讼法均应有独特的诉讼标的,但是行政诉讼标的长期不受重视。考虑到行政诉讼脱胎于民事诉讼,我们可以借用民事诉讼标的理论来阐述行政诉讼标的。

(一)行政诉讼标的之内涵

从理论上而言,诉讼标的有狭义和广义之分。狭义的诉讼标的是指当事人诉争和法院审裁的对象,即实质诉讼标的;除了前指,广义的诉讼标的还包括当事人诉争的实体权利或者实体法律关系指向的对象,即非实质诉讼标的。由此可知,诉讼标的可分为实质标的和非实质标的两类。后一类理论界称之为程序标的。民事诉讼标的研究以实质标的为重心,对程序标的的关注较少。德国民事诉讼法学者系诉讼标的理论的创造者,他们认为:"民事诉讼标的一般是指原告就与被告之间争议的,请求法院予以审判的法律关系或者民事权利之主张(要求、声明)。"② 在我国立法和实务中,民事诉讼标的是指当事人之间争议而请求法院审裁的民事权利或者民事法律关系。行政诉讼与民事诉讼属性的不同使得两者的诉讼标的研究存在不同,行政诉讼标的研究须兼顾实质标的和程序标的。究其根本在于,因为宪制架构上国家权力的既定配置,司法权监督行政权存在边界问题,进而形成了"行政诉讼程序标的法定"的原则。③

长期以来,中外学者在行政诉讼实质标的的界定上存在较多争议,进而形成了"具体行政行为说"④、"法律关系说"⑤、"行政行为违法性说"⑥等学说。不过,前述学说在实践解释力上都或多或少存在一定的不足。⑦ 在对比不同学说的基础上,结合我国行政诉讼的具体实践,"权利主张说"更具合理性,可以作为行政诉讼实质标的的较佳理论。⑧ 德国学者赫尔维认为,诉讼标的是原告在诉

---

① 陈荣宗:《民事程序法与诉讼标的理论》,台湾大学法学丛书1977年版,第328页。
② 李龙:《民事诉讼标的理论研究》,法律出版社2003年版,第5页。
③ 蔡志方:《行政救济法新论》,元照出版公司2001年版,第167页。
④ 薛刚凌:《行政诉权研究》,华文出版社1999年版,第197～203页。
⑤ 范德培:《浅论我国司法审查的对象》,载《法学评论》1993年第4期。
⑥ 林莉红:《行政诉讼法学》,武汉大学出版社2009年版,第48页。
⑦ 马立群:《行政诉讼标的研究——以实体与程序连接为中心》,中国政法大学出版社2013年版,第146～153页。
⑧ 马立群:《论行政诉讼标的——以行政撤销诉讼为中心的考察》,载《南京大学法律评论》2011年第1期。

讼上所为的实体权利主张。① 这一诉讼标的学说能够有效促进行政法与行政诉讼法的衔接,因为其与行政诉讼目的相一致、与行政诉讼请求相契合。只是,考虑到行政诉讼所具有的权力监督功能,实质标的还应包含"行政行为违法"的基本要素,以使违法行政行为受到既判力的约束。因此,行政诉讼实质标的是指原告因行政行为违法而请求法院予以审判的权利主张。②

关于行政诉讼程序标的之概念,学术界基本不存在争议。它是指司法审查制度所要矫正的对象或者原告以行政诉讼程序想要打击的对象。③ 如此看来,行政诉讼受案范围似乎与其高度相关,程序标的在行政诉讼法制定时需要立法者慎重考虑和抉择。行政诉讼程序标的与行政诉讼实质标的的区别主要有三大点:一是前者属于诉讼对象,多与行政诉讼的受案范围相关。后者属于审判对象,多指法院裁判的具体内容。二是前者受法定原则的约束,即其由立法者决定而非原告选定。后者受处分原则的支配,即其由原告选定而非由法院决定。三是程序功能不同,前者主要在于确定受案范围,后者与审判范围、既判力等紧密相关。简言之,实质标的与程序标的在依赖的基础上存在一定的独立性。

(二)行政诉讼标的之功能

作为诉讼法的技术性概念,诉讼标的对诉讼程序的启动、开展和结束具有重要的指引功能。关于民事诉讼标的的程序功能,段厚省教授归纳总结出了九项,包括当事人适格的判定依据、法院管辖的确定依据、既判力范围的判断依据等。④ 源起于民事诉讼的行政诉讼,其诉讼标的自然具有类似的程序功能。具体而言,行政诉讼标的的程序功能有如下几项:一是厘定诉裁畛域。行政诉讼的启动以原告的起诉为准,原告所主张的行政行为违法和权利救济使诉请内容得以具体化,并有效确定法院的审理和裁判范围,进而充分保障当事人的诉权。二是识别重复起诉。在司法实践中,重复起诉现象较为普遍,只有借由诉讼标的方能对其进行准确识别。三是判定诉之合并、变更。诉之合并、变更有助于提高诉讼效率,节省司法资源,减少当事人讼累。在诉讼法理上,诉讼标的是判定诉之合并、变更的重要标准。四是确定既判力的客观范围。既判力在形式上限于判决主文,但在实质上随诉讼标的的判断而产生,即诉讼标的决定既判力

---

① 张卫平:《诉讼的架构与程式——民事诉讼的法理分析》,清华大学出版社2000年版,第207页。
② 汪汉斌:《行政判决既判力研究》,法律出版社2009年版,第137页。
③ 曾哲、向瑶琼:《复议机关作共同被告的理论自洽分析——基于程序标的的视角》,载《西部法学评论》2017年第2期。
④ 段厚省:《民事诉讼标的论》,中国人民公安大学出版社2004年版,第27~33页。

的客观范围。简言之,行政诉讼标的对行政诉讼受案范围与行政诉讼程序推进有着强大的指引作用。

二、行政诉讼标的与司法审查制

行政诉讼标的与司法审查制是紧密相联的,程序标的关乎司法审查制的法定范围,即行政诉讼受案范围;实质标的关涉司法审查制的具体范围,即原告的权利主张。由于环境标准在实然层面上间接但重大影响到私人的权利与义务,其理应被纳入行政诉讼的受案范围,成为行政诉讼程序标的,这只是表明环境标准具有可诉性而已。当原告在行政诉讼中要求附带审查环境标准时,其才真正地成为当事人诉争和法院审裁的对象,成为行政诉讼实质标的。在环境行政诉讼中,审查环境标准是原告发动诉讼的目的之一,也是诉讼程序运作的重心之一。

(一)程序标的:环境标准被纳入行政诉讼受案范围

在现代国家的宪制框架下,行政权的日益扩张已是难以逆转的事实,对私人的权利与义务、法律秩序等构成潜在威胁。这就需要对行政权予以必要的控制与监督。立法权在权力配置层面对行政权的控制发挥着重要作用,但存在滞后性、抽象性的劣势。譬如,我国各级人大常委会极少使用特定问题调查委员会的监督手段,以致相关规定沦为"睡美人条款"。[①] 因此,司法监督作为有效手段被越来越多的国家所推崇。肇始于英美法系的司法审查制诞生与普及不过一两百年的时间,却是人类司法史上的大变革。这绝非巧合与偶然,而是因司法审查制具有重要的价值功能,如维护法律秩序的安定、保障公民的基本权利。

在我国,司法审查制与行政诉讼属于互通的术语,[②]与西方法律传统中的司法审查制存在相当的不同。我国的司法审查制可以具体表述为人民法院通过行政诉讼对行政行为展开合法性及合理性审查。我国系统、完备地建立司法审查制的标志是 1989 年通过的《行政诉讼法》。[③] 在该法施行的几十年时间里,我国行政诉讼制度获得长足的进步,在行政权的监督上取得了一定的成效。但是,经济社会的快速发展使得《行政诉讼法》日渐暴露出较多的深层缺陷和结构矛盾,由此我国行政诉讼的控权功能受到了严重的削弱。其中,行政诉讼受案

---

① 何海波:《行政诉讼法》,法律出版社 2019 年版,第 44 页。
② 湛中乐、赵玄:《国家治理体系现代化视野中的司法审查制度——以完善现行〈行政诉讼法〉为中心》,载《行政法学研究》2014 年第 4 期。
③ 罗豪才:《中国司法审查制度》,北京大学出版社 1993 年版,第 1 页。

范围的狭窄是束缚司法审查功效发挥的前端问题,许多的行政违法行为无法进入司法审查,不少的公民权利主张无法接近司法正义。有学者称之为"立案难",突出表现为行政诉讼的受案量少,导致大量的行政纠纷难以进入司法渠道,如广泛影响私人权利义务的行政立法行为。[1] 最高人民法院发布了多部司法解释,致力于缓解行政诉讼立案难的问题,但是这一努力的实效较为一般。为了解决行政诉讼既有的深层缺陷和结构矛盾,我国在 2014 年 11 月对《行政诉讼法》进行了较大的修订。新法修正了立法目的,即"正确审理行政案件"变为"公正审理行政案件","维护和监督……行使职权"变为"监督……行使职权",由此凸显了行政诉讼的司法审查属性。除此之外,新法还扩大了行政诉讼受案范围,其第 53 条规定,在发动行政诉讼时,行政相对人如认为行政规则不合法,可请求法院加以审查。换言之,我国法院对行政规则享有附带审查权。自此,我国开启了对行政规则的司法审查大门,使得行政诉讼的控权功能向前迈进了一大步。

在"行政国家"的时代背景下,一国行政机关须依法制定大量的行政规则,以此更好地履行法定职能、维系公共秩序。受法治中国的建设大势之推动,我国各级行政机关正在积极提高行政规则的法治化水平。不过,从行政实践情况来看,不合法或者不合理的行政规则仍旧不同程度地存在着,并成为违法行政的重要源头。[2] 有鉴于此,我国法院在行政诉讼中不能无视作为具体行政行为依据的行政规则之合法性或者合理性。行政相对人根据《行政诉讼法》第 53 条的赋权,在 2016 年 1 月至 2018 年 10 月向各级人民法院提起了 3880 件行政规则附带审查案件。[3] 这些数据告诉我们,行政规则"任性恣意"的情况还是比较常见的,行政规则的司法审查应成为我国行政诉讼立法与实践的重点领域。当前,在环境行政领域,我国正在加快准行政规则的环境标准之制定与实施,已经取得较为重大的进展。然而,我国环境标准也存在不少的问题。《国家环境保护标准"十三五"发展规划》指出,部分环境标准的制修订滞后,环境标准制修订的科学基础不足、环境标准管理效率和质量不高,加之《生态环境标准管理办法》对环境标准制修订程序的规定较为粗糙,这可能会致使部分环境标准存在内容违法或者程序违法的现象。不仅如此,地方环境标准的制定主体出于部门

---

[1] 马怀德、孔祥稳:《改革开放四十年行政诉讼的成就与展望》,载《中外法学》2018 年第 5 期。

[2] 黄学贤:《行政诉讼中行政规范性文件的审查范围探讨》,载《南京社会科学》2019 年第 5 期。

[3] 刘婧:《加强对规范性文件的司法监督,促进公民权益保护》,载《人民法院报》2018 年 10 月 31 日第 1 版。

利益的考虑可能制定"劣质"的地方环境标准。凡此种种,在环境法援引环境标准的机制下,"依标准行政"对"依法行政"的冲击在环境行政中已成现实,这是对现代行政法领域最基本的理论问题的挑战。因此,作为环境行政依据的环境标准需要被纳入司法审查中,成为行政诉讼程序标的。如此一来,不仅可以满足维护法律秩序的客观需求,还可以促进环境标准的法治化发展。

(二)实质标的:环境标准的效力外部化

在各国的宪制架构下,行政诉讼或者司法审查的功能预设通常受两条主线的影响,一是司法的控权,二是司法的救济。通常前者以行政行为为诉讼标的,而后者以某项权利为诉讼标的。[①] 维护法律秩序的客观功能、控制行政权与程序标的联系紧密,而原告提起行政诉讼的主观目的是寻求权利救济,这与实质标的的关联甚密。行政规则作为程序标的仅仅意味着其属于行政诉讼受案范围,但如果在提起行政诉讼时行政相对人没有要求法院对涉案行政规则进行审查,则涉案行政规则难以成为实质标的而受到审理和裁判。换言之,原告没有质疑或者挑战作为被诉具体行政行为依据的行政规则,法院遵循司法被动性原则无须主动对其合法性及合理性进行审查。但是当原告质疑行政规则或者提出挑战,法院遵循不得拒绝裁判原则须积极审查行政规则的合法性及合理性。那么,原告为何要质疑非法律规范的行政规则呢?答案是行政规则的效力外部化,对私人的权利与义务产生了实际影响。

包括我国在内的许多国家不得不接受"行政规则数量不断增多"的一个真实、复杂的世界。在此认知的基础上,需要解决行政规则的效力问题及其审查。西方法治发达国家早已确立如下的行政法原理,行政规则系由议会通过法律授权而制定的具备法律效力,而未经前述授权指定的行政规则一般不具备法律效力。[②] 概括而言,行政规则大多数属于非立法性规则,并不含有涉及私人权利与义务的规范条款。行政规则的作用主要有界定执法职权、提供行为依据、提供技术规范三种。[③] 其中,包括环境标准在内的技术标准作为准行政规则,给行政机关开展执法活动提供了技术规范,由此取得外部化效果,对私人的权利与义务产生事实上的约束力。

从形式上看,环境标准所调整的对象是针对客观的对象或者事物,但实际

[①] 薛刚凌、杨欣:《论我国行政诉讼构造:"主观诉讼"抑或"客观诉讼"?》,载《行政法学研究》2013年第4期。

[②] 沈岿:《解析行政规则对司法的约束力——以行政诉讼为论域》,载《中外法学》2006年第2期。

[③] 廖希飞:《论行政规定在行政诉讼中的效力》,载《行政法学研究》2011年第2期。

上会间接地涉及私人的权利与义务。出于满足环境保护的专业需要,国务院环境保护主管部门和省级人民政府依据法律授权制定了数量庞大的环境标准。作为非法律规范的环境标准尽管对私人的权利义务不具有直接的约束力,但是它们的使用时常会涉及不确定法律概念或者左右环境执法的事实认定,此时便会产生私人是否受其拘束的问题,进而实质性地影响私人的权利与义务。有学者将环境标准的作用机制总结为,环境法援引或者适用环境标准,使其产生法律上的实效性,①如基于超标给予行政处罚或者拒绝行政许可。例如,根据《环境保护法》第60条的规定,企事业单位和其他生产经营者超标排污的,各级环境保护主管部门可以作出限产、停产、关闭等行政处罚。环境保护主管部门根据前述规定准用污染物排放标准来认定行政相对人是否存在超标排污行为。事实上,环境标准通过具体指标、数值间接地给私人划定了环境行为的界限,对他们的权利与义务构成了实质影响。基于行政法治原理,行政相对人倘若认为具体行政行为作出依据的环境标准存在瑕疵,便可以要求人民法院附带审查环境标准,使其成为行政诉讼实质标的。

综上所述,在反思行政行为理论缺陷的基础上,为了最大限度地保护行政相对人的实体权利,我国行政法学界和实务界扩大了诉讼标的的判定标准,以"权利义务实际影响"为据。它超越了行政行为的传统理论,在救济私人权利和控制行政权力上具有较强的创造力和生命力。② 跳离环境标准的形式外观指向实质效力,在行政相对人质疑和提出挑战后,环境标准应成为行政诉讼实质标的,须受到法院的司法审查。

三、环境标准作为行政诉讼标的的案例展示

基于上文的讨论,本小节拟以一则环境行政案例来具体说明。"济南万×肉类加工有限公司不服济南市环境保护局行政处罚案"基本案情如下:③

2016年11月30日,被告济南市环境保护局执法人员对原告的锅炉处理设施运行情况进行检查,同时,委托其下属有资质的济南市环境监测中心站工作人员对原告正在运行的一台2吨燃煤锅炉烟气排放情况进行现场监测,采集煤样,制作《污染源现场监察记录》,原告现场负责人何×海签字确认。12月27日,济南市环境监测中心站出具《检测报告》[济环监(气)

---

① 常纪文:《环境标准的法律属性和作用机制》,载《环境保护》2010年第9期。
② 于立深、刘东霞:《行政诉讼受案范围的权利义务实际影响条款研究》,载《当代法学》2013年第6期。
③ 参见山东省济南市中级人民法院(2019)鲁01行终244号行政判决书。

字 2016 年第 201 号]。检测结果显示,原告的锅炉外排烟气中氮氧化物浓度为 523 mg/m³,烟尘浓度为 191 mg/m³。二氧化硫浓度为 3172 mg/m³,分别超过《山东省锅炉大气污染物排放标准》(DB 37/2374—2013)中规定的排放标准的 0.74 倍、5.37 倍、14.86 倍。被告据此作出济环罚字[2017]第 J001 号行政处罚决定(以下简称"J001 号决定"),认定原告对环境造成严重污染,根据《大气污染防治法》第 99 条第 2 项之规定,对其处以罚款 100 万元整。原告不服并提起行政复议,要求撤销 J001 号决定。后不服行政复议,对济南市环境保护局、济南市人民政府提起行政诉讼,要求撤销行政处罚。原告一审败诉后提起上诉。

济南中级人民法院在审判中基于原告的诉请对《山东省锅炉大气污染物排放标准》(DB 37/2374—2013)进行了司法审查。在裁判理由中论述到,根据《环境保护法》的明确规定,《山东省锅炉大气污染物排放标准》(DB 37/2374—2013)应当由山东省政府制定,但省级政府制定规章以下的规范性文件,①可以不以自己的名义对外发布,而是授权负责起草的主管机关予以发布,不能因为该标准由省环境保护厅与省质监局联合发布,就认为该标准的制定主体为以上两个主管机关,进而得出该标准的制定机关超越法定职权的结论。《山东省锅炉大气污染物排放标准》(DB 37/2374—2013)制定于 2013 年,当时《环境保护法》尚没有修改,地方污染物排放标准的制定仍然适用修改前《环境保护法》第 10 条第 2 款的规定。鉴于该条款制定于 1989 年,中间经过行政立法体制的变化,本院以《立法法》修改为时点,对《环境保护法》关于省级政府制定规章以下的地方污染物排放标准的程序进行解读,最后回答《山东省锅炉大气污染物排放标准》的制定机关是否超越法定职权的问题。据此认定《山东省锅炉大气污染物排放标准》(DB 37/2374—2013)具有合法性。

通过对这则典型案件的分析,我们可以看出,环境标准在行政诉讼中确定了人民法院审理和裁判的对象范围,实际上发挥着诉讼标的规范效用。但需要强调的是,该案判决书对《山东省锅炉大气污染物排放标准》(DB 37/2374—2013)的定性是错误的,其并非行政规则,需要从环境法援引机制方面来加强论证。

---

① 特别说明:司法实践中,法院将环境标准视为行政规则,并不符合其本质属性。但正如前文所述,笔者也认为环境标准可以作为准行政规则。

第二节 审判依据

法院在裁判纷争时须接受"法律"的约束显属一项法学公理,这里的"法律"在我国一般是指符合《立法法》的规范性文件。① 是故,在应然层面上,非法律规范的环境标准确实不能作为环境审判的依据。不过,司法实践是多元、复杂的,审判依据"拦腰截断"式的划分恐怕难以妥适地规范司法活动。于是,环境标准是否可以作为法院的审判依据成了一个不容回避的问题。答案并非"有"或"无"的简单选择。我们需要进入由规则体系和具体案例构成的真实世界去探寻环境标准约束司法的实然形态。

一、环境标准作为行政审判依据的法理与实践

在《标准化法》《环境保护法》及环保单行法等法律的授权下,国务院环境保护主管部门和省级人民政府利用专业知识与实践经验制定的环境标准,对人民法院的行政审判而言具有技术权威性。基于技术权威所带来的司法尊重,环境标准在经必要审查后可以成为行政审判依据。

(一)环境标准作为行政审判依据的法理解释

基于对《行政诉讼法》的文本分析,我们似乎可以判定"环境标准不能作为行政审判的依据",但结论并非那么简单,其中涉及立法机关、行政机关和司法机关制度能力的认识及其权力的妥适配置。十分明显,在现代国家,面对广泛而深度的规制对象,"立法者"囿于能力局限不可能制定出一套完备的规范。所能期待的是,"立法者"在某些领域宣布一些原则性、抽象性的规定,而至于必要性、具体性规定的制定,"立法者"须信赖行政机关的专业活动。② 环境问题的专业性使得立法者意识到其在环境标准的制定上力有未逮,便通过法律授权国务院环境保护主管部门和省级人民政府制定环境标准。如此一来,环境规制层面

---

① 刘作翔教授认为,在制定法国家,关于"有效力的法律表现形式",是由这个国家的法律所规定的,具体而言,是由这个国家的宪法和《立法法》所规定的,不可对此过度扩展。参见刘作翔:《"法源"的误用——关于法律渊源的理性思考》,载《法律科学》2019 年第 3 期。

② [法]勒内·达维德:《当代主要法律体系》,漆竹生译,上海译文出版社 1984 年版,第 107 页。

上的"规范具体化"得到了立法者的肯认。① 不过,作为"规范具体化"的环境标准是否应当或者必须受到司法的尊重呢?

严格遵循权力分立的观念与法理,由行政机关制定的环境标准因不具备法律规范的形式外观而不能作为行政审判的依据。有学者认为,由于行政执法与司法审判属于不同性质的活动,执法依据不同于司法依据,法院在司法审判时对行政规则可以不予理睬。② 然而,当我们认清并接受"现代国家系行政国家"的现实,就会发现,相较于司法机关,行政机关在规范涉及高度科学背景的技术问题上更为专业、高效,或者说,司法机关受限于制度能力而无法替代行政机关制定行政规则。我国在宪制框架下设立了并列的行政机关和司法机关两大机构,并对它们进行必要、合理的权力分工。由于经济社会管理的复杂、多变,行政机关的活动更关注效率,并具有较多的专业知识和技术经验,而法院则更关注公平正义,在权利保障和秩序维护上提供最终救济。毋庸赘言,法院既不具备制定环境标准的制度能力,也不具备科学判断环境标准内容的制度能力。正如周汉华教授所言:"行政机关比法院在专业领域事实判断上更具合理性,一方面得益于行政程序的能动设置以及行政人员的专业知识,另一方面囿于法院没有大量财力、人力和时间。"③需要指出的是,现实中大量环境具体行政行为是依据环境标准所作出的。循环往复,"依环境标准行政"早已成为一种行政惯例。环境标准本身并不构成行政法的渊源,而是前述行政惯例的载体,④对环境保护主管部门构成执法约束,对行政相对人权利义务构成影响。比如,行政相对人有权要求环境保护主管部门依环境标准的平等对待。因此,法院在环境行政审判中一般需要对环境标准予以尊重并加以适用,以维持行政运作的一体化和提高司法审判的效益。

(二)环境标准作为行政审判依据的规范分析

行政诉讼的规范适用系属第二次规范适用,即对具体行政行为所适用规范的司法复审。⑤ 在我国,按照《立法法》的规定,行政规范中的"法"仅指行政法规

---

① 陈慈阳:《论规范具体化之行政规则在环境法中的外部效力》,载《台湾本土法学杂志》1999年第5期。
② 胡建峰:《论行政规则在司法审查中的地位》,载《行政法学研究》2004年第1期。
③ 周汉华:《现实主义法律运动与中国法制改革》,山东人民出版社2002年版,第301～315页。
④ 叶必丰、周佑勇:《行政规范研究》,法律出版社2002年版,第100页。
⑤ 董皞:《论行政审判对行政规范的审查与适用》,载《中国法学》2000年第5期。

和行政规章。① 《行政诉讼法》对此也予以回应,根据第 63 条的规定,人民法院审理行政案件,以行政法规为依据,并参照行政规章。《行政诉讼法》没有规定行政规则在行政审判中的地位与作用。开展前述的司法复审之规范依据是法律、行政法规和行政规章。至此,作为准行政规则的环境标准似乎难以成为行政审判的依据。

然而,相较于《立法法》《行政诉讼法》的规定,最高人民法院对行政审判依据作了一定的扩张。根据 2000 年《关于执行〈行政诉讼法〉若干问题的解释》第 62 条的规定,合法有效的行政规则可为人民法院在裁判文书中加以引用。2004 年《关于审理行政案件适用法律规范问题的座谈会纪要》进一步表明了最高人民法院对"行政规则是不是行政审判依据"问题的态度。该纪要在否定行政规则法源地位的基础上,赋予了合法、有效的行政规则作为审判依据的效力。据此,章剑生教授将"引用合法有效的行政规则"定性为"参考"。② 事实上,"参考行政规则"与"参照行政规章"并无本质区别。"参照"是指在行政审判中,法院对违法、无效的行政规章不予适用,对合法、有效的行政规章则可引以为据。③ 实际上,《行政诉讼法》第 63 条第 3 款间接承认人民法院审查行政规章的权力,与对行政规则的审查没有本质差异。当然,行政规章和行政规则的审判依据地位还是存在一定的区别的,即司法审查的强度问题。"参考"意味着人民法院对行政规则的态度是"一般尊重","参照"则意味着人民法院对行政规章的态度是"高度尊重"。故此,行政规则具有附条件或者有限的行政审判依据之地位。

德国公法大师奥托·迈耶认为,行政规则乃是行政领域最具"实质意义上的法"。④ 前文已述,环境标准具有准行政规则的属性。显然,环境标准是环境保护主管部门进行执法管理的技术依据,致使环境行政审判对具体行政行为的合法性及合理性审查绕不开环境标准。传统理论不把其视为法律的渊源,虽然有着较高的正当性基础,但与实质法治之间存在着一定的紧张关系。倘若法院不能适用环境标准,那么大量涉嫌侵犯行政相对人合法权益的具体行政行为难以得到精确审查,进而降低了司法权对行政权的监督作用。因此,笔者认为,作为与私人权利义务关联密切的准行政规则,环境标准可以附条件地或者有限地成为行政审判的依据。

---

① 朱芒:《论行政规定的性质——从行政规范体系角度的定位》,载《中国法学》2003 年第 1 期。
② 章剑生:《现代行政法总论》,法律出版社 2014 年版,第 494 页。
③ 马怀德主编:《行政诉讼法学》,北京大学出版社 2019 年版,第 241 页。
④ 曾哲、周泽中:《反思与重述:行政诉讼的法源规范与依据选择》,载《岭南学刊》2017 年第 3 期。

(三)环境标准作为行政审判依据的案例展示

如果我们走出法律文本的梦幻天堂,进入审判实践的真实世界,就会发现:在文本上,位阶越高的规范性文件越有效,即法律＞法规＞规章＞行政规则;但在实践中,位阶越低的规范性文件却越有效,即行政规则＞规章＞法规＞法律。① 法官选用审判依据基本上遵循着实用主义的灵活思路,而非按照《行政诉讼法》的规定及规范位阶的高低之机械思维。在环境行政审判中,我国法院在判决主文中一般不会引用环境标准,但在裁判说理中常会引用环境标准,以其作为事实认定的依据。因此,环境标准实际上发挥着司法审查基准的功能。本小节拟以一则环境行政案例来具体说明。"原告袁×风、丁×标、金×凤(以下简称'袁×风等3人')诉被告杭州市生态环境局(以下简称'市环境局')环保行政许可及被告杭州市人民政府(以下简称'市政府')行政复议决定案"基本案情如下:②

2016年11月25日,被告市环境局作出杭环江评批〔2016〕212号《辐射项目环境影响评价文件审批意见》(以下简称《环评审批意见》),审批内容是"由你单位(杭州供电公司)送审,嘉溢环评公司编制的《110kV百安输变电工程建设项目环境影响报告表》(报批稿)已收悉。经审查,审批意见如下:'一、根据专家评审意见和环评结论,原则同意110kV百安输变电工程按拟定规模进行建设。二、输变电工程应符合《声环境质量标准》(GB 3096—2008)等标准……'"。原告袁×风等3人不服,向被告市政府申请行政复议。2019年1月28日,被告市政府作出杭政复〔2018〕404号《行政复议决定书》,根据《行政复议法》第28条第1款第1项之规定,决定维持被告市环境局作出的杭江环评〔2016〕212号《环评审批意见》。

袁×风等3人诉称,"《环评报告表》涉嫌故意调低声环境评价标准。《环评报告表》故意将拟建区域声环境质量降低为2类标准,而依据《杭州市主城区声环境功能区划分方案》规定,该区域代码为103,应为1类区",应当依法撤销。被告市环境局辩称:"关于'环评报告涉嫌故意调低声环境评价标准'问题。根据《杭州市主城区声环境功能区划分方案》第5条的规定,杭州市主城区声功能区划结果中明确杭海路、新塘路为城市主干道,为4a类交通干线;第6条第1点规定'交通干线两侧区域的划分:若临街建筑

---

① 宋华琳:《论行政规则对司法的规范效应——以技术标准为中心的初步观察》,载《中国法学》2006年第6期。
② 参见山东省济南市中级人民法院(2019)鲁01行终244号行政判决书。

以高于三层楼房以上（含三层）的建筑为主，将第一排建筑物面向道路一侧的区域划为 4 类标准适用区域。若临街建筑以低于三层楼房建筑（含开阔地）为主，将道路红线外一定距离内的区域划为 4 类标准适用区域，具体规定如下：相邻区域为 1 类声环境功能区，距离为 50 米；相邻区域为 2 类声环境功能区，距离为 35 米；相邻区域为 3 类声环境功能区，距离为 25 米'。袁×风等 3 人房屋所在楼房临近杭海路，按 4 类标准适用。《环评报告表》以 2 类标准执行，较 4 类标准更为严格，并无不当。"

杭州铁路运输法院对声环境引用标准问题进行审理，认为："《环境噪声污染防治法》第 10 条第 2 款规定'县级以上地方人民政府根据国家声环境质量标准，划定本行政区域内各类声环境标准的适用区域，并进行管理'。《杭州市主城区声环境功能区划分方案》第六部分第 4 点规定'省环境功能区标准提高区域内的固定声源，在本划分方案实施一年起执行新控制标准'。由此，作为 110kV 百安输变电工程的环境影响评价，应当按现行有效的《杭州市主城区声环境功能区划分方案》为依据进行评价。《杭州市主城区声环境功能区划分方案》第 3 条规定'1 类声环境功能区：指以居民住宅、医疗卫生、文化教育、科研设计、行政办公为主要功能，需要保持安静的区域。2 类声环境功能区：指以商业金融、集市贸易为主要功能，或者居住、商业、工业混杂，需要维护住宅安静的区域。3 类声环境功能区：指以工业生产、仓储物流为主要功能，需要防止工业噪声对周围环境产生严重影响的区域。4 类声环境功能区：指交通干线两侧一定距离之内，需要防止交通噪声对周围环境产生严重影响的区域，包括 4a 类和 4b 类两种类型。4a 类为高速公路、一级公路、二级公路、城市快速路、城市主干路、城市次干路、城市轨道交通（地面段）、内河航道两侧区域；4b 类为铁路干线两侧区域'。第 6 条第 1 点规定'交通干线两侧区域的划分：若临街建筑以高于三层楼房以上（含三层）的建筑为主，将第一排建筑物面向道路一侧的区域划分为 4 类标准适用区域。若临街道路以低于三层楼房建筑（含开阔地）为主，将道路红线外一定距离内的区域划分为 4 类标准适用区域，具体规定如下：相邻区域为 1 类声环境功能区，距离为 50 米；相邻区域为 2 类声环境功能区，距离为 35 米；相邻区域为 3 类声环境功能区，距离为 25 米'。在本案中，袁×风等 3 人居住的采荷人家小区临近杭海路和新塘路，依规可适用 4 类标准。案涉《环评报告表》以 2 类标准执行，较 4 类标准更为严格，以离建设项目边界 1 米处测量噪声，并无不当。诚然，如果确因规划调整造成的道路存废，导致声环境功能区发生调整，在新的声环境功能区划分方案生效后，如果原排放标准确实不能符合新的声环境功能区划标准，杭州供电公司应采取有效的提升改造措施达到新的排放标准,倘若不能达标排放的,市环境局应当依法进行处理。"

上述的裁判论证表明,以《声环境质量标准》(GB 3096—2008)为基础的《杭州市主城区声环境功能区划分方案》实际上发挥着判定环评审批合法性的作用。根据《环境噪声污染防治法》第 10 条第 2 款的规定,杭州铁路运输法院对以《声环境质量标准》(GB 3096—2008)为基础的《杭州市主城区声环境功能区划分方案》予以尊重,并将其作为审判依据。

二、环境标准作为刑事审判依据的法理与实践

法律作为具有"强制性"的社会规范,任何涉及权利(力)与义务的强制性规定,均需制裁条款的兜底,因为借由公权力实施的制裁能够确立前述规定不容违反的权威,进而建构并维系持续稳定的社会秩序。行政处罚和刑事处罚属于法律制裁体系的重要组成部分,因此两者之间的差异在于"数量增减"而非"本质不法"。① 在环境污染的规制领域中,行政处罚和刑事处罚共同构筑起环境标准实施的保障机制,违标行为不仅要受到行政处罚,还可能被处以刑事处罚。根据《环境保护法》第 69 条的规定,私人的环境行为构成环境犯罪的,须承担刑事责任。其他环保单行法也存在类似的明文规定。这些条款实现了环境行政处罚和环境刑事处罚的有机衔接。那么,被环境法所援引的环境标准在刑事审判中发挥何种作用呢?借助环境犯罪的行政从属性理论,笔者认为,环境标准对环境刑法具有规范效力,可以作为刑事审判的依据。

(一)环境犯罪行政从属性的简介

伴随着经济的快速发展、社会的不断变迁,行政管制的范围逐渐扩大,行政规范与刑法日趋勾联,因此形成"行政刑法"的复合现象。19 世纪以来,越来越多的行政犯被写入刑法之中,并与行政规范有着密不可分的关联。纵观各国的刑法,以违反行政规范为前提的犯罪并不在少数,②广泛分布于交通犯罪、金融犯罪、税务犯罪等领域中。而在迈进风险社会的时下,食品药品安全、生态环境安全等风险的刑法规制更加需要行政规范或者行政行为的支撑。在环境犯罪中,犯罪嫌疑人或者被告人的污染环境行为、破坏生态行为,使得水、大气等各

---

① 吴庚:《行政法之理论与实用》(增订八版),中国人民大学出版社 2005 年版,第 296 页。
② 张明楷:《行政刑法辨析》,载《中国社会科学》1995 年第 3 期。

类环境要素遭受重大的、具体的损害,从而对人类的生命健康和财产安全形成潜在的巨大危险。① 因此,我们应积极规制环境犯罪及其产生的风险,不过这涉及专业、复杂的科学知识,须依赖于行政规范或行政行为的技术判定。由此可见,环境犯罪具有显著的行政从属性。

1. 环境犯罪行政从属性的内涵

分析环境犯罪行政从属性的内涵之重点在"行政"和"从属"上。"行政"系达成国家存立目的之最重要手段,为实现各种公共目的之工具,有着追求利益、积极主动等特征。② "行政"不只是具体行政行为,还包括行政规范。需要特别说明的是,笔者是在实质法治层面使用"行政规范"一词,并不仅指形式渊源上的行政法。"从属"可以被定义为一个事物对另一个事物逻辑上的依附或者依赖,否则难以获得定性。故此,环境犯罪的行政从属性是指在判断环境犯罪是否成立时,需要根据、参考环境行政规范或环境行政行为。③ 前者主要包括概念从属、标准从属等,后者主要包括对行政许可的从属、对行政处罚的从属等。举例而言,超标准排污罪,即超过污染物排放标准排污导致环境污染的行为。例如,《日本环境法》规定,超标排放煤烟和废水的,故意的场合处以 6 个月以下惩役或 10 万日元以下罚金;过失的场合处 3 个月以下禁锢或 5 万日元以下罚金。④ 未经许可排污罪,即没有获得环境保护主管部门颁发的排污许可证而私自排污导致环境污染的行为。比如,德国刑法规定,未经许可污染水域的,处 5 年以下自由刑或罚金。⑤ 环境犯罪行政从属性的产生与行政刑法的发展有着天然的密切关系。当前,科技进步和社会发展致使新型犯罪迅速滋生,刑法的规制能力面临严峻的考验。主要体现在三个方面:一是刑法的强稳定性,使其不能如行政规范那般易变;二是刑法的超抽象性,使其不能如行政规范那般具体;三是刑法的超简洁性,使其不能如行政规范那般繁复。例如,环境犯罪中的危险废物、超标排放、严重污染之概念。那么,立法者如何破解这一困境呢?随着"统一法学"运动的勃兴,各部门法之间的协作渐入立法者的视野,成为应对前述困境的全新手段。行政规范的预防性、变动性、科技性正好弥补了刑法在打击新型犯罪中的不足,由此行政刑法便自然生成。作为特殊的刑法,行政刑法

---

① [韩]金日秀:《环境风险的新挑战与刑法的应对》,郑军男译,载《吉林大学社会科学学报》2019 年第 3 期。
② 翁岳生主编:《行政法》(上册),中国法制出版社 2002 年版,第 13 页。
③ 郑昆山:《环境刑法之基础理论》,五南图书出版公司 1998 年版,第 179~180 页。
④ [日]原田尚彦:《环境法》,于敏译,法律出版社 1999 年版,第 79 页。
⑤ 孔庆梅、李发亮:《我国水污染犯罪的立法缺陷及其完善》,载《福建警察学院学报》2008 年第 4 期。

具有较多的正向价值,如促进刑法与行政法的合理分工、提高司法资源的配置效率。从本质上看,行政职能的增强产生了行政刑法,使得专业领域的刑事犯罪先受专业行政的判断,这是一种进步的现象。① 行政刑法一般较少有独立的制定法,而以行政从属的形式内嵌于刑法之中,即附属刑法转向核心刑法。环境犯罪行政从属是行政刑法的典型形态,系环境风险的必然产物。

2. 环境犯罪行政从属性的意义

环境犯罪的行政从属性着重强调了"刑法接纳环境法"的客观事实,②以行政规范或者行政行为作为犯罪的构件要素。这一特性在环境刑法的理论与实践中具有诸多的积极意义。第一,环境犯罪的行政从属性以环境法之"长"弥补了刑法之"短",使环境刑法得以保持生机并不断发展。此外,前述纽带还解决了环境法与刑法之间的重叠问题,让相似的不法行为受到平等的评价,助力于法律秩序统一性的维护。第二,环境犯罪的行政从属性可以大幅降低立法与司法的成本。援引环境法的相关条款能够使刑法的表述简明扼要,让立法者从环境风险规制的能力不足中得以解脱。于司法者而言,被告认识到其行为违反环境法,且满足其他限定条件时,便可推定被告具有成立环境犯罪的故意,从而节省司法资源、提高审判效率。例如,超标排放有助于推定犯罪故意。第三,环境犯罪的行政从属性可以彰显刑法的谦抑性。由于刑法具有更鲜明的烙印或标签效果,其属于其他部门法的最后保障,国家不得随意启用刑法施加最严厉的制裁。而行政从属性宣告了凡是符合环境法的行为不成立环境犯罪。是故,环境犯罪的行政从属性是对刑法谦抑性的明文支持,提醒法官慎重认定此类与环境法紧密相关的犯罪行为。③

(二)环境标准的刑法效力

环境犯罪的行政从属性突出表现为空白罪状,指刑法分则关于环境犯罪构成要件中的禁止性内容,刑法本身并无规定,须援引环境法进行判定。④ 刑事立法需要确保严重违反环境法的行为受到刑罚,采取空白罪状的方式能够较好地实现前述目的。百年以来,随着环境污染的不断严重,现代国家不得不制定大量的环境法予以应对,致使部分严重违反环境法具有较大的危害性的行为被写入刑法。出于立法技术的考量,许多国家使用空白罪状来界定环境犯罪。在我

---

① 张明楷:《行政刑法辨析》,载《中国社会科学》1995年第3期。
② 我国理论界普遍认为环境法具有行政法的属性。参见赵娟:《论环境法的行政法性质》,载《南京社会科学》2001年第7期。
③ 刘夏:《犯罪的行政从属性研究》,中国法制出版社2016年版,第16页。
④ 肖中华:《空白刑法规范的特性及其解释》,载《法学家》2010年第3期。

国,《刑法》第 6 章第 6 节涉及破坏生态环境犯罪及其刑罚的规定属于典型的空白罪状。某一污染环境行为是否成立环境犯罪,与是否违反环境法的禁止性规定有密切关系,严重违反则可能涉嫌环境犯罪。空白罪状一般可以分为相对确定的空白罪状和不确定的空白罪状。前者是指犯罪行为违反确定的环境法,如《刑法》第 345 条的"滥伐林木罪"指明违反《森林法》的规定;后者是指诸如"违反国家规定"等抽象术语,如《刑法》第 338 条的"污染环境罪"。

尽管环境标准本身不是环境法,但是通过与环境法的融合而间接地给私人设立了行政义务,以有效应对高度复杂的环境风险。或者说,环境标准与环境法具体规范结合组成了前述的禁止性规定。从某种意义上说,环境标准成了国家设置行政义务的技术依据。因此,不履行行政义务的背后是对环境标准的违反。遵循这一逻辑展开,借助环境犯罪行政从属性理论,笔者认为,环境标准的刑法效力更多是通过构件要素而产生的。具体体现在两个方面:一是《刑法》中环境犯罪的某些用语和概念的解释与认定,须以环境标准为依据。例如,《刑法》第 339 条"非法处置进口的固体废物罪"中的"危险废物"在危险特性不明的情况下,须按照《危险废物鉴别标准》(GB 5085.7—2019)进行认定。如果经鉴定涉案"危险废物"不具有危险特性,则不构成本罪。二是《刑法》中环境犯罪直接将行政相对人违反环境标准的行为,作为构罪的要件。① 例如,《刑法》第 338 条规定:"违反国家规定排放、倾倒或者处置……严重污染环境的行为"成立"污染环境罪"。"违反国家规定""严重污染环境"的空白罪状使得污染环境罪具有强烈的行政从属性。其中,"严重污染环境"的定性需要转化为"违反环境标准"的定量,否则难以证成犯罪嫌疑人或者被告人触犯了污染环境罪。例如,2016 年《关于办理环境污染刑事案件适用法律若干问题的解释》第 1 条第 3 项规定:"排放、倾倒、处置含铅……的污染物,超过国家或者地方污染物排放标准三倍以上的"属于"严重污染环境。"正如学者所言:"准确地认定环境犯罪,建基于以环境的时空承载为基础的科学立法,即将作为技术规范的环境标准有效融入环境刑法中。"② 因此,只有待环境标准补充了"违反国家规定""严重污染环境"的空白后,污染环境罪才具备完整的构成要件。

(三)刑事审判依据的有限扩张

环境犯罪的行政从属性生成了环境标准的刑法效力,那么它能否成为刑事

---

① 宋华琳:《论行政规则对司法的规范效应——以技术标准为中心的初步观察》,载《中国法学》2006 年第 6 期。
② 陈珊:《论水生态环境犯罪的科学立法》,载《学习与实践》2015 年第 11 期。

审判依据？这一问题可以转化为环境标准作为补充规范是否与罪刑法定原则相冲突？倘若两者之间存在冲突，则环境标准不能成为刑事审判依据，反之便可。

现代刑事法治建基于罪刑法定原则，即犯罪和刑罚必须有法的明文规定。这一原则又可细分为专属性原则和明确性原则，前者指犯罪与刑罚须由"法律"规定，后者指前述的"法律"规定须达到公民所能预测的程度。① 由于环境犯罪的行政从属性，环境标准充当了空白罪状的补充规范，对罪刑法定原则是否构成致命的挑战。理论界对此存在着肯定说和否定说两种截然对立的论点。环境标准的刑法效力与罪刑法定原则相冲突的规范依据在于：根据《立法法》第8条的规定，只有全国人大及其常委会制定的法律才能规定犯罪与刑罚。基于此，部分学者狭义界定刑法的法源，坚决反对行政规章与技术标准作为刑事审判依据。② 对环境犯罪空白罪状而言，环境标准作为补充规范让环境犯罪构成要件的确定由非"法律"的技术规范来承担，这不能不让人提出其违反法律专属性原则、民主法治原则的质疑。③ 不过，否定环境标准与罪刑法定原则相冲突的学者为数众多。其中以"补充适用方式说"和"授权立法形式说"较有影响力。李艳红教授认为，罪刑法定原则强调的是罪与刑在形式上须由"法律"规定，对空白刑法来说，其仍属于刑法，系全国人民代表大会制定的基本法律。而具体参照何种行政规范将空白刑法适用于具体个案，只是在立法之后产生的规范补充适用问题，因此不与罪刑法定主义产生冲突。④ 肖中华教授从授权立法的角度对犯罪行政从属性进行解释，认为根据《立法法》的规定，仅将罪状交由行政机关制定的行政规章和技术标准予以补充规定与罪刑法定原则并不矛盾，但将罪状和刑罚的补充规定一并交由行政机关则违反了罪刑法定原则。⑤ 基于对前述论点的梳理与分析，罪刑法定主义中的法律专属性原则仅有相对意义，明确性原则更具规范价值。质言之，对刑法规范的刑罚部分，应完全贯彻法律专属性原则，只能由"法律"进行规定，以限制刑罚的任性发动；但对刑法规范的罪状

---

① 刘艳红：《空白刑法规范的罪刑法定机能——以现代法治国家为背景的分析》，载《中国法学》2004 年第 4 期。

② 黄明儒：《行政犯比较研究——以行政犯的立法与性质为视点》，法律出版社 2004 年版，第 58～59 页。

③ 刘树德：《罪刑法定中空白罪状追问》，载《法学研究》2001 年第 2 期。

④ 刘艳红：《空白刑法规范的罪刑法定机能——以现代法治国家为背景的分析》，载《中国法学》2004 年第 4 期。

⑤ 肖中华、王海桥：《空白刑法的规范诠释：在规范弹性与构成要件明确性之间》，载《法学杂志》2009 年第 8 期。

部分,在符合"明确性原则"的前提下,法律专属性原则仅具相对意义,行政规范对空白刑法的补充,并不违背罪刑法定原则的精神。①

环境标准能够充当补充规范主要是基于"违反国家规定""严重污染环境"的空白罪状。故此,讨论的关键在于环境标准是否属于"国家规定",违反环境标准是否会导致"严重污染环境"。根据《刑法》第 96 条的规定,"违反国家规定"仅指法律和行政法规及与此同位阶的决定、命令。有学者明确指出:"对不确定的空白罪状,在寻找其参照的补充规范时,是不能超越'国家规定'范围的。"②据此,国务院环境保护主管部门和省级人民政府制定的环境标准被绝对排除在"国家规定"的范围之外。然而,这是缺乏可操作性的做法,究其原因在于法律、行政法规并不能准确界定环境犯罪行为,法官仅仅适用法律、行政法规难以作出准确的判决。事实上,风险领域的罪名一般是以高度专业的技术标准为前提的,立法者和司法者均不具备制定技术标准的知识、能力。以污染环境罪为例,罪与非罪的界限在很大程度上需要围绕环境标准具体判定。譬如,企业排污若符合《电池工业污染物排放标准》(GB 30484—2013),但介入了非企业所控的其他因素,如电池企业比较集中,即使造成环境严重污染,也不成立污染环境罪。③可问题是,法律和行政法规并没有涉及环境标准的具体内容,而是通过授权交由国务院环境保护主管部门和省级人民政府负责制定。根据《刑法》第 96 条和第 338 条的规定,仅仅从形式上解释"国家规定"的范围,环境刑事审判必然陷入补充规范匮乏或粗糙的窘境,致使法官在认定环境污染行为上享有更自由的权力。有学者认为机械理解《刑法》第 96 条的规定无异于作茧自缚,造成理论与实践脱节。④ 有学者更是指出,过于精细化的刑法从法理学等视角来看均是不可能且不必要的。⑤ 由此可说,参照环境标准总比无据可依的情况要强得多,毕竟技术权威可以有效约束法官对环境污染行为和环境污染事实的认定。

顺应形式法治国到实质法治国的转变,应有限地扩张《刑法》第 96 条"国家规定"的范围,法官在刑事审判时可以引用包括环境标准在内的技术标准。⑥ 笔者认为,技术标准是为了贯彻执行法律法规而制定的,是对国家规定的具体化,

---

① 陈忠林:《意大利刑法纲要》,中国人民大学出版社 1999 年版,第 17~19 页。
② 刘德法、尤国富:《论空白罪状中的"违反国家规定"》,载《法学杂志》2011 年第 1 期。
③ 刘彩灵、李亚红:《环境刑法的理论与实践》,中国环境科学出版社 2012 年版,第 69 页。
④ 庄乾龙:《环境刑法定性之行政从属性——兼评〈两高关于污染环境犯罪解释〉》,载《中国地质大学学报(社会科学版)》2015 年第 4 期。
⑤ 熊永明:《谨防刑法规定过度精细化》,载《政法论丛》2021 年第 1 期。
⑥ 徐平:《环境刑法研究》,中国法制出版社 2007 年版,第 43 页。

在不与法律法规发生内容冲突的情形下,违反技术标准可以等同于违反国家规定。综上所述,作为"规范具体化余地"的环境标准,对刑事审判显然具有拘束力。①

(四)环境标准作为刑事审判依据的案例展示

基于上文的法理分析,本小节拟以三则环境刑事案例来具体说明。

[案例一]罗×江污染环境案

2019年3月起,被告人罗×江在未设置废水处理设施的情况下,将上述废水通过三级沉淀池后排放至厂外下水道,该废水受纳河涌为大榄排洪沟。同年5月17日,佛山市生态环境局南海分局工作人员对佛山××金属有限公司进行检查,并在与该公司废水三级沉淀池相连的厂外排水口处提取呈红色的水样1瓶。经佛山市南海区环境保护检测站监测,上述水样的总铬监测结果为35.3 mg/L,超过广东省地方环境标准《水污染物排放标准》(DB 44/26—2001)表1第一类污染物最高允许排放浓度(排放标准要求小于等于1.5 mg/L)22.53倍。广东省佛山市南海区人民法院认为,被告人罗×江违反国家规定,排放有毒物质,严重污染环境,其行为已构成污染环境罪。②

[案例二]武××污染环境案

位于淮河流域的Y县的某企业的武××按照《行政许可法》《水污染防治法》的规定,向Y县环境保护局申请排污许可证,并提交了防治水污染方面的技术资料,如污染物处理设施等。受理申请后,Y县环境保护局在没有审查该企业排放污水是否超标的情况下,便将排污许可证发放给涉案企业。在排污许可下,涉案企业超标排放污水,导致Y县境内的淮河受到严重污染。因涉嫌污染环境罪,武××被Y县人民检察院提起公诉,目前该案件尚未审结。

[案例三]周×宇污染环境案

T市环境保护局局长魏××与W企业法定代表人周×宇素有芥蒂。2011年4月某日,该局对W企业的排污情况进行检查。在W企业没有超标排污的情形下,该局作出了"停产停业、吊销排污许可证"的行政处罚。但此期间,涉案企业在周×宇的强令下继续生产,因无证排污造成环境污染。W企业、周×宇涉嫌污染环境罪被T市人民检察院提起公诉,目前该

---

① 葛克昌、林明锵主编:《行政法实务与理论》,元照出版有限公司2003年版,第40页。
② 参见广东省佛山市南海区人民法院(2019)粤0605刑初4507号刑事判决书。

案件尚未审结。①

案例一中,被告人罗×江"违反广东省地方环境标准《水污染物排放标准》(DB 44/26—2001)"与污染环境罪中的"违反国家规定""超出广东省地方环境标准《水污染物排放标准》(DB 44/26—2001)22.53倍"与污染环境罪中的"严重污染环境"属同义。借助环境标准,法院能够准确、高效地认定被告人罗×江污染环境的罪行。按照法教义学的解释,无证排污和超标排污均属于污染环境罪中的"违反国家规定"。但这会引发有证超标排污与无证合标排污是否成立污染环境罪的争议,案例二、案例三即明证。案例二中,Y县环境保护局违反法定程序而向武××发放了排污许可证,被告人依从"许可"排污造成了环境污染。从形式上看,被告人基于许可的排污似乎不符合污染环境罪中的"违反国家规定"的构成要件。但从实质上看,被告人超标排污其实符合污染环境罪中的"违反国家规定"的构成要件。事实上,合标排污是许可排污的核心要义,否则环境行政许可便失去了存在意义。武××在获得许可后的生产中,应对排污是否超标承担相当的注意义务,而非简单以排污许可为准,放任排污的超标。因此,有证超标排污应受到污染环境罪的否定性评价。案例三中,W企业和周×宇尽管遭受了违法的具体行政行为,但基于行政行为公定力原理,其继续生产排放的污染属实缺乏行政许可。W企业和周×宇的无证排污与"违反国家规定"之行政义务是吻合的,进而可能成立污染环境罪。不过,刑法评价以法益保护为原则,犯罪嫌疑人或者被告人的行为如果没有产生法益侵害的结果或者危险,便不存在法益侵害性和刑事违法性,自应排除在犯罪圈之外。② 假使W企业和周×宇无证但合标排污,这显然没有侵害法益,应被认定为没有"违反国家规定",不成立污染环境罪。通过案例二、案例三的对比分析,环境标准在污染环境罪的构成要件上更具实质意义,而非形式上的行政许可。"环境风险的制造者在获得行政许可后并不能自由地开展相关行为,相反,还要受到管制规范的必要约束,如环境标准。"③通常而言,遵守环境标准的行为不会导致严重的环境污染,这也是环境标准刑法效力的价值所在。但有学者对此批评到"合标排污作为免除刑责的根据给环境保护造成诸多不利影响,不应承认环境标准在

---

① 武××污染环境案与周×宇污染环境案,参见张苏:《环境刑法空白构成要件适用中的难题及其解决》,载《法律适用》2013年第5期。
② 田宏杰:《立法演进与污染环境罪的罪过——以行政犯本质为核心》,载《法学家》2020年第1期。
③ 解亘:《论管制规范在侵权行为法上的意义》,载《中国法学》2009年第2期。

污染环境罪构成要件上的效力"。① 这一论点与民事审判中的合标抗辩类似,虽然在环境保护上具有积极价值,但是违背了刑法谦抑性原理,毕竟刑法责难与侵权法责难不可等量齐观。试想下,一行为不具行政违法性却要受刑法的制裁,这对合标排污企业和个人而言系强人所难。

三、环境标准作为民事审判依据的法理与实践

在民事审判中,法官按照私法规定对当事人的私法权益加以保护。环境标准通过当事人的约定和法律的规定进入私法领域,并对民事审判发挥规范效应。法官可以通过法律或者契约所援引的环境标准来界定私人的权利与义务,由此环境标准成为争议解决的依据。环境标准私法效力是指环境标准进入私法领域,对权利义务配置和民事行为规范产生的作用与影响。这一论题的探讨主要在物权法、合同法和侵权法上展开。②

(一)环境标准的物权法效力

在人类社会中,相邻关系是原初的民事关系,并随着经济社会的发展而不断丰富。这一古老且现代的关系,是指相邻不动产所有人(使用人)的支配力和他方所有人(使用人)的排他力发生冲突而需法律调整的利益关系。③ 相邻关系富含一国的风俗惯习和文化传统,因而民法对其的调整一般遵循习惯和经验。④ 例如,《民法典》第298条规定:"法律、法规对处理相邻关系有规定的,依照其规定;法律、法规没有规定的,可以按照当地习惯。"不过,由于工业社会、都市生活的快速发展,人们对物的利用范围和方式早已多元、复杂,对相邻关系的传统规则形成了较大的挑战。譬如,德国《民法典》第906条规定,来自相邻的"不可量物"侵害可能引发相邻纠纷,包括噪声、气体、辐射等。⑤ 再如,囿于相邻关系传统规则的模糊性,为妥善解决相邻纠纷,物权法逐渐形构了"容忍义务"的现代规则。⑥ 这固然具有相当的合理性,但是何为可容忍限度的损害仍存争议。因

---

① 魏汉涛:《污染环境罪的注意义务:结果预见还是结果回避——兼论达标排放致污的刑事责任》,载《北京理工大学学报(社会科学版)》2015年第3期。
② 柳经纬:《论标准的私法效力》,载《中国高校社会科学》2019年第6期。
③ 史尚宽:《物权法论》,中国政法大学出版社2000年版,第79页。
④ 郑永福、陈可猛:《近代中国"相邻关系"中的民事习惯》,载《史学月刊》2008年第12期。
⑤ 邱本、王岗:《再论相邻关系》,载《当代法学》2016年第5期。
⑥ 王利明:《论相邻关系中的容忍义务》,载《社会科学研究》2020年第4期。

此,现代相邻关系的调整需要具体的、科学的规则,以科学技术为基础的环境标准可以满足这一现实需求。环境标准的物权法效力体现在精确界定不动产所有人(使用人)的环境权利与环境义务。

1. 环境标准物权法效力的规范分析

根据《民法典》第294条的规定,不动产所有人(使用人)不得违反国家规定弃置固体废物,排放大气污染物等有害物质。不同于普通的环境关系,相邻环境关系建基于不动产的毗邻,对不是发生在这一范围内的环境侵害,应受《环境保护法》和《民法典》侵权责任编等法律的调整。《民法典》第294条中的"国家规定"为不动产所有人(使用人)设定了环境义务。作为一个弹性的概念,"国家规定"包括固体废物弃置、污染物与有害物质排放的环境法和环境标准。前者有《环境保护法》《噪声污染防治法》等6部污染防治法、《国家危险废物名录》等环保行政规章;后者则是污染物排放标准与危险物质控制标准,如《恶臭污染物排放标准》(GB 14554—93)、《社会生活环境噪声排放标准》(GB 22337—2008)、《电磁环境控制限值》(GB 8702—2014)等各类环境标准。当然,也有学者建议以"容忍义务"作为认定相邻环境污染的统一依据,而非概念不清的"国家规定"。① 笔者认为,容忍义务尽管看起来灵活、简单,但也存在法官裁量解释权过大的问题。我们不能寄希望于通过单一规则完美地解决相邻环境纠纷,而是要形成一套逻辑严密、运作高效的规则群,环境标准就是其中最重要的一类。

由于环境标准能够确定相邻关系中"弃置固体废物""排放污染物与有害物质"应遵守的技术要求,法官在判定不动产所有人(使用人)的行为是否妨害相邻人"良好的生活环境"的权利须参照环境标准。② 例如,在相邻噪声污染案件中,法官确定是否构成噪声侵扰且相邻人是否须承受容忍义务的关键在于有没有超出《社会生活环境噪声排放标准》(GB 22337—2008)。该标准第4.1条规定了"边界噪声排放限值",第4.2条规定了"结构传播固定设备室内噪声排放限值",这两条规定使得相邻噪声侵害的裁判具有了可操作性的技术规范。再如,危险废物填埋对相邻人的生命健康和财产利益构成重大影响,需要严格控制这一过程产生的污染。关于填埋废物的入场要求,《危险废物填埋污染控制标准》(GB 18598—2019)第6.1条规定"下列废物不得填埋:a)医疗废物;b)与衬层具有不相容性反应的废物;c)液态废物",第6.2条规定了"可进入柔性填埋场的废物",第6.3条规定了"可进入刚性填埋场的废物"。违反前述规定的

---

① 晋海、赵思静:《相邻污染侵害案件实证研究》,载《河海大学学报(哲学社会科学版)》2016年第5期。

② 焦富民:《环境保护相邻权制度之体系解释与司法适用》,载《法学》2013年第11期。

行为属于"违反国家规定弃置固体废物"。

2. 环境标准物权法效力的案例展示

为具象描绘环境标准物权法效力,本小节拟对一则相邻环境侵害案件进行分析。"上诉人(原审原告)张×、印×红与被上诉人(原审被告)无锡肯××有限公司噪声污染责任纠纷案"的基本案情如下:①

案涉房屋由上诉人出租给案外人王×,王×经上诉人同意再转租给被上诉人。原审中,经鉴定确认被告营业产生的噪声超过了《社会生活环境噪声排放标准》(GB 22337—2008)规定的限值,原告有权请求被告采取措施减轻噪声影响。经降噪整改后被告再次申请鉴定,32号司法鉴定意见载明:"昼、夜间的噪声排放数值符合国家相关标准。"但原告仍坚持要求被告立即停止侵害并按照其所提出的方式、步骤予以整改,原审法院根据《噪声污染防治法》第44条的规定,认为,欠缺事实依据,亦不符合比例原则,不予支持。

原告不服原审判决上诉,诉称:根据《社会生活环境噪声排放标准》(GB 22337—2008)的规定,"测量应在被测声源正常工作时间进行,同时注明当时的工况",32号司法鉴定意见不符合测量条件的要求。被上诉人无锡肯××有限公司辩称:在原审中已完成噪声排放整改,经鉴定符合国家标准要求,且在实际经营中已履行调整营业时间为上午6时至晚上9时30分的承诺,请求驳回上诉,维持原判。对此,二审法院认为:首先,第二次鉴定的现场检测之所以会在不通知被告的前提下进行,正是为了保证检测能够反映出被告正常营业过程中产生的噪声,最大限度地避免人为影响,双方当事人对此也是同意的。其次,第二次鉴定时昼间噪声检测的时间为"下午4:46至5:47",该时间段为被告正常营业时间,符合《社会生活环境噪声排放标准》(GB 22337—2008)中规定的"测量应在被测声源正常工作时间进行"的要求。因此,32号司法鉴定意见未注明当时工况,并不影响该司法鉴定意见结论的合理性。鉴于被上诉人对营业中产生的噪声已实际采取降噪措施予以整改,且经鉴定符合国家标准,原审判决驳回张×、印×红的请求正确,张×、印×红提出的上诉理由不能成立,本院不予支持。

(二)环境标准的合同法效力

在合同法领域,当事人权利与义务的载体以及履行义务所欲获得的利益追

---

① 参见江苏省泰州市中级人民法院(2017)苏12民终3011号民事判决书。

求是合同标的,各类合同都不能缺少标的条款。① 合同中的标的条款关涉合同的具体履行,影响当事人的权利义务。理论上和法律上,基于意思自治原则,当事人当然可以抛开技术标准而自行确定合同标的的质量,但这必然会增加交易成本和增大纠纷发生的概率。② 因此,当事人在合同实践中往往会借助技术标准简便地对合同标的的质量予以确定。具体原因有二:一是在现代社会,产品和服务所含的科学技术因素日趋多元、复杂,非普通民众所能知晓并在合同中予以准确描述,致使当事人离开技术标准对标的质量进行约定不可能且不经济;二是标准化事业早已深入经济社会的各个领域,技术标准在确定合同标的质量时扩大了规范供给,在市场交易中发挥了重要作用。正如柳经纬教授所言:"合同与标准之间形成了某种依赖关系。"③这种依赖关系表现为标准通过当事人的约定或法律的规定进入合同领域,成为确定标的质量的依据。环境标准的合同法效力主要体现为"标准条款"。

1. 环境标准合同法效力的法理阐释

意思自治是合同法的首要原则,环境标准是否进入合同法取决于当事人基于意思自治所作的选择。因此,当事人在合同中约定使用环境标准是生成环境标准合同法效力的主要路径。借由这一路径进入合同法领域的环境标准在合同中以"标准条款"为表现形式,构成判定合同标的质量和确定当事人权利义务之依据。当事人应当按照"标准条款"的技术要求履行合同,否则即构成违约。在合同实践中,"标准条款"的形成一般有三种情形:(1)合同明确规定所用的某项技术标准;(2)生产经营者的技术标准自我声明,如产品标签中的某项技术标准;(3)合同笼统约定某类技术标准或者相关标准。④ 环境标准进入合同的形式亦是如此。环境标准关涉私人生产经营活动的合规性,因此他们需要购置、使用环保设施来申请排污许可、寻求排污达标、减少排污侵权等。环境标准可以评价"良好的生活环境",因此对民众购买房屋、绿色产品都有所影响。环境标准作为"标准条款"主要与环保设施买卖、环保设施加工、环保设施安装、房屋买卖等活动紧密相联。

(1)合同文本载明所采用的环境标准基本信息。环境标准的基本信息包括标准名称和标准编码,通过此两项信息通常可以准确、快速地找到环境标准的文本内容。例如,2019年7月24日,河北玉×工贸有限公司(甲方)与高碑店市

---

① 江合宁:《论合同标的条款》,载《法律适用》2000年第2期。
② 柳经纬:《论标准的私法效力》,载《中国高校社会科学》2019年第6期。
③ 柳经纬:《论标准的私法效力》,载《中国高校社会科学》2019年第6期。
④ 柳经纬:《合同中的标准》,载《法商研究》2018年第1期。

华×热能科技有限公司(乙方)签订低氮燃烧器采购安装工程合同,甲方向乙方购买整体意大利原装进口 ECOFLAM(意科法兰)牌 BLU8000LNFGR 型号燃烧机一台,乙方负责安装调试,总价款 196000 元。合同第 3 条规定,乙方工作……3.2"项目安装完成后要确保锅炉符合河北省最新《锅炉大气污染物排放标准》(DB 13/5161—2020),且排放物氮氧化物浓度值须按要求稳定在 30 毫克/立方米以内"。第 9 条规定违约,"项目安装完成后试运行阶段要确保达到合同约定的 3.3 项及 3.4 项要求,并且锅炉符合河北省《锅炉大气污染物排放标准》(DB 13/5161—2020),且浓度值须按要求稳定在 30 毫克/立方米以内,如改造后氮氧化物排放不能达到 $NOx<30$ mg/m³,承包方(乙方)应积极进行二次整改……如两次整改氮氧化物排放仍不能达到 $NOx<30$ mg/m³,承包方(乙方)应在三日内退还甲方全额合同款,并恢复锅炉原状"[1]。再如,2015 年 10 月,杭州杭×高速公路发展有限公司作为采购单位经杭州欣×建设工程招标代理有限公司代理,就杭新景高速公路桐庐服务区改扩建工程生活污水治理微动力污水处理设备(含配套设施)采购项目进行招标,招标需求第 3 条第 4 点,终端设备运行后,主要出水水质技术指标(COD、NH3—N、TP 等)要求达到《城镇污水处理厂污染物排放标准》(GB 18918—2002)一级 B 排放标准。同年 11 月 18 日,江浙大×业有限公司发出投标函。后杭州杭×高速公路发展有限公司(甲方)与江浙大×业有限公司(乙方)于同年 11 月 30 日签订杭新景高速公路桐庐服务区改扩建工程生活污水治理微动力污水处理工程合同一份,载明项目名称及数量为200t/d微动力污水处理设备 2 套,品牌及厂家为浙大×业,规格型号为 ZDW-PC-SE-200。第 15 条第 4 点,乙方所交的货物品种、型号、规格、技术参数、质量不符合合同规定及招标文件规定标准的……[2]涉案的两份合同都载明了所采用的环境标准,且仅用标明标准的名称,由此降低了当事人订立合同、履行合同的技术负担。河北省《锅炉大气污染物排放标准》(DB 13/5161—2020)系认定低氮燃烧器质量的依据,《城镇污水处理厂污染物排放标准》(GB 18918—2002)系认定 200t/d 微动力污水处理设备质量的依据。

(2)生产经营者自我声明引入环境标准的媒介是环境标志。在我国,国务院环境保护主管部门指定的机构按照环境标志产品标准向申请的合标生产企业发放环境标志。[3] 一般而言,印有环境标志的产品不仅具有合格的质量,而且在生产、使用和处置过程中具有资源节约、毒害减少等环保特性,有利于保障人

---

[1] 参见河北省雄县人民法院(2020)冀 0638 民初 473 号民事判决书。
[2] 参见浙江省桐庐县人民法院(2020)浙 0122 民初 568 号民事判决书。
[3] 参见《中国环境标志使用管理办法》第 3 条。

体健康和改善生态环境。① 随着人类环保意识和健康理念的不断提升,产品的"环境性能"已成为市场竞争的重要因素。作为证明商标的环境标志对产品的"环境性能"具有介绍功能和保证功能,能够激发消费者的购买热情。② 生产经营者要想获得环境标志需要满足环境标志产品标准的技术要求。截至2023年11月,我国已累计发布129项环境标志产品标准,如《环境标志产品技术要求 食具消毒柜》(HJ 2550—2018)、《环境标志产品技术要求 竹制品》(HJ 2548—2018)等。通常情况下,一项环境标志产品标准包括两大主要内容:一是基本要求,如产品质量要求、污染物排放要求、清洁生产要求;二是具体技术要求,如产品的环境特性指标和禁用物资要求。③ 环境标志明示了产品具有"环保"特定品质,这关涉标的质量与当事人权利义务。企业虚假使用环境标志侵犯了消费者的合法权益,构成合同违约。以房屋买卖为例,房地产企业使用环境标志来宣传所建房屋属于"生态住宅",但其实并不符合《环境标志产品技术要求 生态住宅(住区)》(HJ/T 351—2007)的技术要求,如室内环境质量、住区水环境不达标。④ 当事人可能会因标的质量不符合生态住宅标准而产生纠纷,这一纠纷的诉讼解决需要以前述标准为依据。事实上,我国环境标志产品的市场交易几度处于混乱状态,尤其是家装建材类产品,由此引发了不少的合同纠纷。⑤ 由此可见,环境标志产品标准是解决环境标志产品纠纷的重要准据。

(3)合同文本笼统约定某一类标准或相关标准,而没有提供具体标准的信息。在这一情况下,当事人和法官需要依合同标的及相关信息的指引确定具体的环境标准。例如,2019年1月26日,浙江合×革业有限公司(甲方)与江西永×环保节能科技有限公司(乙方)签订二甲胺有机废气装置工程承包合同。该合同第1条至第4条明确:乙方(被告)向甲方(原告)提供二甲胺有机废气装置旧设备一套,乙方总包范围的内容有:设计文件,土建工程指导及验收,人员培训、试车、考核,设备的购置、制作、安装,工艺管道和自控、电气系统的购置、安装,系统试压、试漏,承担设备运输费用。该装置所需动力风机(变频控制)11 kW和5.5 kW,处理风量6000 m³/h;保证高浓度二甲胺废水和真空塔顶尾气

---

① 夏青:《中国环境标志》,中国环境科学出版社2002年版,第32页。
② 马可、秦鹏:《产品环境标志制度研究》,载《重庆大学学报(社会科学版)》2006年第6期。
③ 李在卿:《中国环境标志产品认证问答》,载《认证技术》2013年第10期。
④ 石颖、全晔:《〈环境标志产品技术要求 生态住宅(住区)〉解读》,载《山西建筑》2011年第12期。
⑤ 黄云:《我国环境标志法律制度分析》,载《湖南大学学报(社会科学版)》2011年第2期。

处理的能力达到300 kg/h。设备安装调试完毕后甲方应在一个月内及时申请检测,否则视为设备合格。该套设备需达到国家环保排放标准。① 二甲胺有机废气装置工程承包合同仅是笼统约定"国家环保排放标准",而国家污染物排放标准是庞杂的。依据二甲胺有机废气装置及其相关信息,可确定合同约定的标准是《恶臭污染物排放标准》(GB 14554—93)。倘若依据合同标的及其相关信息仍无法确定具体的标准,应属于合同约定不明确的情形,须适用《民法典》第511条第1项之规定。② 例如,电梯采购安装合同中关于电梯噪声的条款,当事人可能会简单约定"符合相关国家标准"。而目前与电梯噪声相关的国家标准有三类:一是产品标准,主要包括《电梯技术条件》(GB/T 10058—2009)、《电梯控制与安装安全规范》(GB 50096—2011)等;二是建筑标准,主要包括《住宅设计规范》(GB 50096—2011)、《民用建筑隔声设计规范》(GB 50118—2010)等;三是环境标准,主要包括《声环境质量标准》(GB 3096—2008)、《社会生活环境噪声排放标准》(GB 22337—2008)等,且这三类关于电梯运行分贝的限值有所不同。③ 此时,"标准条款"属于约定不明的情形,需要法官在裁判中按照《民法典》第511条第1项之规定进行标准的选择与适用。

2. 环境标准合同法效力的案例展示

本小节拟分析一则涉环保设施合同纠纷案件,以具化作为"标准条款"的环境标准所具有的合同法效力。"大×节水(天津)有限公司与山东华能金×环境工程股份有限公司买卖合同纠纷案"基本案情如下:

> 2017年11月17日,原告大×节水(天津)有限公司作为甲方,被告山东华能金×环境工程股份有限公司作为乙方,签订设备采购合同一份,约定,乙方为甲方供应污水处理设备6台,总价款1310000元,设备进水水质要求生活污水需经化粪池处理,餐饮业污水需经隔油器处理,不允许有工业废水、养殖废水等其他污水混入,出水水质执行《城镇污水处理厂污染物排放标准》(GB 18918—2002)一级A标准。设备的基本要求为:钢板、焊缝在防腐前进行打磨处理,内外防腐为五油三布玻璃钢防腐,设备间防腐为挂胶漆防腐,要求树脂为防腐专用不饱和树脂,玻璃丝布最低要求一层0.2 mm厚度,两侧0.4 mm厚度。乙方承诺严格按照防腐工艺进行加工处

---

① 参见浙江省丽水市莲都区人民法院(2019)浙1102民初5021号民事判决书。
② 《民法典》第511条第1项规定,质量要求不明确的,按照强制性国家标准履行;没有强制性国家标准的,按照推荐性国家标准履行;没有推荐性国家标准的,按照行业标准履行;没有国家标准、行业标准的,按照通常标准或者符合合同目的的特定标准履行。
③ 王灿发、汤海清主编:《噪声污染与健康维权》,华中科技大学出版社2020年版,第24页。

理,确保15年内不得出现气泡、脱落等问题。合同签订完成后,由双方签字盖章即生效。合同签订后,被告生产出设备并将设备运送至被告指定的地点,原告出具了调试反馈书,反馈书中调试情况为:主体吊装完毕,等水调试。原告分别于2017年11月22日、2017年11月24日、2017年12月14日、2018年1月12日支付被告货款共1179000元。在设备使用过程中,原告以设备存在质量问题无法使用为由诉至法院。①

诉讼中,原、被告对涉案6台污水处理设备是否符合合同约定标准存有争议。经鉴定,6台污水处理设备均不符合合同约定的《城镇污水处理厂污染物排放标准》(GB 18918—2002)之技术要求。山东省诸城市人民法院依据当事人约定的《城镇污水处理厂污染物排放标准》(GB 18918—2002),认定涉案设备质量不达标,致使合同目的不能实现,判令被告承担返还设备款等违约责任。

(三)环境标准的侵权法效力

环境风险的日渐增大,对人体健康和经济发展构成重大的潜在威胁,这迫切需要环境治理的重心从预防损害转向预防风险。20世纪70年代以来,环境问题的侵权法治理逐渐让位于环境法和环境标准治理,各国开始普遍制定环境法和环境标准,对私人环境行为进行专业性、预防性的管制。自此,侵权法渐渐退守为"查漏补缺"(gap-filling)的角色。② 不过,二者之间并非完全区隔的,侵权法不是一个自洽的封闭系统,时常需要环境法和环境标准的支援,反之亦然。③ 环境标准侵权法效力涉及两个层面的问题:一是违反环境标准的行为产生何种侵权影响,二是遵守环境标准的行为能否产生免责抗辩或者减责抗辩的效力。目前,对环境标准侵权法效力的研究是环境标准法学研究中起步较早、成果较多的领域,但也是颇具争议的焦点。关于环境标准是否具有侵权法效力,理论界和实务界存在"否定论"与"肯定论"的分野。随着对污染行为类型和环境标准体系认识的不断加深,我们已初步厘清环境标准的侵权法效力。

1. 环境标准侵权法效力的讨论前提

众所周知,污染行为可分为水污染、大气污染、废物污染、噪声污染、辐射污染、光污染等,它们实际上有着不同的致害机理。环境标准包括环境质量标准、污染物排放标准等,各类标准事实上具有不同的功能与价值。因此,讨论环境

---

① 参见山东省诸城市人民法院(2018)鲁0782民初7394号民事判决书。
② See Marshall S. Shapo, Tort Law and Environmental Risk, *Pace Enviromental Law Review*. 1997, Vol. 14.
③ 苏永钦:《民事立法与公私法的接轨》,北京大学出版社2005年版,第91页。

标准侵权法效力离不开对污染行为类型和环境标准体系的理性认识,否则将陷入混沌迷糊的境地。

(1)污染行为的类型化

我国关于污染行为的法律规范主要有《民法典》第294条、《环境保护法》第42条第1款①、《噪声污染防治法》第2条及其他污染防治法。在司法实践层面,《民事案件案由规定》(法〔2020〕346号)将污染行为划分为大气污染等八种类型。法律规范之间以及与司法解释之间的划分不仅存在交叉重合之处,更不具有类型化的导向。比如,水污染、大气污染、土壤污染是基于环境因子的分类,噪声污染、辐射污染是基于理化性质的分类,而固体废物污染则是基于物理形态的分类。这足以表明立法者和司法者认为各类污染行为的致害机理是同一的,进而将侵权规则、环境标准不加区分地适用于环境污染。然而,环境科学理论告诉我们:整齐划一的制度建构难以站得住脚,亟待对污染行为予以类型化分析。

近年来,越来越多的学者认识到前述问题,积极尝试对污染行为进行新的分类。其中,较具代表性的环境污染划分有:一是学者宋亚辉按照污染行为可标准化程度的不同,将环境污染分为较低标准化程度的污染与较高标准化程度的污染;②二是学者张敏纯按照污染行为损害因素的不同,将环境污染分为累积型污染和扩散型污染;③三是余耀军教授按照污染行为作用机制的不同,将环境污染分为实质型污染和拟制型污染。④ 暂且不论这些分类是否合理科学,学者们的努力至少凸显了环境污染类型化的必要性。环境立法不同于传统立法、环境司法不同于普通司法的关键因素在于科学技术性,在立法和司法中需要借助科学技术及其推理结论来确立规范模式和责任承担。类型化的依据缺乏科学性,导致对污染行为的认识不够准确。在环境科学的指导下,我们发现:环境污染存在两个维度,一是环境自身损害,这具有直接性和显著性;二是受污染的环境对人类生命健康和财产安全的损害,这具有间接性和隐蔽性。换言之,环境污染实质上是污染行为通过物质或能量改变环境系统,进而侵害人类的生命健

---

① 《环境保护法》第42条第1款规定,排放污染物的企业事业单位和其他生产经营者,应当采取措施,防治在生产建设或者其他活动中产生的废气、废水、废渣、医疗废物、粉尘、恶臭气体、放射性物质以及噪声、振动、光辐射、电磁辐射等对环境的污染和危害。

② 宋亚辉:《环境管制标准在侵权法上的效力解释》,载《法学研究》2013年第3期。

③ 张敏纯:《论行政管制标准在环境侵权民事责任中的类型化效力》,载《政治与法律》2014年第10期。

④ 余耀军等:《环境污染责任——争点与案例》,北京大学出版社2014年版,第93~94页。

康和财产安全。从环境科学的角度来看,物质和能量的形态及其改变环境的原理均不同。物质的形态容易观察,如大气、水等,其改变环境的基本原理是物质循环定律;能量的形态则多是无形的,如噪声、辐射等,其改变环境的基本原理是热力学第二定律。基于前述分析和环境原理,笔者以物质累积型和能量扩散型来定分污染行为。

两者之间的主要区别有如下几方面:一是致害机理不同。在自然世界中,物质遵循守恒定律只能从一种形式转化为另一种形式,而不会被创造和被消灭。一旦物质转换循环被打破,便会形成累积性危害。物质累积型污染本质上系人类向环境排放了超越其自身净化能力的物质数量,使环境中的物质循环过程被打断,物质的日积月累导致污染超过了环境安全阈值,引发了环境系统异化,进而形成危害人类生存与发展的现象,如水污染、大气污染、土壤污染。根据热力学第二定律,能量总是从高能量一方自发传向低能量一方,并在传递过程中渐被消耗殆尽。由此可知,污染行为所具有的能量在进入环境后会自动传递至低能量区域,且在传播过程中不断地被消耗,而不会形成累积。在能量扩散型污染中,污染行为向环境释放能量,但在传递过程中超过正常强度,对人类的生命健康和财产安全形成不利影响,如噪声污染、辐射污染、光污染。[①] 二是致害对象不同。物质累积型污染间接作用于人类,即污染行为先破坏水、大气、土壤等环境因子,再使暴露于污染环境中的人类受到损害;能量扩散型污染一般直接作用于人类,并未造成环境自身的污染。此类污染具有显著的私益性,因此它受人类主观感受的左右,系属"观念上的污染"。三是致害范围不同。物质累积型污染中的物质基本上是有毒有害的,这些物质具有扩散性和潜伏性,可能会对更广泛的人群造成生命健康和财产安全损害;能量累积型污染中的能量本身在环境中便自然存在,一般情况下并不会损害人类,仅是在量过多或过少时,才造成污染危害,倘若停止排放行为,污染也就随之消失,且多局限于一定的地理范围。四是致害叠加不同。在物质累积型污染中,污染物以物理形态存在,不同的污染物汇聚一起容易发生叠加效应,引发更为严重的污染。例如,大气中的硫化物与水中的重金属叠加会导致严重的土壤污染;而在能量型扩散污染中,污染物以能量波的形式存在,不同污染物因波频率不同几乎不会形成叠加效应。五是复杂程度不同。由于物质累积型污染的致害原理、对象、范围及叠加效应,在判断加害人、损害、因果关系上较为困难。而能量扩散型污染则恰好相反,我们在相关方面上的判断较为容易。

[①] 周骁然:《环境标准在环境污染责任中的效力重塑——基于环境物理学定律的类型化分析》,载《中国地质大学学报(社会科学版)》2017年第1期。

物质累积型和能量扩散型之间存在上述差异,不仅需要防治技术上的区分应对,而且需要制度建构上的分类规制。对此,对侵权规则、环境标准的讨论要在污染行为类型化的基础上展开。

(2)环境标准的体系化

由于环境法对环境标准的归化,环境标准的制定目的要与环境法的制定目的保持一致,即保障人体健康、保护生态环境。为实现这一目的,各国通常会系统地制定环境标准。前文已阐明我国环境标准体系为"二级六类两性质"。随之而来的问题是,环境标准侵权法效力是否包含环境质量标准等六个子方面呢?答案是否定的。一方面,《环境保护法》及环保单行法规定环境质量标准、环境风险管控标准和污染物排放标准属于强制性环境标准,它们通过与环境法的融合成为行为模式的一部分,对私人权利义务具有实质的重要影响,推荐性环境标准则不具此类效应;另一方面,环境监测标准、环境基础标准侧重于对环境质量标准、环境风险管控标准和污染物排放标准的调整约束,一般难以对私人权利义务产生影响。在对环境标准进行体系化分析后,我们发现:法院在侵权审判中一般引用环境质量标准、环境风险管控标准和污染物排放标准,对污染行为等构件进行认定。因此,研究环境标准的侵权法效力需要聚焦于前述三项环境标准。

环境质量标准与环境风险管控标准均属于环境质量的评价依据,二者具有类似性,加之环境风险管控标准系 2021 年新增的标准,司法实践尚未检索到相关的案例,后文对此不加以讨论。环境质量标准与污染物排放标准功能价值的不同,使得它们的侵权法效力存在差异。环境质量标准是对环境中的有害物质和能量所作的浓度或总量限值,致力于人体健康的保障、生态环境的保护。假如某一区域环境中的污染物超出环境质量标准的限值,我们即可逻辑地、科学地判定该区域的环境遭受污染。除此之外,环境质量标准还具有判断"环境污染程度"的功能,即超过环境质量标准的幅度越大则意味着环境污染的程度越重。例如,《环境空气质量标准》(GB 3095—2012)第 4 条将环境空气功能区分为一类区和二类区,并就 10 项空气污染物设定了两级浓度限值。倘若企业排放二氧化硫(SO_2),经检测该污染物在一类区 24 小时平均浓度为 40 $\mu g/m^3$,没有超过前述标准的 50 $\mu g/m^3$ 限值,即可推定不存在环境空气污染。污染物排放标准则是以环境质量标准为依据,对排放的有害物质和能量在浓度或总量上所作的控制规定。这一标准直接指向排污企业,作用于污染源。在与侵权行为的联系程度上,污染物排放标准无疑要比环境质量标准更为紧密,因为受害人或者法院对污染物排放行为的查证要比对环境质量状况的查证简便。故此,污染物排放标准的第一功能是界定污染行为的违法性。例如,《电子工业水污染物排放标准》(GB 39731—2020)第4.1条规定,企业直接排放水污染物的悬浮物(SS)限值为70 mg/L,如企业排污的悬浮物(SS)超出限值,即可认定存在环境污染,而无须依据《地表水环境质量标准》(GB 3838—2002)作出判定。环境质量标准与污染物排放标准的功能差异会产生"超标排污但环境质量达标,合标排污但环境质量不达标"现象,由此引发环境标准侵权法效力难定的问题。

解决前述问题的妥适路径是在污染行为类型化的基础上分析环境标准的侵权法效力。在物质累积型污染中,污染行为排放的物质在进入环境后,存在稀释扩散、累积叠加的复杂过程,以环境质量标准为据的污染物排放标准不得不考虑之,以平衡环境保护与经济发展。例如,《环境空气质量标准》(GB 3095—2012)仅对15项空气污染物浓度限值作出规定,而大气污染物排放标准所规定的污染物种类要多于15项,① 如《大气污染物综合排放标准》(GB 16297—1996)对33项污染物予以控制。对物质累积型污染而言,环境标准在相当程度上属于"门槛性"标准,而非最优标准。② 遵守污染物排放标准的行为也可能因叠加效应致使环境质量不达标。在物质累积型污染领域,污染行为合乎"门槛性"环境标准无法作为侵权责任的阻却事由,因为从环境科学的角度难以作出"达标则无污染"的精准判断。而在能量扩散型污染中,污染行为排放的能量没有扩散性、累积性、叠加性,因此可被进行较高、统一的标准化控制,污染物排放标准几乎是环境质量标准的副本,二者之间具有高度的同质性。例如,《声环境质量标准》(GB 3096—2008)和《工业企业厂界环境噪声排放标准》(GB 12348—2008)关于五类声环境功能区的噪声限值几乎没有区别。再者,能量污染的危害程度在环境科学、医疗科学上已获明确,环境标准的制定仅需完成阻隔危害的作业即可,此时这些标准属于最优标准。故此,统一、最优的环境标准意味着污染行为是否达标与环境污染存在高度的一致性。

2. 环境标准侵权法效力的学术争议

由于环境侵权系属特殊侵权行为,环境侵权责任不以"过错"为构成要件。不过,侵害他人民事权益是判断污染行为违法性的依据。理论上,环境标准能为认定污染行为的违法性提供直接、科学的依据。但伴随而来的问题是,环境标准是否可以作为判定污染行为违法性的当然依据,环境标准侵权法效力的否定与肯定之争就此产生。

---

① 陈伟:《环境标准侵权法效力辨析》,载《法律科学》2016年第1期。
② See Kyle D. Logue, Coordinating Sanctions in Tort, *Cardozo Law Review*. 2010, Vol. 31, pp. 2313, 2325.

(1)效力否定说

1986年《民法通则》对环境侵权进行了特别规定,即"违反国家保护环境防止污染的规定"系环境侵权责任的构成要件。环境法和环境标准属于前述规定的范畴。而1989年《环境保护法》第41条修改了环境侵权责任的承担条件,"违反环境法和环境标准"不再是环境侵权责任的法定构件。2009年《侵权责任法》等后续民事立法以及司法解释都沿袭了1989年《环境保护法》第41条关于环境侵权责任的立法精神。比如,根据《民法典》第1229条的规定,因污染环境、破坏生态造成他人损害的,侵权人应当承担侵权责任。最高人民法院《关于审理环境侵权责任纠纷案件适用法律若干问题的解释》第1条规定,人民法院对侵权人提出的"合标排污免责"抗辩不予支持。通过对前述规范的分析,我们清楚地发现,环境侵权责任的承担不以"违反环境标准"为条件。这表明,环境标准的侵权法效力在我国法上经历了摇摆过程,从立法肯定到立法否定。

部分学者从行政责任与民事责任的性质差异出发,对环境标准的侵权法效力持否定态度。例如,汪劲教授认为,环境标准仅产生公法效力,对环境侵害存在与否以及大小的判断不具私法效力。[①] 部分学者从合标抗辩的角度出发,对环境标准的侵权法效力持否定态度。例如,学者竺效认为,"合标"并不意味着不应当承担侵权责任,进而否定环境标准的侵权法效力。[②] 学者施志源认为,因为合标排污也不能免除侵权责任,所以环境标准并不具有私法效力。[③] 实际上,产生环境标准侵权法效力否定论的直接原因是1991年国家环保局《关于确定环境污染损害赔偿问题的复函》。该函指出,污染物排放标准仅是环境保护主管部门进行环境执法的依据,如超标排污处罚、环评审批,而非判定排污单位是否承担侵权责任的依据。但是笔者以为,不违反环境标准的污染行为依然需要承担侵权责任,不仅在立场上显得粗糙,而且在理论上缺乏说理。

(2)效力肯定说

背反现行立法的否认态度,我国法院遵循实质法治的理念日渐承认环境标准的侵权法效力。在司法实践中,被告的合标抗辩已在噪声污染、光污染等能量扩散型侵权案件中为法院所支持。[④] 由此可见,我国法院并非一概排除污

---

① 汪劲:《环境法学》,北京大学出版社2018年版,第122页。
② 竺效:《生态损害的社会化填补法理研究》,中国政法大学出版社2007年版,第70~71页。
③ 施志源:《环境标准的法律属性与制度构成——对新〈环境保护法〉相关规定的解读与展开》,载《重庆大学学报(社会科学版)》2016年第1期。
④ 刘卫先:《论达标排污致他人损害的责任承担》,载《中国地质大学学报(社会科学版)》2018年第3期。

行为违法性的认定。① 受法院对环境标准的积极立场之影响,越来越多的学者持环境标准侵权法效力肯定说的观点。

学者解亘从公法与私法互动的视角出发,认为:"防止侵害型管制规范因以保护他人权益为目的而对侵权行为具有直接意义,能够补强侵权法规范,具有评价和裁判的功能。"②按照他的论证,超标排放可以作为承担环境侵权责任的依据,但尚未回答合标排放具有何种效力。学者宋亚辉将环境风险进行可标准化程度区分,认为:"在可标准化程度较高的领域(如噪声污染、光污染),超标排污行为需要承担赔偿责任,合标排污行为则可以阻断赔偿责任的承担;在可标准化程度较低的领域(如大气污染、水污染),超标排污行为自然要承担赔偿责任,而合标排污行为也不能阻断赔偿责任的承担。"③通过对行为可标准化程度的分类,我们发现,管制标准的性质决定了合标准抗辩的效力。学者张敏纯持有类似的观点,在物质型污染和能量型污染中分别讨论环境标准的侵权法效力。④ 学者陈伟从环境标准体系的认识出发,认为:"污染物排放标准和环境质量标准的制定目的和功能是不同的,前者仅具有公法效力,后者则具有公私法双重效力,因而环境质量标准可以作为判定排污企业或者民众是否承担侵权责任的依据。"⑤简言之,笔者以为,环境标准的侵权法效力是实然存在的,但还需进一步的理论阐述。

(3)简要评析

上述学术争议在一定程度上凸显了环境标准侵权法效力研究的复杂性,既要对法律规范进行分析,也要对司法实践予以关注。

基于环境侵权的立法规定,不少学者否定环境标准的侵权法效力。但是,这无疑会产生以下难题:一是对司法实践的解释乏力。环境标准不具侵权法效力不仅无法解释我国法院借助环境标准对超标行为进行违法性认定的做法,而且无法解释我国法院在光污染等能量扩散型污染中支持合标抗辩的做法。二是对排污行为的逆向激励。在环境标准不具侵权法效力的情况下,由于合标免责和合标减责之抗辩得不到支持,排污企业或者民众消极执行污染物排放标准,导致环境污染更加严重、环境损害更加扩大。学者陈聪富对此批评道:"完全否定合标排污的抗辩效力、绝对排除环境标准的侵权法效力使得环境侵权成

---

① 王成:《环境侵权行为构成的解释论及立法论之考察》,载《法学评论》2008年第6期。
② 解亘:《论管制规范在侵权行为法上的意义》,载《中国法学》2009年第2期。
③ 宋亚辉:《环境管制标准在侵权法上的效力解释》,载《法学研究》2013年第3期。
④ 张敏纯:《论行政管制标准在环境侵权民事责任中的类型化效力》,载《政治与法律》2014年第10期。
⑤ 陈伟:《环境标准侵权法效力辨析》,载《法律科学》2016年第1期。

为绝对责任,对工业发展构成一定的危害。"①

超越环境立法与司法解释的文本束缚,越来越多的学者开始肯定环境标准的侵权法效力。环境标准侵权法效力肯定论不仅可以对司法实践部分承认合标抗辩效力的做法予以有力解释,而且能够扭转对超标排污的逆向激励。不过,环境标准侵权法效力肯定论还只能说是部分肯定,如讨论聚焦于污染物排放标准上,分析集中于污染行为违法性上。有学者指出,环境标准侵权法效力的既有研究在视野上显得狭窄,尚未超出污染行为违法性的范畴。② 笔者认为,在破除环境标准侵权法效力否定论后,在肯定论的既有基础上,需要考虑重塑其效力内涵,以更好地切合立法规定和司法实践。

3. 环境标准侵权法效力的案例展示

目前,"超标违法"和"合标不一定免责"系我国法院在环境标准侵权法效力上的基本立场。不过,除了污染行为违法性的认定,环境标准与环境损害、因果关系、责任份额、惩罚性赔偿有着紧密联系,因此需要重塑环境标准侵权法效力。基于对司法案例的考察,笔者认为,环境标准对侵权诉讼的规范效应包括认定污染行为违法性、判定合标排污抗辩效力、推定损害、划定责任份额、判断因果关系、确定惩罚性赔偿的依据六个方面。

(1) 认定污染行为违法性的依据

在环境侵权责任的构成上,域外立法规定和司法实践普遍坚持污染行为违法性作为必要要件。③ 如何正确、高效地判断污染行为违法性成了环境民事审判的一大核心议题。一般而言,各国大都采用忍受限度为判断依据。但忍受限度系属经验主义的产物,存在不确定性和无规则性的弊病,进而滋长法官自由裁量的不羁。故此,判断依据亟待从经验主义转向科学主义,即经验定性变为技术定量。其实,判断依据的客观化也是经济社会发展的必然趋势,因为环境污染已愈发频繁且复杂。作为技术规范的环境标准显然能担此重任,可为缺乏技术性优势的法院提供定量判断规则。法院从技术难题中得以"脱身",有助于提高诉讼效率、节约司法资源。

不论是水污染等物质累积型领域还是噪声污染等能量扩散型领域,我国法院均将"违反环境标准"作为认定污染行为违法性的依据,即超标便可推导出违

---

① 陈聪富:《环境污染责任之违法性判断》,载《中国法学》2006年第5期。
② 张式军、徐欣欣:《污染物排放标准对环境侵权责任认定的效力研究》,载《中国地质大学学报(社会科学版)》2019年第1期。
③ 郑丽清:《困与解:环境污染责任之构成审思》,载《海南大学学报(人文社会科学版)》2015年第3期。

法。① 以水污染为例,在原告安徽省郎溪县××乡升×水产养殖家庭农场与被告安徽省中×禽业有限公司排除妨害纠纷案中,安徽省郎溪县人民法院认为,被告家禽养殖排放物及废水进入原告的上头水源引起渔业指标超标,依据《渔业水质标准》(GB 11607—89)认定被告排污行为违法。② 以噪声污染为例,在原告李×宁与被告北京新城康×物业管理有限责任公司等排除妨害纠纷案中,北京市丰台区人民法院认为:被告电梯机房设备及井道发出的噪声超出《社会生活环境噪声排放标准》(GB 22337—2008)关于倍频带噪声的标准,据此认定被告电梯机房设备及井道存在噪声污染排放行为。③ 实际上,法院也面临着无法利用环境标准认定污染行为违法性的难题。例如,在原告李×与被告华×置地(重庆)有限公司环境污染责任纠纷案中,《环境保护法》虽然要求排污企业和个人应对光污染采取防治措施以减轻环境污染和健康危害,但是国务院环境保护主管部门与重庆市人民政府均没有涉及光污染的环境标准,重庆市江津区人民法院多次咨询专家意见,并综合其他证据,经缜密论证方才认定被告存在光污染行为。④ 该案例从侧面印证了环境标准在侵权诉讼中的价值与意义,如提高诉讼效率。谭启平教授对此作了精辟总结:"注意义务可由强制性标准所产生,并以此为依据进行司法审查,因而强制性标准在侵权法上具备'评价尺度'的重要地位。"⑤

(2)判定合标抗辩效力的依据

我国环境侵权法完全否定"合标抗辩"的效力,站在救济受害人和保护环境的角度是可以接受的,但站在合标排污的企业或公民的角度,让在公法上不具可归责性的行为承担侵权责任在一定程度上有失公正。⑥ 不同于立法"一刀切"式的规定,我国法院对"合标抗辩"效力的判定更加考虑污染特性与个案案情,致力于实现实质正义。其中的原因在于污染行为的类型存在明显差异,侵权纠纷的案情并非整齐划一。

目前,我国法院在物质累积型污染领域不认可"合标抗辩"的效力。例如,在原告吕×奎等79人与被告山×关船舶重工有限责任公司海上污染损害责任纠纷案中,被告提出"铁物质不属于《海水水质标准》(GB 3097—1997)的评价项

---

① 柳经纬:《论标准的私法效力》,载《中国高校社会科学》2019年第6期。
② 参见安徽省郎溪县人民法院(2018)皖1821民初232号民事判决书。
③ 参见北京市丰台区人民法院(2019)京0106民初24647号民事判决书。
④ 参见重庆市江津区人民法院(2018)渝0116民初6093号民事判决书。
⑤ 谭启平:《符合强制性标准与侵权责任承担的关系》,载《中国法学》2017年第4期。
⑥ 金自宁:《风险社会背景下的合规抗辩——从一起环境污染损害案例切入》,载《北大法律评论》2012年第2期。

目,其排污行为合标而非侵权行为"的抗辩,二审法院则认为:"环境标准并非判断某类物质是否造成损害的唯一依据,虽然被告排污符合《海水水质标准》(GB 3097—1997),但结合环境保护主管部门意见与鉴定意见,可认定铁物质对海水水质污染最严重。"① 再如,在原告刘×与被告辽阳市东×陵水泥总厂、辽阳荣×矿业有限公司环境污染责任纠纷案中,辽宁省辽阳市文圣区人民法院认为:被告称2011年通过环保局检测,遵守排放标准只限于不受公法的制裁,但并不能成为私法上免除责任的理由,污染是否超过忍受限度,应当以社会上一般人可忍受之范围来衡量。② 但在能量扩散型污染领域,"合标抗辩"为我国部分法院支持。例如,在原告张×与被告某送变电工程公司辐射污染损害责任纠纷案中,一审法院认为:"张×家符合《电磁环境控制限值》(GB 8072—2014)中关于工频交流输变电项目标准限值工频电场强度 4kV/m 和工频磁感强度 $1000\mu T$ 标准限值的要求,驳回原告的诉讼请求。"③ 再如,在原告李×与原告泌阳县大×置业发展有限公司环境污染责任纠纷中,河南省泌阳县人民法院认为:"被告噪声排放不超过《社会生活环境噪声排放标准》(GB 22337—2008),原告李×房间内的噪声符合国家规定的标准,驳回原告的诉讼请求。"④

司法解释"一刀切"式地否定合标抗辩是与环境侵权责任中无过错归责原则交织在一起的。⑤ 诚然,这有助于保护生态环境和保障人体健康,但也面临着理论诘问与技术难题,如排污的逆向激励。因此,我国法院在司法实践中区分污染类型对合标抗辩进行效力判定,以此修正了司法解释的偏颇。不仅如此,部分承认合标抗辩效力矫正了侵权法对环境侵权一体适用无过错归责原则的弊端,即物质累积型污染坚持无过错归责原则,能量扩散型污染转用过错归责原则。

(3) 推定损害的依据

作为环境侵权责任的构件之一,损害须由原告举证加以证明,且须具备法规范的意义。损害是指环境污染使人体健康、财产安全与环境本身受损而形成的一种不利益状态。在环境侵权案件中,认定损害是一个棘手难题。一方面,由于污染行为存在扩散性,在污染发生一段时间后,不少的物质和能量或许早

---

① 参见最高人民法院案例指导与参考丛书编选组主编:《最高人民法院环境资源审判案例指导与参考》,人民法院出版社2019年版,第240页。
② 参见辽宁省辽阳市文圣区人民法院(2018)辽1003民初1000号民事判决书。
③ 参见王灿发、张占良主编:《放射性污染与健康维权》,华中科技大学出版社2020年版,第30页。
④ 参见河南省泌阳县人民法院(2019)豫1726民初5520号民事判决书。
⑤ 马腾:《环境标准侵权责任法效力规则研究》,载《社会科学家》2017年第5期。

已消失,从而较难证明损害的存在与持续;另一方面,由于污染行为是以水、大气等环境要素为媒介对人产生危害,有污染行为并不立马有损害。鉴于此,法官可能需要通过诉讼推定来认定损害。诉讼推定是指法官以已知事实为基础,通过法律规定或者经验法则逻辑地、理性地推导出另一事实。① 借助这一证明方法来确定损害的原因是避免因证明成本太大或难度太高而使受害人无法接近司法救济。

在环境侵权领域,法院原则上不能以被告的超标排污来推定损害的存在,需要将证明责任交于原告。一般而言,原告无法举证证明存在损害,法院便可判决侵权责任不成立,这是具有实体法与程序法的依据。但这一做法过于绝对化,显然会导致实质正义的落空。因此,在原告证明困难时,法官在案情基础上可以利用自由裁量权以超标排污来推定损害的存在。事实上,我国法院大量通过违法行为直接推定而非通过证据证明损害事实。② 例如,在原告沈×东与被告锦州×良商业有限公司噪声污染责任纠纷案中,辽宁省锦州市凌河区人民法院认为:"被告因在原告楼下负一层使用冷却冷藏设备产生噪声超过国家规定的标准,使原告合法权益受到侵害,已被行政执法机关责令限期改正,故应认定被告对原告形成侵权事实存在。"③再如,在湖州市南浔区人民检察院诉湖州南×纺织有限公司环境污染公益诉讼案中,浙江省湖州市南浔区人民法院认为:"被告将生产过程中产生的污水未经有效处理即排入应急池中,且未采取有效防渗漏措施……给周边的土壤、地表水等生态环境造成污染,严重破坏了生态环境,对社会公共利益造成了损害。"④本案中,法官以违反《纺织染整工业水污染物排放标准》(GB 4287—2012)的排污行为推定损害的存在。由此可见,环境标准具有推定损害的效力,在减轻原告讼累、提高司法效率上大有裨益,尤其是在环境公益诉讼中,因为公益诉讼以保护环境系统及其功能为核心,这一损害较难证明。但需要指出的是,在环境侵权诉讼中适用推定是受到限制的,即穷尽一般证明手段后仍无法查明是否存在损害。

超标排污可以作为推定损害的依据,那么合标排污是否可以推定损害不存在呢?原则上,合标排污与损害并不具有必然联系。这是因为,环境标准是统一的,而人体体质等是千差万别的,在合标排污的场景下有人会因此而产生健康问题。不过,合标排污造成损害的可能性要低于超标排污。基于这一逻辑,法官在能量扩散型污染中结合具体案情可以推定合标排污无损害。

---

① 江伟、肖建国主编:《民事诉讼法》,中国人民大学出版社2016年版,第200页。
② 刘静:《生态环境损害赔偿诉讼中的损害认定及量化》,载《法学评论》2020年第4期。
③ 参见辽宁省锦州市凌河区人民法院(2020)辽0703民初90号民事判决书。
④ 参见浙江省湖州市南浔区人民法院(2019)浙0503民初3728号民事判决书。

(4)划定数人侵权责任份额的依据

环境侵权复杂性的突出表现之一是数人侵权愈演愈烈。我国数人侵权体系由数人共同侵权和数人分别侵权组成,①而本小节讨论的是后一类型,即无意思联络数人环境侵权。它具有三个特征:侵害人系多个、无意思联络、损害同一性。

无意思联络数人环境侵权的责任分担问题较为复杂,既要处理对受害人的风险责任,又要解决侵害人的最终责任,这已成司法审判的一大难题。其中的原因在于实践中存在不同形态的无意思联络数人环境侵权。因此,对无意思联络数人环境侵权进行类型分析,系破解前述难题的基本路径。司法实践中,根据"致害原因明确与否"和"原因充分与否"两个因素,可以将无意思联络数人环境侵权分为环境择一侵权、环境聚合侵权、环境加算侵权三类。环境择一侵权是指单个环境侵权行为均有使损害发生的危险,但无法确定哪个或哪几个行为与损害结果有因果关系。环境聚合侵权是指数个环境侵权行为共同造成了不可分割的损害后果,且单一环境侵权行为均足以造成全部损害。环境加算侵权是指单一环境侵权行为均不足以造成全部损害,但结合在一起共同造成了损害后果。

已有研究认为,"风险责任"和"最终责任"于数人侵权责任而言系一体两面,前者属于为避免赔偿不能风险由侵权人承担超过自身份额部分的责任,后者属于数个侵权人内部之间实际分担的责任。② 有学者认为,连带责任应当一体适用于无意思联络数人环境侵权,以预防数人环境侵权、救济受害人权益,因为环境污染的形势严峻和环境污染责任保险的不健全。③ 笔者基本支持这一建议,但是环境加算侵权需要建构不同的分担规则。考虑到择一因果关系和聚合因果关系的存在,④连带责任可以正当化地适用于环境择一侵权和环境聚合侵权的风险责任之分担。对此,美国著名法官 Learned Hand 曾说:"任一潜在的责任人从逻辑网眼中逃掉是不可接受的。作为危险的制造者,他应当破解因其

---

① 曹险峰:《数人侵权的体系构成——对侵权责任法第 8 条至第 12 条的解释》,载《法学研究》2011 年第 5 期。

② 王竹:《侵权责任分担论——侵权损害赔偿责任数人分担的一般理论》,中国人民大学出版社 2009 年版,第 87 页。

③ 孙佑海、唐忠辉:《论数人环境侵权的责任形态——〈侵权责任法〉第 67 条评析》,载《法学评论》2011 年第 6 期。

④ 黄凯:《论无意思联络数人环境侵权行为的责任分担——以类型化为视角》,载《中国地质大学学报(社会科学版)》2014 年第 3 期。

而起的危险及产生的难题。"①而在数人加算侵权中,由于单一原因均非充分原因,可以按份责任为分担规则。② 确定风险责任之后,侵权法还需对数个侵害人之间的内部责任进行分配。在这一问题上,侵权法主要考虑侵害人的过错程度与侵害行为的原因力。③ 在环境择一侵权和环境聚合侵权中,如同危险责任那般,择一因果关系和聚合因果关系使数个环境侵权人的内部责任难以厘定,须适用平均分担规则。而在环境加算侵权中,单个侵害行为产生损害结果的贡献比例是不同的,因此须适用比例分担原则。

通过对数人环境侵权及其责任分担的类型化分析,笔者认为,环境标准在环境加算侵权中具有划定责任份额的效力。量效关系在污染物作用于环境或者人体上显现出线性走势,即损害效应与污染剂量在一定的剂量范围内存在正向关系。④ 故此,《民法典》第1231条规定:"两个以上侵权人污染环境、破坏生态的,承担责任的大小,根据污染物的种类、浓度、排放量,破坏生态的方式、范围、程度,以及行为对损害后果所起的作用等因素确定。"最高人民法院《关于审理环境侵权责任纠纷案件适用法律若干问题的解释》第4条规定:"两个以上侵权人污染环境、破坏生态,对侵权人承担责任的大小,人民法院应当根据污染物的种类、浓度、排放量、危害性,有无排污许可证、是否超过污染物排放标准、是否超过重点污染物排放总量控制指标,破坏生态的方式、范围、程度,以及行为对损害后果所起的作用等因素确定。"由此可知,划定环境加算侵权危险责任与最终责任时需要考虑污染物的排放量。随着环境标准制度的发展,大部分污染物已被纳入环境管制中,由各类环境标准对其排放量作出控制性规定。环境标准在判断污染物的排放量上有着技术权威。无须赘言,合标排污与超标排污在数人环境侵权中对致害原因力的影响不同。因此,超标排放的侵权人当然要比达标排放的侵权人承担更多的责任。例如,在原告曾×州与被告1广西兰×资源再生利用有限公司、被告2广西玉×机器股份有限公司、被告3广西凯×机械配件制造有限公司、被告4广西玉林建×配件厂水污染责任纠纷案中,广西壮族自治区玉林市玉州区人民法院认为:"四被告的生产、生活污水直接通过排

---

① [美]H.L.A.哈特、托尼·奥诺尔:《法律中的因果关系》,张绍谦、孙战国译,中国政法大学出版社2006年版,第213页。
② 竺效:《论无过错联系之数人环境侵权行为的类型——兼论致害人不明数人环境侵权责任承担的司法审理》,载《中国法学》2011年第5期。
③ 参见张新宝、明俊:《侵权法上的原因力理论研究》,载《中国法学》2005年第2期;杨立新:《侵权法论》,人民法院出版社2004年版,第525页。
④ [美]厄尔顿·D.恩格、布拉德利·F.史密斯:《环境科学:交叉关系科学》,清华大学出版社2012年版,第439页。

水管、排水沟向曾×州承包的鱼塘排污,特别是被告1的污水含生化需氧量70 mg/L,通过暗管排入被告2的水沟,与其试机车间含生化需氧量18.1 mg/L的污水汇合,使被告2水沟水的生化需氧量达到了72 mg/L,并入曾×州承包的鱼塘后,使鱼塘的生化需氧量越积越多,三个不同的取水点的生化需氧量监测结果显示为251 mg/L、258 mg/L、273 mg/L,远远超过了渔业水质标准5 mg/L,致小七木塘的鱼全部死亡,四被告应对曾×州因此遭受的损失承担赔偿责任。被告1的污水含生化需氧量70 mg/L,是主要的污染物,应承担主要的责任,即70%的责任。被告2的污水含生化需氧量18.1 mg/L,应承担20%的责任。"①本案中,《污水综合排放标准》(GB 8978—1996)关于五日生化需氧量的限值为一级标准30 mg/L、二级标准60 mg/L,被告1的排污超标,被告2的排污合标,法院据此作出被告1承担主要责任、被告2承担次要责任的判决。

(5)判断因果关系的依据

因果关系被置于污染行为与损害结果之后,在逻辑上系侵权责任成立的最后一环。在环境侵权诉讼中,因果关系的判断存在巨大的困难,对原、被告而言均属关涉重大利益的事项。在传统民法理论中,必然因果关系是侵权责任因果关系的核心,这在一般侵权诉讼中是较为容易证成的。不过,环境侵权难以适用必然因果关系论,因为其具有间接性、潜伏性、多因性等特点。鉴于此,"盖然性因果关系""疫学因果关系"等新论相继被西方法治发达国家的理论界和实务界所提出,②以有效地降低环境侵权因果关系判定的难度。实际上,从实践中来看,环境侵权因果关系的判断已从必然因果关系转变为盖然因果关系。从理论上而言,因果关系是双层次的,"在英美法系分为'事实和法律'两阶,在大陆法系则分为'责任成立和责任范围'两层"。③ 由此可知,两大法系因果关系虽然总体上是一致的,但是存在一定的区别,英美法系侧重区分判断内容的不同,大陆法系侧重关注侵权责任发生过程。大陆法系传统使"责任成立和责任范围"二层因果关系论在我国更具影响力。故而,环境侵权的因果关系判断需要从两个维度予以展开。有学者就指出:"认定环境侵权因果关系时应注意区分责任成立和责任范围,以二层因果关系论为基点。"④

以科学技术为内核的环境标准可以作为环境侵权因果关系的过滤依据。

---

① 参见广西壮族自治区玉林市玉州区人民法院(2015)玉区法民初字第2297号民事判决书。
② 丁凤楚:《论国外的环境侵权因果关系理论——兼论我国相关理论的完善》,载《社会科学研究》2007年第2期。
③ 马梦青:《环境污染损害赔偿中的因果关系证明》,载《兰州学刊》2014年第6期。
④ 侯茜、宋宗宇:《环境侵权责任中的因果关系》,载《社会科学家》2006年第3期。

具体而言,环境质量标准与环境污染存在相当科学的联系,环境质量标准达标与否一般可以直接反映环境质量状况。若环境质量达标意味着环境质量良好,即不存在规范意义上的环境污染,此时便无须进行环境侵权因果关系的实质判断。有学者称之为"因果关系判断的门槛过滤"。① 笔者认为,环境标准的技术性使合标排污、环境质量达标与超标排污、环境质量不达标在因果关系盖然性判断上形成逻辑的、理性的解释。例如,在原告南京市六合区××街道办事处××河村民委员会与被告王×勇环境污染责任纠纷案中,江苏省南京市六合区人民法院认为:2018 年 7 月 2 日,南京某环境科技集团股份有限公司受江北新区环境保护与水务局的委托对余巷组鱼塘地表水、固废进行监测,其监测结果,地表水对照《地表水环境质量标准》(GB 3838—2002)表 1,PH 在Ⅰ类—Ⅴ类标准限值内,化学需氧量 2#鱼塘水样Ⅳ类,其余点位劣Ⅴ类,氨氮 1#鱼塘水样Ⅳ类,1#坑水样Ⅴ类,2#鱼塘水样Ⅱ类,3#鱼塘水样Ⅲ类,其余点位劣Ⅴ类,总磷 1#鱼塘水样Ⅴ类,2#鱼塘水样Ⅲ类,3#鱼塘水样Ⅳ类,其余点位劣Ⅴ类;固废 pH 值结果参考《危险废物鉴别标准腐蚀性鉴别》(GB 5085.1—2007),在标准限值范围内;金属和挥发性有机物监测结果参考《危险废物鉴别标准浸出毒性鉴别》(GB 5085.1—2007),表 1 浸出液中危害成分浓度限值,监测结果均在标准限值范围内。② 一审法院据此并未进一步判断因果关系是否存在。

环境侵权的特殊性体现为"通过环境介质产生损害后果",③即污染行为先污染环境,后产生损害。因而,环境污染事实成了连接污染行为与损害后果的中介。而关于环境污染事实的认定,在环境科学的影响下,已从定性判断转向定量判断,环境标准就是实现这一转变的技术手段。在侵权责任成立上,环境污染事实在因果关系判断中居于衔接地位,环境标准以技术限值衡量环境是否受到污染,因而环境标准具有判断责任成立因果关系是否存在的效力。司法实践中,部分法院已开始借助环境标准认定责任成立因果关系。"以水污染为例,(2014)曲民初字第 936 号民事判决书引用《渔业水质标准》(GB 11607—1989)认定污染物超过环境质量标准,认定:被告造成环境污染,且未能举证因果关系不成,因果关系成立。以噪声污染为例,(2014)鄂黄梅民初字第 1426 号民事判决书引用《社会生活环境噪声排放标准》(GB 22337—2008),认定:噪声排放超

---

① 陈伟:《环境质量标准的侵权法适用研究》,载《中国法学》2017 年第 1 期。
② 参见江苏省南京市六合区人民法院(2019)苏 0116 民初 935 号民事判决书。
③ 徐祥民、邓一峰:《环境侵权与环境侵害——兼论环境法的使命》,载《法学论坛》2006 年第 2 期。

过排放标准,造成环境污染,且被告未能举证因果关系不成立,因果关系成立。"①在这些判例中,我国法院对责任成立因果关系的认定大体围绕环境标准而展开。在侵权责任范围上,环境标准以技术限值可对环境污染程度进行评价,超出限值越多,环境污染一般也越严重;环境污染程度与损害结果大小有紧密联系,环境污染越严重,损害结果一般也越大,故此环境标准具有划定责任范围因果关系的效力。具体而言,超标排污相较于合标排污对环境的危害更大,引发的损害更严重,为实现侵权责任的公平配置、扭转污染排放的逆向激励,在责任范围上对两者加以区别是有必要的。这与罪刑均衡原则类似。遵守环境标准的排污行为虽然不能抗辩责任成立,但应在责任范围上得到积极评价,否则将导致私人活动领域的萎缩。倘若超标排污与合标排污均需承担同样的赔偿责任,私人会陷入捉摸不透的困境,即以何种准则排污方能有效保证生产安全。

(6)确定惩罚性赔偿的依据

侵权法的传统机能是"填平损失",不过随着经济社会状况和伦理道德观念的变迁,作为填平性赔偿例外的惩罚性赔偿应运而生。这一赔偿是指法院判决的赔偿数额要超过实际的损害。② 不同于填平性赔偿,惩罚性赔偿的适用范围受到一定的节制,往往限于特定的侵权领域和故意或者重大过失引发的侵权,③但是两大法系国家在此方面存在不同。英美法系国家基于实用主义的立场,普遍认可惩罚性赔偿制度;而大陆法系国家起初对这一制度较为排斥,因为惩罚不仅违背了矫正正义,而且混淆了公法与私法。④ 不过,20 世纪 50 年代以来,工业化的迅猛发展使人类陷入风险社会,尤其是食品药品、生态环境等公共安全领域。在这些领域,大陆法系国家的填平性赔偿制度逐渐出现失灵风险,即权利救济和违法威慑的双重不足。为了扭转这一尴尬局面,在部分特定的侵权领域中,"惩罚性赔偿"也开始走入大陆法系国家的视野。深受大陆法系传统的影响,我国在创设惩罚性赔偿制度上行动慎重。《侵权责任法》第 47 条首次确立"产品侵权惩罚性赔偿制度",但环境侵权并无此类制度,导致环境侵权诉讼不仅对受害人的救济不足,而且对加害人的威慑不够。

环境污染的基本动因是逐利性,且是最大化的。受此本性的驱动,生产经

---

① 周骁然:《环境标准在环境污染责任中的效力重塑——基于环境物理学定律的类型化分析》,载《中国地质大学学报(社会科学版)》2017 年第 1 期。

② 王利明:《惩罚性赔偿研究》,载《中国社会科学》2000 年第 4 期。

③ 王树义、刘琳:《论惩罚性赔偿及其在环境侵权案件中的适用》,载《学习与实践》2017 年第 8 期。

④ 张保红:《论惩罚性赔偿制度与我国侵权法的融合》,载《法律科学》2005 年第 2 期。

营者时刻都在计算成本与收益,以低成本攫取高收益为行动逻辑。而作为公共利益的生态环境早已被抛之脑后。因此,环境侵权成为生产经营者逐利的副产品。从经济学角度来看,生产经营者宁愿赔偿还选择污染,较为合理的解释是污染相较于赔偿是更有效率的,即侵权赔偿的成本要低于防治污染的成本。① 倘若严守填平性赔偿的原则,环境侵权诉讼对排污企业或者个人的阻遏效应显然是不足的。在填平性赔偿制度下,侵权赔偿只能是等于或者小于环境污染的基本成本,于作为加害人的生产经营者而言,这一低成本是完全可以接受的,并选择继续污染。而在惩罚性赔偿制度下,违法的生产经营者需要支出大于环境污染的基本成本,以此减少污染行为的外部化。如此一来,违法或者潜在违法的生产经营者受到恰当的威慑,会积极采取防治污染的措施以避免环境损害。② 除此之外,惩罚性赔偿制度还会产生较强的程序效应。填平性赔偿制度一般难以囊括受害人的维权成本,由此挫伤受害人的诉讼积极性。而惩罚性赔偿制度会形成较强的诉讼激励,毕竟在环境侵权诉讼实践中,加害人通常是财大气粗的企业,而受害人大多是贫困弱小的个体。

为解决"对受害人维权激励不足"和"对加害人阻遏效应不够"的难题,我国已将惩罚性赔偿制度引入了环境侵权中。根据《民法典》第1232条的规定,加害人故意污染环境、破坏生态,并导致严重的危害结果,受害人可以向法院请求惩罚性赔偿。环境侵权准用惩罚性赔偿除了满足一般构件外,还要符合主观故意和结果严重的限制条件。这与惩罚性赔偿的功能与目的相符合,避免制度异化与走形,如牟利、滥诉。关于主观故意和结果严重的要件证明,环境标准均能发挥积极作用,可以作为判断依据。在主观故意的证明上,加害人的主观过错必须借助行为表现来判定。一方面,主观心态直接影响客观行为,行为系心态的外化;另一方面,受害人直接证明加害人的主观心态会遭遇举证困难,法官也难以作出准确的判断。③ 此时,是否遵守环境标准排污与是否故意排污可以等量齐观,有助于大大降低原告的举证难度、法官的认证难度。在环境侵权案件中,生产经营者遵守环境标准进行排污,倘若还是导致了环境侵权,由于其行为不具主观恶意,即不符合"故意"之要件,不应受到惩罚性赔偿制度的责难。其中的法理在于法律不强人所难,无法强求生产经营者在合标排污时还要考虑每一个人的特殊利益。相反的,在侵权法领域,由于环境标准属于门槛性规范,生

---

① 李光宇等:《环境侵权的经济学解读》,载《税务与经济》2008年第6期。
② 白江:《我国应扩大惩罚性赔偿在侵权责任法中的适用范围》,载《清华法学》2015年第3期。
③ 王树义、刘琳:《论惩罚性赔偿及其在环境侵权案件中的适用》,载《学习与实践》2017年第8期。

产经营者超标排污无疑具有主观恶意,即符合"故意"之要件,应受到惩罚性赔偿制度的责难。在严重后果的证明上,囿于环境侵权的潜在性、隐蔽性,受害人可能难以完成举证,法官也会陷入认证迷局。此时,超出环境标准的程度可以作为后果严重与否的判断依据。最高人民法院、最高人民检察院联合发布的《关于办理环境污染刑事案件适用法律若干问题的解释》第 1 条第 3 项规定"超过国家或者地方污染物排放标准三倍以上"属于"严重污染环境"。笔者以为,这一规定具有较大的合理性。因为在现行的科学技术条件下,并没有相反证据证明如下的推论不成立:超标程度越大,环境污染就越大,已有或者潜在的损害结果一般也越大。因此,环境侵权惩罚性赔偿制度的"严重后果"也可以"超出国家或者地方污染物排放标准×倍以上"为依据之一。

(四)环境标准作为民事审判依据的路径解释

环境标准的私法效力使其可以顺利进入民事审判,成为法院解决民事争议的依据。不过,在解释环境标准如何产生私法效力上,理论界的研究还不深入,尚未达成共识。

部分学者采用公私法合作理论进行解释,即私法不是一个自洽的封闭系统,通过公法规范来支援;反之亦然,公法与私法可以实现相互工具化。① 有学者认为:"管制规范在侵权法上的意义这一问题,犹如管制规范之于合同效力之意义的问题,实际上在某种程度上两者都可以看作是公法与私法关系在特定领域的投影。"②该文中的管制规范就包括环境标准。有学者把环境标准视为公法上的规则,认为:"当环境管制标准能够达到社会最优标准时,侵权责任将作为'查漏机制'弥补环境管制标准的执行不足。当环境管制只能设定最低限度的门槛性标准时,侵权责任将作为'补缺机制'弥补管制标准的设计不足。"③有学者指出:"行政管制标准都与过错及违法性有着紧密关联。在违法性要件独立说中,行政管制标准如环境法上的排放标准被视为'保护第三人之法律';在过错吸收违法性说中,是否违反管制标准则被作为是否具有过错的判断标准。"④有学者主张:"环境质量标准的功能在于界定污染,污染本身在公私法上并无不同,环境质量标准在公法上和私法上都是界定是否存在污染的依据。"⑤除此之

---

① 苏永钦:《民事立法与公私法的接轨》,北京大学出版社 2005 年版,第 74~103 页。
② 谢鸿飞:《论管制规范在侵权行为法上的意义》,载《中国法学》2009 年第 2 期。
③ 宋亚辉:《环境管制标准在侵权法上的效力解释》,载《法学研究》2013 年第 3 期。
④ 张敏纯:《论行政管制标准在环境侵权民事责任中的类型化效力》,载《政治与法律》2014 年第 10 期。
⑤ 陈伟:《环境质量标准的侵权法适用研究》,载《中国法学》2017 年第 1 期。

外,有些学者则有意或无意回避讨论环境标准私法效力的发生问题。① 由此足见,关于环境标准产生私法效力的法理之讨论尚不深入。

以公私法合作论解释环境标准的私法效力,其逻辑前提是环境标准属于公法规范(行政规章或行政规则)。事实上,部分学者直接将环境标准称为管制规范或管制标准。如此一来,环境标准的私法效力问题就被置换为公法规范的私法效力问题,讨论的重心便发生位移和偏向。实际上,法学界对公法规范的私法效力问题的研究是较多的,并取得了丰富的论著成果,如梁慧星先生的《裁判的方法》(2005)、苏永钦先生的《民事立法与公私法的接轨》(2005)、于立深的《行政规章的民事法源地位及问题》(2005)、钟瑞栋的《民法中的强制性规范——兼论公法与私法"接轨"的立法途径与规范配置技术》(2009)、贾媛媛的《行政规范对侵权责任认定之规范效应研究》(2012)、刘东霞的《行政规范在民事审判中的适用及其问题》(2015)与汪君的《行政规范性文件之民事司法适用》(2020)等。显而易见,公法规范的私法效力问题属于法的内部问题,即公法对私法自治的干预。但矛盾的是,环境标准并非立法活动的产物,而系标准化活动的产物,其私法效力问题应是法的外部问题。部分学者采用公私法合作论诠释环境标准的私法效力,存在将法的外部问题简化为法的内部问题之嫌,明显欠缺合理性。

前文已厘清环境标准的属性,它既非行政规章也非行政规则,而系技术规范。在此基础上,笔者以为公私法合作论并不是解释环境标准私法效力的适宜理论。实际上,当环境标准等同于公法规范时,环境标准私法效力的发生机理将难以获得准确认识。例如,在合同签订中当事人可能会援引某项环境标准,该项标准就具有判断违约责任是否成立的私法效力。而合同约定的环境标准不论是强制性还是推荐性或是其他类型(国外标准),其获得私法效力的机理是当事人的合意,并非公法与私法的合作。故此,环境标准私法效力的研究必须在区分环境标准与公法规范的前提下展开。唯有如此,方能对环境标准私法效力作出准确解释。那么,环境标准发生私法效力的机理是什么?需要从新的视角找寻科学理论。

作为技术规范而非公法规范,环境标准可以进入私法并发生私法效力,说明两者之间存在"供给"与"需求"的现实关系。在环境民事纠纷中,私法属于需求方,环境标准则属于供应方。环境标准能够进入私法,产生私法效力,源于私

---

① 参见周骁然:《环境标准在环境污染责任中的效力重塑》,载《中国地质大学学报(社会科学版)》2017年第1期;王旭伟、姚建宗:《环境标准的侵权法效力观释评及其制度重塑》,载《江海学刊》2021年第4期。

法对技术规范的高度依赖。倘若需求方没有主动援引,作为供应方的环境标准不可能且难以自行闯入私法。突出表现为民商法中有不少的"原则＋规则＋标准"的条款,有学者指出,民商法共检索出 28 次"标准"。① 而环境标准中则少有私法条文的内容。至此,究明环境标准发生私法效力的机理,应当从作为需求方的私法着手。

标准作为外在于法律的规范系统,不能当然进入法律领域,标准进入法律领域需要一定的路径。② 私法以意思自治为基本原则,必须高度尊重当事人的意志。环境标准之所以能够进入私法,对调整环境民事关系、规范环境民事行为产生规范效应,首先取决于当事人以意思自治为基础的合意。可以说,当事人的约定成为环境标准发生私法效力的首要路径。在这一情况下,环境标准进入合同,成为"标准条款",发生确定合同当事人权利义务的私法效力。

法律的规定是环境标准进入私法并产生私法效力的第二条路径。在这一路径下,环境标准不仅可以进入合同法,而且可以进入物权法和侵权法。在合同法领域,涉及环境标准的条款有《民法典》第 511 条第 1 款与第 153 条。需要指出的是,第 153 条中的"法律、行政法规的强制性规定"指的是《标准化法》第 25 条的强制性规定,而非强制性环境标准,因为强制性环境标准并没有决定合同有效与否的法律效力。在侵权法领域,环境标准成为评价污染行为、过滤因果关系、划分责任份额、确定惩罚性赔偿的依据,是由法律所规定的。例如,《放射性污染防治法》有关放射性污染侵权责任的规定(第 62 条、第 59 条)、《噪声污染防治法》有关噪声污染侵权责任的规定(第 2 条、第 61 条)。除了法律的明文规定,环境标准还可通过法律解释的方式进入侵权法,这也属于法律规定的情形。比如,《大气污染防治法》第 125 条规定:"排放大气污染物造成损害的,应当依法承担侵权责任。"第 18 条规定:"企业事业单位和其他生产经营者建设对大气环境有影响的项目,应当依法进行环境影响评价、公开环境影响评价文件;向大气排放污染物的,应当符合大气污染物排放标准,遵守重点大气污染物排放总量控制要求。"若超标排污造成大气污染,排污方应承担赔偿责任。在物权法领域,《民法典》第 294 条中的"国家规定",引入环境标准作为确定相邻人权利义务的依据,属于法律明文规定的情形。

---

① 柳经纬、许林波:《法律中的标准——以法律文本为分析对象》,载《比较法研究》2018 年第 2 期。
② 柳经纬:《标准的类型划分及其私法效力》,载《现代法学》2020 年第 3 期。

第三节 科学证据

科学证据(scientific evidence)是司法程序与科学技术相碰撞的新产物。环境问题涉及高度的科学背景,导致环境诉讼对科学证据具有相当的依赖性。环境标准的技术属性使其与科学证据联系密切,借助环境标准及其形成的科学证据能够作出清晰、确定的事实判断。换言之,在环境审判中,环境标准对事实认定具有科学证据的规范效应。目前,环境标准的科学证据效用尚缺乏法理分析和实践观察。鉴于此,下文尝试对环境标准的科学证据属性进行必要论证。

一、科学证据的理论简介

在分析环境标准与科学证据之间的实践互动前,应当明确科学证据的内涵外延,因为"科学证据"一词虽时常出现在论文著作中,但对其认识并未形成理论通说,尚需讨论厘清。

(一)科学证据的概念

科学证据由"科学"与"证据"两个词项组成,前者凸显了科学证据的科学属性,后者则指示科学证据的证据功能。因此,先分析科学的语义、再分析证据的语境,便可明确科学证据的基本内涵。

对科学证据的理解关键在于"科学"之义,该词起到了修饰和限定的作用。一般通过科学哲学来认识和理解科学,并将其分解为科学知识和科学方法两大主题。遗憾的是,截至目前人类对科学是什么还没有公认的定义,但也形成了一些初步共识。一方面,科学是系统的知识,是能够用来认识特定问题的原理或规律。科学是知识,并不意味着凡知识皆科学。罗素认为:"诉诸人类的理性而非诉诸权威的一切确切的知识,称之为科学。"[1]康德认为:"科学是按照一定原则建立起来的一个完整的知识系统。"[2]能否系统地揭示错综复杂的各类条件之间的关系是区别科学与常识的关键所在。波普尔曾言:"常识的延伸和扩大是科学的产生基础,不过科学又不能仅是常识,需要看到科学背后的认识论所

---

[1] 肖峰:《科学精神与人文精神》,中国人民大学出版社1994年版,第10页。
[2] [德]汉斯·波塞尔:《科学,什么是科学》,李文潮译,上海三联书店2002年版,第11页。

有的最重要、最激动人心的价值。"①因此,科学的精确性、逻辑性、理论性等与常识有着质的不同。例如,普通民众只知道污水会损害环境,但环境科学需要对其损害程度进行精确的评定。常识囿于缺乏精确性、逻辑性、理论性等而难以接受更为彻底的批评检验。因此,科学是基于经验和逻辑之上且已被证明了的系统知识。另一方面,科学即方法。科学的价值不仅在于科学知识,更在于科学方法。② 不能把科学看作是固定的真理集合,实际上它在随着它的使用而不断地变化,更多表现为一种科学方法。③ 因此,以动态视角看待科学是必要的,其系发现世界、检验世界和改造世界的方法。当研究特定问题时,科学家须依赖一套源于审慎原则的程序、步骤和规则,这些可称为科学方法。借助于科学方法,科学家能够提出和检验普遍的理论,这些理论带有解释的特质与能力。工业革命以来,人类经济社会取得了巨大成就,由此充分彰显科学方法的重大效用。例如,各国利用环境科学方法检验污染物对人体健康的作用机制,并对此进行专业治理。科学是能够用来认识、解决特定问题的系统、动态之知识。

当科学走入司法程序,便与证据法形成紧密联系,因此要在证据法语境中分析科学证据的性质。首先,从证据方法角度看,科学证据以言词证据的形式存在,但不是所有的言词证据都是科学证据,仅限于以科学为基础的言词证据,即科学型专家意见。④ 其次,从证据原理角度看,科学证据通过解释各类事物之间的联系来发现诉讼真实,故而其属于解释性证据。科学的主要任务之一是提供解释,即清晰说明已有事实或者已知规律所处的状态。⑤ 事物之间联系的不同形式决定了科学解释有着诸多种类,如覆盖率解释、因果解释、语用解释、统一解释等。在诉讼证明中,当事人(控辩)欲要完成证明,需要大量的知识予以支持,这就呼唤知识的共享,使普通民众既能理解又能信服。⑥ 科学知识及其解释可以担起共享知识模式的重任,使科学证据得以被理解,并与待证事实产生特定的关联。最后,从证明构成角度看,科学证据是基于原理规律以及解释条件对待证事实所作的推论,因而科学证据属于推论性证据。美国证据法大师威格莫尔认为:"意见在证据法上的意义是指从观察到的事实所作的推论。"⑦作为推论意见的科学证据应具有客观性,由此需要同时满足推论条件、定律条件、特

---

① [英]卡尔·波普尔:《科学发现的逻辑》,查汝强等译,科学出版社1986年版,序言。
② [英]卡尔·皮尔逊:《科学的规范》,李醒民译,华夏出版社1999年版,第399页。
③ Barnes, B, *About Science*. Oxford, Basil Black-well, 1985, pp. 66-67.
④ 张斌:《论科学证据的概念》,载《中国刑事法杂志》2006年第6期。
⑤ 齐磊磊:《科学解释的模型论进路》,载《自然辩证法研究》2008年第7期。
⑥ 潘利平:《诉讼证明原理新论》,载《中国刑事法杂志》2006年第3期。
⑦ 刘晓丹:《论科学证据》,中国检察出版社2010年版,第11页。

征条件和真理条件,①否则科学证据将遭受诘问与质疑。

至此,科学证据是指运用科学原理和方法解释待证事实的构成与联系的专家意见。

(二)科学证据的定位

不论外国还是我国,科学证据均非法定的证据种类,而是一个类概念。那么,科学证据与既有证据种类有何联系?任一证据种类是否都是科学证据?传统理论对科学证据的理解采取宽泛的视角,即只要在证据发现、收集等各环节中使用了科学技术即科学证据。② 换言之,一份证据具有"高科技含量"或者"用科学技术发现、提取、收集固定、保全",③其便是科学证据,如电子数据、视听资料、指纹痕迹类物证等。从宽泛意义上说,将前述的证据视为科学证据并无不可。不过,科学证据的宽泛化似乎不仅难以精准定位科学证据,而且难以凸显科学证据的本质。鉴于此,需要从适当的视角重新定位分析科学证据。张斌教授以科学的作用功能是描述还是检验,将科学证据分为"描述型"和"检验型",认为"前者应被排除在科学证据范围之外"。④ 梁坤博士认为,探讨某一种证据是否属于科学证据,应当通过对该证据进行审查认定的时候是否需要采用科学证据的特殊规则来加以判断。⑤ 作用功能说和审查规则说均从不同侧面对科学证据进行精准定位,笔者对此较为赞同。以电子数据为例,此种以计算机等存储设备为载体的证据具有高科技的属性,在提交和展示环节需要借助高科技设备,但仔细分析后,我们发现科学技术只是在描述电子数据的既存状态而已,加之如果与电子数据相关的专门性问题并未成为法院审理的案件争点,如当事人对电子数据的真假无异议,那么在审判程序中它仅是一种普通的证据,法院无须通过科学证据规则来进行审查认定;如当事人对电子数据的真假持异议,此时这一专门性问题超出了普通人的认知范畴,需要专家运用科学原理和方法加以鉴别、检验、鉴定并出具专家意见,那么在审判程序中涉电子数据的专家意见

---

① (1)推论条件:从要解释的现象到解释条件的推论必须正确;(2)定律条件:解释条件中必须至少含有一条普遍定律;(3)特征条件:解释条件必须带有经验内容;(4)真理条件:组成解释条件的句子必须真实。参见[德]汉斯·波塞尔:《科学,什么是科学》,李文潮译,上海三联书店2002年版,第32~33页。
② 陈学权:《科技证据论——以刑事诉讼为视角》,中国政法大学出版社2007年版,第51页。
③ 邱爱民:《科学证据内涵和外延的比较法分析》,载《比较法研究》2010年第5期。
④ 张斌:《论科学证据的三大基本理论》,载《证据科学》2008年第2期。
⑤ 梁坤:《社会科学证据研究》,群众出版社2014年版,第19页。

便是科学证据,法院有必要通过科学证据规则来进行审查认定。故此,我们摒弃对科学证据定位的传统理论,将科学证据定位为专家意见。

遵循专家意见的定位逻辑,科学证据在两大法系国家的证据法上表现为何种具体形式?在英美法系国家,科学证据以专家证言(expert testimony)为法定形式。专家证言是指专家证人以知识、技能、经验等为基础提供的意见证据。相较于普通民众,专家能就专门性问题发表意见并作出结论,完全是基于他们在特定领域具有专业知识与特殊经验。由此看来,专家须具有较高的学位,且须经过系统的教育,以便在特定领域内能发表权威性意见。① 然而,英美法律对专家的定义要大于我们的常规理解。比如,《美国联邦证据规则》第702条规定,专家资格可以通过知识、技术、经验、训练或教育获得。② 实际上,英美法系的专家范围相当广泛,汽车技师、贩毒人员都可能成为专家,华丽的学位或者资格证书并非必需的。③ 显而易见,专家证言和科学证据并不完全是一回事,专家作证依赖的知识不一定涉及科学原理和方法。准确地说,科学证据在英美法系国家的表现形式是科学专家证言。在大陆法系国家,科学证据以鉴定意见(expert opinion)为法定形式。鉴定意见是指受委托或聘请的鉴定人对专门性问题运用专门知识或技能提出的意见证据。受诉讼模式及鉴定制度的束缚,不同于英美法系的专家证人,大陆法系鉴定人的"专业知识"一般限于科学知识,并不会被无限扩展。按照德国学者罗科信的见解,德国的鉴定有认知型鉴定、勘验型鉴定和结论型鉴定三类。④ 法国的情况也是类似,鉴定分为验证、咨询和专家意见。⑤ 事实上,德法两国对鉴定作了广义解释,而日本法上的鉴定仅有结论型鉴定。⑥ 严格地讲,仅提供专业知识但不提供专业意见的认知型鉴定应被排除在鉴定证据之外,而勘验型鉴定更应归属物证领域。总而言之,科学证据在大陆法系国家的表现形式是鉴定意见,我国亦是如此。需要指出的是,我国

---

① 徐继军:《专家证人研究》,中国人民大学出版社2004年版,第5页。

② 齐树洁:《美国证据法专论》,厦门大学出版社2011年版,第157页。

③ [美]阿维娃·奥伦斯坦:《证据法要义》,汪诸豪、黄燕妮译,中国政法大学出版社2018年版,第204页。

④ 具体而言,一是向法院提供一般性的经验知识(认知型鉴定);二是对某些事实只能"利用其特有的专业知识加以深入理解、判断,进而认定者"(勘验型鉴定);三是对以专业知识调查后所获得之事实之认定,并借学术性的推衍规则,将该认定之事实导向某一结论(结论型鉴定)。参见张斌:《论科学证据、专家证言、鉴定意见三者的关系》,载《证据科学》2012年第1期。

⑤ [法]让·文森、塞尔日·金沙尔:《法国民事诉讼法要义》,罗结珍译,中国法制出版社2001年版,第985~986页。

⑥ [日]田口守一:《刑事诉讼法》,刘迪等译,法律出版社2000年版,第70页。

的专家辅助人可能会运用科学知识就案件事实作出专业判断、给出专业意见,张保生教授认为"'鉴定意见+专家辅助人意见'约等于科学证据",[①]但囿于证据法的规定,[②]加之该意见更多是当事人双方的质证方式,其不宜被归为科学证据。当然,未来我国的证据法改革可以遵循此一路径进行。

(三)科学证据的价值

价值分析不仅是理解证据法的一把标尺,也是制定证据规则的一大理论基础。张保生教授认为,证据法的价值主要有"准确、公正、和谐与效率"四个。[③]在"事实认定科技化"的时代,科学证据正在发挥越来越重要的作用,但也暗藏着一定的风险。因此,需要从价值多元的角度来解读科学证据。下面将以准确、公正、和谐与效率为坐标分析科学证据的积极价值与消极价值。

科学证据提高了事实认定的准确度。纠纷解决和裁判作出须以事实认定为基础,但是消除事实认定的模糊性是一件相当棘手的难题。人类社会在事实认定上不断地走向精确,从以神证为主的证明到以人证为主的证明再到以物证为主的证明。[④] 其中,科学技术在物证时代发挥着巨大作用,因为物证往往需要专家的解释与分析。更为重要的是,随着科学技术的快速发展,科学早已广泛渗透于社会生活的各个方面,使得越来越多的案件具有了高度的科学背景。诉讼程序中的事实认定仅依靠一般的经验知识是无法达成的,而必须寻求科学知识的助力。例如,环境侵权诉讼中的污染物成分及损害程度需要依靠科学知识来认定。毫无疑问,现今,诉讼程序中需要借助科学技术查明的专门性问题越来越多,事实认定早已进阶至"科学证据"时代。[⑤] 在准确认定事实后,司法公正将在较大程度上得以实现。除此之外,科学证据的广泛运用能够让司法机关减少当事人陈述(被告人供述与辩解)的依赖,对程序正义的实现大有裨益。[⑥] 例如,在环境刑事司法中,科学证据对口供的替代能够有效减少刑讯逼供发生的

[①] 张保生、董帅:《中国刑事专家辅助人向专家证人的角色转变》,载《法学研究》2020年第3期。

[②] 最高人民法院《关于适用〈中华人民共和国民事诉讼法〉的解释》第122条第2款:"具有专门知识的人在法庭上就专业问题提出的意见,视为当事人的陈述。"

[③] 张保生主编:《证据法学》,中国政法大学出版社2018年版,第45~46页。

[④] 何家弘:《神证·人证·物证——试论司法证明方法的进化》,载《中国刑事法杂志》1999年第4期。

[⑤] [美]米尔建·R.达马斯卡:《漂移的证据法》,李学军等译,何家弘审校,中国政法大学出版社2003年版,第200页。

[⑥] 陈学权:《科技证据论——以刑事诉讼为视角》,中国政法大学出版社2007年版,第141~146页。

概率。此外,事实认定的准确、司法公正的实现提升了司法公信力,使当事人服判息讼,进而减少二审、再审的产生,利于和谐社会的构建。

不可否认,科学证据也具有一定的消极价值。一是可能妨碍真实发现。科学与常识的重要区别是精确性,但这并不代表着科学就是确定无疑的。坦诚地说,科学误差是客观存在的,科学不确定性的例子比比皆是。究其原因在于客观世界中的事实无穷多,妄图了解所有的事实几乎无可能。① 更为麻烦的是,即使科学知识是正确的,在司法鉴定环节,科学专家可能受到非理性因素的影响对案件事实作出错误推论而形成虚假的科学证据,如主观偏见、利害关系等。美国学者 D. Michael Risinger 等人经调查后指出,大多数科学专家在科学分析的五个阶段均会受到既非出于故意也非出于欺骗的偏见之影响。② 因此,科学证据可能会失真,妨碍真实之发现。有学者指出:"在诉讼中好的科学和真正的专家是无价的,没有什么比伪科学和骗子专家更危险。"③二是可能降低诉讼效率。正义尽管是诉讼程序的第一价值,但是绝非唯一的价值。美国著名法官波斯纳提醒我们:"对于公平正义的追求,决不能无视追求它所付出的代价。"④单纯地发现真实或者单纯地强调正义并非现代司法程序的重心,而在于高效地发现真实或者实现正义。在涉及高度科学背景的诉讼中,科学的目标与法律的目标完全不同,前者寻求综合性的理解和科学家的集体程序,后者寻求个案性的理解和法律家的高效程序。⑤ 科学证据的生成与质证认证均需耗费大量的时间,对个案诉讼效率构成潜在威胁。例如,司法实践中,当事人为了自身诉讼利益时常申请非必要的鉴定,导致诉讼程序延迟严重。再如,法官面对饱受专家辅助人抨击的鉴定意见或者矛盾对立的鉴定意见时,不得不花费更多的时间来认定事实。三是可能阻碍司法公正。在科学证据系证据之王的迷信下,科学证据的获取和使用极可能走向极端。一方面,随着科学证据的出现与运用,法官在审判活动中的主导地位遭遇挑战,专家似乎已让法官变成科学的傀儡而攫取了事实认定的权力。这一僭越对司法公正构成较大的威胁,毕竟专家不受诉讼

---

① [法]昂利·彭加勒:《科学与方法》,李醒民译,商务印书馆 2006 年版,第 7 页。

② Michael D. Risinger, Michael J. Saks, William C. Thompson & Robert Rosentha, The Daubert/Kumho Implications of Observer Effects in Forensic Science: Hidden Problems of Expectation and Suggestion, *California Law Review*. 2002, Vol. 90, No. 1, pp. 1-56.

③ [英]麦高伟、杰弗里·威尔逊:《英国刑事司法程序》,姚永吉等译,法律出版社 2003 年版,第 249 页。

④ 魏建、黄立君、李振宇:《法经济学:基础与比较》,人民出版社 2004 年版,第 221~222 页。

⑤ [美]肯尼斯·R.福斯特、彼得·W.休伯:《对科学证据的认定:科学知识与联邦法院》,王增森译,法律出版社 2001 年版,第 21 页。

程序规则、法官职业道德、心证公开与监督等约束。另一方面,司法鉴定与专家聘请往往会产生高额费用,致使贫困当事人没有能力接近科学证据,从而形成诉讼武器失衡的不公局面。

二、环境标准与科学证据的互动基础

当今时代,科学的行为是明智、理性并且值得赞扬的;不科学的行为是愚蠢、非理性并且应该被鄙视的。① 为完成一个深奥的科学目标,不能仅运用经验常识来指导行动,而应寻求科学知识的帮助。环境风险的控制与专门事实的认定远非经验知识所能胜任,需要以科学主义为行动逻辑,运用科学知识对前述问题进行最佳解决。

环境系统数量庞大、非常复杂、相互依赖并具有某些方面的独特性,且通过自然和人为的进程不断发生变化,要想弄清生态进程和人类活动对环境的影响需要大量的信息。② 制定环境标准是控制环境风险的一项行之有效的举措。但这建基于对环境风险的形成、迁移、恶化、减轻等已有科学认识,否则环境标准的制定与施行不仅达不到预期效果,而且可能会造成更严重的风险。因此,环境标准的制定需要遵从科学,以其为基础、以其为指导。突出表现为环境基准对环境标准的支撑作用。作为纯粹的科学概念,环境基准系由科学家经过长期研究在价值无涉的基础上所确定的,以此为环境标准提供科学依据。例如,经过科学家长期的调查研究,曾经广泛使用的DDT(滴滴涕)被证明对生态环境有极大危害,于是很多国家制定了环境标准对其使用进行控制。不仅如此,风险评估构成环境标准制定过程的重要内容,一般包括危险识别、剂量反应评估、暴露评估、风险表征。危险识别是指这种物质是否会对人类健康或环境造成不利影响;剂量反应评估是指在什么水平上暴露于这种物质会产生不利影响;暴露评估是指人类和环境在多大程度上实际暴露于这种物质;风险表征是指风险的总体特征是什么。③ 这四项均系严密的科学活动。

随着科学技术的快速发展并日渐渗透于人们的生活工作中,诉争案件不可

---

① [英]萨米尔·奥卡沙:《科学哲学》,韩广忠译,译林出版社2013年版,第117~118页。
② [美]理查德·斯图尔特等:《美国环境法的改革——规制效率与有效执行》,王慧译,法律出版社2016年版,第139页。
③ [美]约翰·斯普兰克林、格雷戈里·韦伯:《危险废物和有毒物质法精要》(第2版),凌欣译,南开大学出版社2016年版,第17~20页。

避免地涉及各类的专门性问题。例如,环境侵权案件因果关系的认定是困扰法院的一大顽疾,经验常识有时无法给出明确的、令人信服的解释。诉讼中的专门性问题系复杂、特殊的待证事实,由科学问题在诉讼语境下转化而来,并不能由司法人员基于经验常识直接作出认定。于是,我们不得不寻求科学的支持,司法证明日益呈现出科学化的趋势,导致科学证据的大量产生。有学者通过对科学证据论著的分析,指出科学证据仅具有"科学性"一项特征。① 一方面,科学证据的依据是科学原理和方法,它们在经验世界中已获得验证而具有相当的稳定性和可靠性。正如美国联邦最高法院在道伯特案判决中所言,当一方提供关于科学问题的专家证人时,提供方必须保证该专家持有的理论或者技术是可靠的"科学……知识"。② 另一方面,科学证据的形成过程是科学专家遵循科学原理和方法对诉讼中的专门性问题所开展的科学活动。以司法鉴定为例,鉴定活动的起点是各类鉴定材料,终点是鉴定意见。但是,鉴定活动绝非从鉴定材料到鉴定意见的直接、简单的活动,还需要以科学原理和方法作为认识武器,经历"鉴定材料→科学事实→鉴定意见"的间接、复杂的过程。第一阶段,鉴定人需要运用科学方法对鉴定材料进行技术剪裁,将内在的、蕴含的科学信息予以固定;第二阶段,鉴定人需要依据科学原理对科学事实进行逻辑推理,对鉴定材料形成科学描述。③

环境标准和科学证据均以科学知识为内核,形构了二者互动的基础。作为环境风险控制的制度性措施,环境诉讼中的专门性问题越来越多,因此环境标准与科学证据之间自然而然便发生互动。

三、环境标准与科学证据的互动场域

在我国,科学证据的载体是鉴定意见,因此科学证据一般由司法鉴定形成。在司法鉴定中,鉴定人必须依据技术标准鉴别、判断诉讼中的专门性问题,并给出最终的分析意见。在鉴定意见进入法庭之后,当事人需要对其进行质证,法官在当事人质证的基础上对其进行认证。显然,鉴定意见的质证与认证须围绕技术标准展开。作为技术标准体系的重要组成部分,环境标准通过司法鉴定参

---

① 邱爱民:《科学证据基础理论研究》,知识产权出版社2013年版,第30～33页。
② [美]约翰·W.斯特龙:《麦考密克论证据》,汤维建等译,中国政法大学出版社2004年版,第32页。
③ 李苏林:《论司法鉴定的科学性》,载《山西大学学报(哲学社会科学版)》2018年第4期。

与科学证据的形成,通过法庭调查参与科学证据的质证,通过裁判说理参与科学证据的认证。①

(一)司法鉴定:环境标准作为鉴定意见的技术规范

司法鉴定的产生源于法官在事实认定的过程中遇到了认知障碍,与案件有关的专门性问题超出常识经验的射程,亟须科学专家的知识帮助。故此,司法鉴定早已是查明案情的重要工具,尤其是在食品安全、环境保护、建筑工程等专业案件中。2005 年,全国人大常委会通过了《关于司法鉴定管理问题的决定》,对司法鉴定的含义、管理、类型等问题作出明确规定。② 在该决定的推动下,我国司法鉴定制度的管理从多头到集中、从分散到统一、从审鉴合一到审鉴分离,③这一制度由此走上规范、快速的发展道路。近年来,环境损害司法鉴定成为我国司法鉴定的新类别。

改革开放以来,我国的环境污染与生态破坏已相当严重,对人体健康和财产安全构成巨大威胁。由环境问题引发的各类纠纷快速增多,并不断涌向法院,给环境司法带来较大的挑战。2022 年,全国法院共受理一审环境资源案件 273177 件、审结 246104 件。④ 在司法实践中,法院会面临污染源的判定、损害后果的量化、污染行为与损害后果间的因果关系之认定等难题。例如,污染物的数量直接影响着污染环境罪的认定及量刑,但水流、气流等因素容易使相关测量出现偏差。前述难题属于普通人难以认知的科学问题,且系环境审判的关键所在。如何解决这些难题呢?环境司法鉴定无疑是一种可靠而有效的武器。西方法治发达国家早已建构了较为完善的环境损害司法鉴定制度。20 世纪 50 年代,日本为"四大公害"受害人救济建立起包括鉴定方法、评估指标和处理程序在内的一整套环境损害司法鉴定制度。20 世纪 60 年代,美国为应对污染颁行了数量庞大的环境法律,其中包括大量的环境损害评估程序性文件。⑤ 反观我国,长期以来,每当需要开展环境损害司法鉴定时,法院往往委托各级环保部

---

① 本节主要讨论环境标准对科学证据的渗透与影响,其实科学证据通过鉴定、质证与认证也会对环境标准进行反渗,如环境标准体系矛盾、某类环境标准缺乏。
② 《关于司法鉴定管理问题的决定》第 1 条规定:司法鉴定是指在诉讼活动中鉴定人运用科学技术或者专门知识对诉讼涉及的专门性问题进行鉴别和判断并提供鉴定意见的活动。
③ 霍宪丹:《司法鉴定学》,北京大学出版社 2014 年版,第 42 页。
④ 最高人民法院:《中国环境资源审判(2022)》,人民法院出版社 2023 年版,第 1~2 页。
⑤ 刘倩等:《环境损害鉴定评估与赔偿法律体系研究》,中国环境出版社 2016 年版,第 30~36 页。

门下设的环境监测站,但根据《全国环境监测管理条例》(已失效)第10条至第14条,原国家环境保护局《关于环境污染纠纷技术仲裁机构问题的复函》的规定,各级环境监测站出具的仅是"数据和资料"而非鉴定意见,因此其不是适格的环境损害司法鉴定机构。① 我国环境损害司法鉴定起步相对较晚,机制也相对粗疏,已成为制约环境司法文明的一大"瓶颈"。2011年,随着《关于开展环境污染损害鉴定评估工作的若干意见》的出台,原环境保护部正式启动了环境损害鉴定评估工作。2015年最高人民法院、最高人民检察院联合司法部发布了《关于将环境损害司法鉴定纳入统一登记管理范围的通知》,将环境损害鉴定纳入司法行政范围,实行统一规范管理。随后,为了规范环境损害司法鉴定工作,我国陆续发布《关于规范环境损害司法鉴定管理工作的通知》《环境损害司法鉴定机构登记评审办法》《环境损害司法鉴定机构登记评审专家库管理办法》《生态环境损害赔偿制度改革方案》《环境损害司法鉴定机构登记评审细则》《环境损害司法鉴定执业分类规定》。② 自此,我国已初步构建环境损害司法鉴定制度,基本满足了环境审判的现实需求。

环境损害司法鉴定是对环境诉讼中的专门性问题运用科学技术或者专门知识进行分析、判断的诉讼活动,③主要包括污染物性质鉴定等7个大类、47个小类的鉴定事项。④ 环境损害司法鉴定具有鉴定对象多元、鉴定内容繁多、鉴定技术复杂等特点。故而,我国需要对环境损害司法鉴定进行技术管理和质量监控,以最大限度地保障鉴定意见的客观准确。技术标准的体系建设是环境损害司法鉴定技术管理和质量监控的路径依赖,因为鉴定人必须采用环境领域的技术标准和技术方法进行鉴定,即优先采用国家环境标准,在没有国家标准的情况下采用地方环境标准和技术规范,在前述两项标准均没有的情形下可采用环保领域通行的技术方法。⑤ 倘若鉴定人任意使用技术标准,这不仅可能降低鉴定意见的可靠性,而且可能影响事实认定的准确性,进而可能造成环境诉讼的非正义。不言而喻,环境领域的技术标准是鉴定人进行环境损害司法鉴定的前

---

① 赵星、安然:《试论我国环境污损司法鉴定机构的建构——以完善环境犯罪的惩治为视角》,载《法学杂志》2010年第7期。

② 郭雪艳等:《中国环境损害司法鉴定体制形成与发展》,载《法医学杂志》2020年第4期。

③ 林遥、张锐:《检察机关提起环境行政公益诉讼的制度逻辑与实践保障》,载《人民司法》2017年第28期。

④ 杨旭:《环境损害司法鉴定的任务与展望》,载《法医学杂志》2020年第4期。

⑤ 《司法鉴定程序通则》第23条规定,司法鉴定人进行鉴定,应当依下列顺序遵守和采用该专业领域的技术标准、技术规范和技术方法:(1)国家标准;(2)行业标准和技术规范;(3)该专业领域多数专家认可的技术方法。

提,是保障鉴定意见客观准确的基石。

基于专业分工的行政原则,国务院环境保护主管部门与省级人民政府负责发布环境领域的技术标准。根据《司法鉴定程序通则》第23条的规定,环境损害司法鉴定主要以国家环境标准(含行业环境标准)为技术规范,在前项标准都没有的情况下地方环境标准也能作为鉴定依据。① 需要指出的是,农村农业部在农业环境损害鉴定上制定了《渔业污染事故经济损失计算方法》(GB/T 21678—2018)等技术标准,原国家海洋局在海洋环境损害鉴定上制定了《海洋溢油生态损害评估技术导则》(HY/T 095—2007)等技术标准,但这些标准不是环境损害司法鉴定技术规范的主要内容。环境标准对各种类型环境损害司法鉴定依据的技术限值以及采用的技术方法和操作规程予以明确规定。一般而言,环境质量标准、环境风险管控标准、污染物排放标准是鉴定意见的技术依据,其他环境标准主要规范鉴定人的鉴定过程。以大气污染为例,《环境空气质量标准》(GB 3095—2012)第4.2条规定,一类区适用一级浓度限值,二类区适用二级浓度限值,并对二氧化硫等七项污染物设定了两级浓度限值。第5.3条规定了二氧化硫等七项污染物的分析方法,如采用《环境空气 二氧化硫的测定 甲醛吸收-副玫瑰苯胺分光光度法》(HJ 482—2009)和《环境空气 二氧化硫的测定 四氯汞盐吸收-副玫瑰苯胺分光光度法》(HJ 483—2009)对二氧化硫进行分析。前述两项环境监测标准从适用范围、方法原理、干扰及消除、试剂和材料、仪器和设备、样品采集与保存、分析步骤、结果表示、精密度和精确度、质量保证和质量控制对二氧化硫的测定进行全过程的技术规范。在空气污染环境损害鉴定中,鉴定人须按照《环境空气质量标准》(GB 3095—2012)第5.3条规定的分析方法展开鉴定活动,并依据第4.2条的规定给出鉴定意见。

(二)法庭质证:环境标准作为鉴定意见的攻防标靶

作为法定证据的一种,鉴定意见尽管具有较高的科学性,但其同样需要接受当事人(控辩)的质证,否则不能作为定案依据。这既是实体正义的要求,也是程序正义的要求。事实认定离不开当事人的质证,正如美国证据法大师威格莫尔所言:"交叉询问是迄今为止发现真实所发明的最伟大的法律引擎。"② 鉴定

---

① 参见司法部公共法律服务管理局主编:《生态环境损害鉴定评估法律法规与标准汇编》(上、中、下卷),北京大学出版社2019年版。

② John H.Wigmore, *Evidence in Trials at Common Law*, revsed by Peter Tillers, Vol. IV, Little Brown and Company,1983.

意见因鉴定人过错、偏见等诸多因素而存在失真的风险,[①]倘若没有当事人(控辩)的质证,不可靠的鉴定意见将难以被过滤剔除,可能导致事实认定的错误,进而影响实体正义的实现。作为程序正义的重要内容,程序参与是指法官应当平等地聆听当事人(控辩)的意见,并使他们能够积极有效地参与到诉讼程序中。程序参与不仅仅是当事人(控辩)的形式参与,更重要的是能够参与到裁判结果的形成中。当事人(控辩)对证据材料的质证,足以影响裁判结果的形成,是程序参与的实质内容。美国学者朗·富勒指出:"受审判决定影响的人能够以提出证据并进行理性的说服和辩论的特殊的形式参与到审判,系审判区别于其他秩序形成原理的内在特征。"[②]故此,鉴定意见如因其科学性而跳过质证会减损当事人(控辩)的程序权利,并对程序正义产生较大危害。

鉴定意见的质证是指庭审过程中在法官的主持下,当事人(控辩)及其诉讼代理人采取询问等方式查明鉴定意见效力的诉讼活动。证据的证据能力和证明力是质证的主要内容,前述主体应当围绕这两个方面进行质证。[③] 鉴定意见的证据能力和证明力建基于鉴定活动的科学性,如原理是否科学、推论是否科学、检验是否科学等,因此质证主体对鉴定意见的质证以科学性为中心。[④] 具体而言,鉴定意见的质证内容主要包括如下几项:(1)鉴定材料和鉴定对象是否符合鉴定要求,是否具备鉴定条件;(2)鉴定手段、方法是否科学,鉴定过程是否符合规范,是否存在污染的可能;(3)鉴定意见及其分析所依据的事实是否客观全面,特征的解释是否合理,适用标准是否准确,分析说明是否符合逻辑,鉴定意见的推论是否符合科学规范;(4)其他应当审核的内容。[⑤] 在环境诉讼中,关于第(2)项、第(3)项内容的质证,当事人(控辩)双方及其诉讼代理人、专家辅助人须围绕环境标准展开。以土壤与地下水环境损害鉴定为例,质证主体会对鉴定人采集、保存土壤样品是否参照《建设用地土壤污染风险管控和修复监测技术导则》(HJ 25.2—2019),流转土壤样品是否参照《土壤环境监测技术规范》(HJ/T 166—2004);保存地下水样品是否参照《水质 样品的保存和管理技术规定》(HJ 493—2009),采集、流转地下水样品是否参照《地下水环境监测技术规范》(HJ 164—2020);如土壤和地下水样品涉及挥发性有机污染物的,前述操

---

① 参见史长青:《科学证据的风险及其规避》,载《华东政法大学学报》2015 年第 1 期;房保国:《科学证据的失真与防范》,载《兰州大学学报(社会科学版)》2012 年第 5 期。
② Lon Fuller, The Form and Limits of Adjudication, *Harvard Law Review*. 1978, Vol. 92, No. 2, p.364.
③ 廖中洪:《证据法精要与依据指引》,北京大学出版社 2011 年版,第 447 页。
④ 马秀娟:《鉴定意见的关联性特征及判断研究》,载《中国司法鉴定》2016 年第 6 期。
⑤ 霍宪丹:《司法鉴定学》,北京大学出版社 2014 年版,第 168 页。

作是否遵循《地块土壤和地下水中挥发性有机物采样技术导则》(HJ 1019—2019)的相关规定;土壤样品分析检测方法是否参照《土壤环境质量　建设用地土壤污染风险管控标准(试行)》(GB 36600—2018),如涉及农用地的,是否参照《土壤环境质量　农用地土壤污染风险管控标准(试行)》(GB 15618—2018);地下水分析检测方法是否参照《地下水质量标准》(GB/T 14848—2017)。① 但凡鉴定人在采集、保存、流转与检测过程中存在违反前述的环境标准之行为,将成为质证主体攻击鉴定意见科学性的标靶,进而动摇和影响鉴定意见在法官内心中的可信性、可靠性评价。

笔者在北大法宝上检索到两起"被告方质疑环境损害司法鉴定适用标准"的案例。在被告人唐×非法占用农用地罪案中,被告人及其辩护人质疑鉴定书第三段"现场采用直接目估法调查植被盖度,调查结果为因堆放……致使原有植被被严重破坏,短时间无法恢复"的结论,认为:"'直接目估法'不是国家标准、行业标准,更非专家认可的技术方法。不依靠任何专业仪器检测、分析、评估、实验通过目测即作出毁坏程度的鉴定结论,显然没有任何科学依据。"② 在上诉人(原审被告)黑龙江农垦建工路桥有限公司与被上诉人(原审原告)青冈县禾×盛农业种植专业合作社、原审被告太平财产保险有限公司黑龙江分公司环境污染责任纠纷案中,上诉人在二审时提交"黑龙江农垦建工路桥有限公司投诉黑龙江农业司法鉴定中心的书面答复"的书证,主要内容为"本次投诉涉及的黑农司鉴字[2016]01号司法鉴定意见书未载明其遵守和采用的技术标准、技术规范,违反了《司法鉴定程序通则》第23条和《司法鉴定文书规定》第7条第1款第8项的规定,我机关拟对黑龙江农业司法鉴定中心给予行政处罚",据此认为:"黑龙江农业司法鉴定中心在本案的鉴定中未遵守和采用技术标准和规范,其行为违反了技术标准和规范,鉴定意见书不具有合法性。"③

(三)法官认证:环境标准作为鉴定意见的评价依据

环境诉讼越来越多地利用乃至依赖鉴定意见已是不争的事实。鉴定意见在发现真实有着较大的增益,而紧随其后的危险是,没有政治合法性的专家替代法官掌握了裁决的权力。此时,法官应当对篡权危险作出必要反制,切实承担起"守门人"的职责,以实现实体正义和程序正义。正如美国法官 Alex Kozinski 所言:"尽管我们普遍没有受过科学方面的训练,与我们审查的专家证

---

① 参见《生态环境损害鉴定评估技术指南　环境要素　第1部分:土壤和地下水》(GB/T 39792.1—2020)第6.2.3条、第6.2.4条之规定。
② 参见辽宁省凤城市人民法院(2018)辽0682刑再1号刑事判决书。
③ 参见黑龙江省绥化市中级人民法院(2017)黑12民终943号民事判决书。

人并不能相提并论,但我们有责任确定,这些专家提出的证人证言是否属于'科学知识',构成'好的科学','源于科学方法'。"①因此,在鉴定意见被质证之后,法官仍应对其进行审查判断。的确,认证鉴定意见是一项极具挑战性的工作,不过唯有此鉴定意见方能在证据法上发挥证明价值。

鉴定意见的认证是指庭审过程中法官对经过质证的鉴定意见进行审查判断的诉讼活动。认证内容主要包括鉴定意见的相关性、可采性、可信性等。② 在我国,三大诉讼法的司法解释对鉴定意见认证内容作了较为细致的规定。在梳理最高人民法院《关于适用〈中华人民共和国刑事诉讼法〉的解释》第 84 条与第 85 条、最高人民法院《关于民事诉讼证据的若干规定》第 36 条、最高人民法院《关于行政诉讼证据若干问题的规定》第 14 条的规定,鉴定意见的认证内容主要包括:(1)鉴定机构和鉴定人的资质问题;(2)鉴定程序的合法性问题;(3)鉴定材料的可靠性问题;(4)鉴定方法的科学性问题;(5)鉴定意见的形式问题。美国学者伊姆温克尔里德指出,法庭在建构科学证据可采性标准的时候,基于数个理由,应当将适用适当检测程序这个问题视为影响证据的可采性,而非仅仅影响其证明力的要素。③ 那么,何为适当的检测程序呢?一般而言,严格遵从技术标准的检测程序是为适当。由此可知,第(4)项认证内容与环境标准密不可分。其实,第(3)项认证内容也与环境标准联系甚多,因为鉴定材料采集、保存、流转需要环境标准的全程规范,以确保鉴定材料的可靠性。故此,法院不能唯鉴定是从,应当积极审查鉴定方法是否符合环境标准、鉴定依据是否选对环境标准等技术问题。④ 在评价鉴定意见时,法官需要借助环境标准,否则认证工作将难以有效推进。

笔者在北大法宝上检索到两起"法官运用环境标准评价环境损害司法鉴定意见"的案例。在被告人杨×污染环境罪案中,苏州市姑苏区人民法院对经质证的(2014)苏环院鉴字第 005 号技术鉴定报告作出如下评价:"鉴定机构和鉴定人具有法定资质,检材充足、可靠,程序合法、符合相关技术规范,应予采纳,可证明被告人杨×处置的液体属危险废物。"⑤在被告人李×满污染环境罪中,恩平市人民法院对经质证的广东省环境科学研究院(以下简称"环科院")出具

---

① [美]盎格洛·昂舍塔:《科学证据与法律的平等保护》,王进喜等译,中国法制出版社 2016 年版,第 227 页。
② 张保生主编:《证据法学》,中国政法大学出版社 2018 年版,第 293 页。
③ [美]爱德华·J.伊姆温克尔里德:《科学证据的秘密与审查》,王进喜等译,中国人民大学出版社 2020 年版,第 42 页。
④ 江必新:《中国环境公益诉讼的实践发展与制度完善》,载《法律适用》2019 年第 1 期。
⑤ 参见江苏省苏州市姑苏区人民法院(2015)姑苏环刑初字第 00004 号刑事判决书。

的恩平市××镇××村委会古×村猪槽山(土名)环境污染损害评估报告作出如下评价:"(1)采样问题:对固体废物、土壤、水以及相关对照点的采样,公诉机关提供的环科院补充说明中对取样的技术操作规范已作合理说明,本院予以采信。(2)土壤污染状态适用的标准问题:环科院适用还没有施行并生效的《农用地土壤环境质量标准(三次征求意见稿)》作为监测比对标准,属于适用标准错误。对评估报告通过该征求意见稿作为标准对相关数据进行评定的意见本院不予采纳,辩方对此提出的质证意见本院予以采纳。但,环科院对土壤的监测方法,依据《土壤环境监测技术规范》(HJ/T 166—2004)、《土壤环境质量标准》(GB 15618—1995)进行采样监测分析,该监测方法符合法律规定,本院采纳其监测出的数据对本案因果关系进行分析。(3)地表水检测:渗滤液、对照点地表水样品采集,均按《地表水和污水监测技术规范》进行,采集样品按水面宽度以一定间隔采集左、中、右 3 个样品,等比例混合为 1 个待测样品,检测结果具有科学、公正性。"[1]

---

[1] 参见广东省恩平市人民法院(2018)粤 0785 刑初 24 号刑事判决书。

第四章

环境标准拘束司法的机制完善

环境标准在环境司法中具有诉讼标的、审判依据的规范效应,并借由科学证据在事实认定上发挥规范效用。不过,这仅仅揭示了环境标准拘束司法的应然状态,尚未触及拘束司法的实然问题,有隔靴搔痒之嫌。环境标准与环境审判之间的互动不能停留于应然状态的讨论,还要对实然问题予以关注,以为环境标准司法适用的完善提出理性、务实的建言。基于对环境标准司法效力的分析,我们发现司法审查、司法鉴定、质证认证、裁判叙说系环境标准作用于环境审判的主要场域。因此,有关环境标准拘束司法的实践检视将围绕前述四个场域而展开,[①]并努力尝试提出环境标准司法适用的完善建议。

第一节 环境标准的司法审查

前文已论证非法律规范的环境标准可以作为行政诉讼标的和行政审判依据,其实这是个一体两面的问题。审查是选择的前提,环境标准要成为行政审判依据必须先接受司法审查,而对其进行司法审查便产生了诉讼标的的规范效应。在我国,环境行政执法标准化之势愈发显著,滋生了"依标准行政"替代"依法行政"以及行政权滥用的潜在危险。故此,法院有必要对环境标准进行司法审查。环境标准的司法审查是指法院通过司法程序对环境标准进行合法性与合理性评价的诉讼活动。但问题随之而来,囿于环境标准的数量庞大、内容繁杂且专业,司法审查环境标准绝非易事。目前,部分法院已意识到环境标准可能存在内容或者程序瑕疵,开始尝试审查环境标准。为完善环境标准司法审查机制,需要观察法院审查环境标准的实践细部。

---

① 除了第四节的案例为考察其标准表述问题,笔者对其他章节中的案例有关标准的表述进行了补充完善,添加了标准编码信息。

一、环境标准司法审查的实践图景

(一)案例获取与分析思路的简要说明

案例及其判决书是司法活动的浓缩精华,富藏着学术研究的实践资源,有助于获取完善立法、公正司法、促进法治、创新理论的重要素材。[①] 因此,我们有必要运用案例研究方法来观察司法审查环境标准的实践细部。不同于定量研究法,案例研究具有理论新构性、趣味性、成果现实性等优点,被认为是有价值、有前景的法学研究方法。[②] 本节的研究基于"中国裁判文书网""北大法宝"上发布的环境行政审判案例及其判决书。截至2023年2月1日,笔者以"环境标准""环境保护标准"为关键词在两大平台上进行检索,并限定为"行政案件""判决书",初得445份判决书,手动排除掉重复的、非环境类的文书,实获60份有效判决书。这些判决书的时间跨度为2011年至2022年,涉及的案情包括行政处罚、行政许可、行政确认、行政征收等,涉及的法院包括基层人民法院(32份)、中级人民法院(26份)、高级人民法院(2份)。

本节对获得的案例及其判决书之分析采取类型化的思路,以便能解读我国法院对待环境标准的复杂态度。以审查结果和审查方式为维度,设计出"结果肯定+审查较浅"、"结果肯定+审查较深"、"结果否定+审查较深"与"结果否定+审查较浅"的分析坐标。值得说明的是,审查结果的肯定或否定仅指涉案环境标准的法院评价,如承认标准的效力即肯定性结果,反之则为否定性结果,与行政机关最终是否败诉并无必然联系。审查方式的较深或较浅是指在适用环境标准时法院是否慎思,若不加反思即直接适用属于较浅审查,如"不说明理由直接适用";若运用了法解释工具进行反思再决定适用与否则属于较深审查,如"对环境标准的内容和程序进行评价"。

虽然无法搜集所有的案例及其判决书,但本节选取的案例及其判决书较为典型、较为广泛。以前述坐标对采样案例及其判决书进行分析归纳,可以窥探我国司法审查环境标准的实践状况。

(二)环境标准司法审查的法院态度

当事人的诉称与答辩形成案件的争议焦点,法官一般要围绕此进行说理论

---

① 李友根:《论案例研究的类型与视角》,载《法学杂志》2011年第6期。
② 唐权、杨立华:《再论案例研究法的属性、类型、功能与研究设计》,载《科技进步与对策》2016年第9期。

证。下文论断基于对 60 份判决书中的当事人诉答内容与法院说理内容的分析而来。

1."结果肯定＋审查较浅"。这一类型可以细分为"不说明理由直接适用"与"简单说明理由认定有效"两类。在 45 份判决书里,法官没有对涉案环境标准进行审查,而直接予以适用,占比 75％。绝大多数的环境标准都得到了法院的直接适用,不论国家环境标准还是地方环境标准。例如,在上诉人(原审被告)广州市生态环境局、广东省生态环境厅与被上诉人(原审原告)中山大学肿瘤防治中心环境保护行政管理案中,上诉人主张"涉案《监测报告》的制作、出具符合相关技术规范要求",被上诉人则认为"由于执行程序违法,涉案《监测报告》无效",法院在审判中直接适用《地表水和污水监测技术规范》(HJ/T 91—2002)、《医疗机构水污染物排放标准》(GB 18466—2005),并据此认定"被上诉人存在超标排放污染物的违法行为"。① 再如,在原告陈×标与被告阳江市生态环境局环境行政处罚案中,被告根据《畜禽养殖业污染物排放标准》(DB44/613—2009)"表 5 集约化畜禽养殖业水污染物最高允许日均排放浓度其他地区标准值"认定原告排污行为违法,法院直接认定了此项地方环境标准的效力,并据此作出"原告养猪场的上述行为违反了《建设项目环境保护管理条例》第 9 条第 4 款和《水污染防治法》第 10 条的规定"的裁判。② 类似的案例还可以找到很多,法院基本上对环境标准不加审查而直接适用。

法院在简单说明理由后认定环境标准有效的判决书有 11 份,占比 18.3％。法院通过阐述"已公告备案""核对生(失)效时间""不抵触上位法"等理由来审查环境标准。相较于直接适用而言,这种方式下的审查强度似乎得到了一定的强化,也在一定程度上反映出法官审查环境标准的意识,不过实质意义仍相当有限。比如,在原告万×(清新)鞋业有限公司浸潭分公司与被告清远市生态环境局清新分局、清远市清新区人民政府行政处罚纠纷案中,原告认为"本案不适用《制鞋行业挥发性有机化合物排放标准》(DB 44/817—2010)",法院认为"《制鞋行业挥发性有机化合物排放标准》(DB 44/817—2010)属于广东省内制鞋行业特有的挥发性有机化合物(VOCs)排放控制标准,该标准已经广东省人民政府批准,并已进行备案,至今仍未被有关部门取消",且"广东省生态环境厅已作出复函,明确《制鞋行业挥发性有机化合物排放标准》(DB 44/817—2010)现行有效",据此认定该标准具有效力,并引用作为审判的依据。③ 再如,在原告海南

---

① 参见广州铁路运输中级法院(2020)粤 71 行终 1705 号行政判决书。
② 参见广东省阳江市阳东区人民法院(2020)粤 1704 行初 7 号行政判决书。
③ 参见广东省清远市清新区人民法院(2019)粤 1803 行初 382 号行政判决书。

桑×水务有限公司与被告儋州市国土环境资源局、儋州市人民政府环境保护行政管理案中,法院认为:"《水质 样品的保存和管理技术规定》(HJ 493—2009)于 2009 年 11 月 1 日起实施,该标准适用于天然水、生活污水及工业废水等",故予以适用。①

"结果肯定+审查较浅"的实践运作是我国司法审查环境标准的基本态势。在这一模式下,我国法院几乎不对其具体内容与制定程序予以审查,径直以环境标准为审判依据。

2."结果肯定+审查较深"。在部分案例中,法院对涉案环境标准进行了较深程度的介入,这与上文所述案例中的消极审查完全不同。在 3 份判决书里,法院较为细致地阐述了肯定环境标准效力的考量因素,占比 5%。此类的审查亦可分为"程序违法型审查"与"内容不当型审查"两类。前者指法院审查有权机关在制定、修订环境标准过程中是否遵守法定的程序;后者则指法院审查环境标准的内容是否合理,即过于严格或过于宽松。②

第一,程序违法与否的审查。在法治现代化进程中,正当程序具有重要的地位,对公权力的制约效用日趋凸显。部分国家较早关注环境标准的程序正当问题,并对此加以司法审查,如美国环境标准诉讼。③ 具体到我国,法院立足于评价环境标准的制定、修订程序,凭借程序合法所带有的权威性因素肯认环境标准的效力。例如,在上诉人(原审原告)济南万×肉类加工有限公司与被上诉人(原审被告)济南市环境保护局、济南市人民政府行政处罚及行政复议决定案中,上诉人诉称"《山东省锅炉大气污染物排放标准》(DB 37/2374—2013)超越了制定机关即山东省环境保护厅、山东省质量技术监督局的法定职权,不是合法的环境标准",要求对该标准进行附带审查,被上诉人辩称"经省政府复议办公司审查,该标准符合相关法律法规,制定程序合法。市环保局依据该标准认定万×公司对环境造成严重污染,符合法律规定",法院以《立法法》修改为时点,对《环境保护法》关于省级政府制定地方污染物排放标准的程序进行解读,认为"《山东省锅炉大气污染物排放标准》(DB 37/2374—2013)由环境保护工作行政主管部门即省环保厅和标准化工作行政主管部门即省质监局具体负责起草,并经省政府授权后对外发布,仍然属于山东省政府制定的地方污染物排放

---

① 参见海南省儋州市人民法院(2015)儋行初字第 62 号行政判决书。
② 这一类型的划分借鉴了美国环境标准诉讼制度,参见[美]丹尼尔·A.法伯、罗杰·W.芬德利:《环境法精要》,田其间、黄彪译,南开大学出版社 2016 年版,第 1~18 页。
③ [美]罗伯特·V.珀西瓦尔:《美国环境法——联邦最高法院法官教程》,赵绘宇译,法律出版社 2014 年版,第 28~29 页。

标准,其制定程序并不违反《环境保护法》的规定,并不存在制定主体超越制定权限的情况",据此将该标准作为认定 J001 号决定合法的依据。①

第二,内容合理与否的审查。程序正当并不总能彻底解决合法性的问题,是故判断环境标准的效力还存在另一种进路,即着眼于标准内容的合理与否,凡合理的环境标准就具有效力,反之则不具效力。法院在某些时候会直入环境标准的内容,评价其内容的合理性及其经济社会效果。不过,这一类型的判决书仅有 1 份。在原告蒋×与被告启东市环境保护局、南通市环境保护局环保行政确认案中,原告诉称"《市政府关于调整城市区域环境噪声标准适用区域划分的通知》(启政发〔2013〕81 号)关于声环境功能区的划分存在不当",法院以"确交通干线经过的村庄而非交通干线穿过的村庄"为据,认定前述通知没有不当。② 需要特别指出的是,根据《声环境质量标准》(GB 3096—2008)第 7.2 条的规定,启东市人民政府出于环境管理的需要可以确定乡村区域适用的声环境质量要求,因此前述通知在实践中具有地方环境标准的属性,尽管它不具有地方环境标准的形式外观,故此笔者将其归为地方环境标准。

3."结果否定+审查较深"。司法实践中,法院并非总会肯认环境标准的效力,在所获得的案例中有法官对涉案环境标准作出否定性评价,并通过抽象的法律原则、法治精神进行说理论证,不过此类判决书仅有 1 份。在原告中国石油化工股份有限公司湖北化肥分公司与被告枝江市环境保护局、枝江市人民政府行政征收、行政复议案中,原告诉称"被告适用的《固定污染源监测质量保证与质量控制技术规范(试行)》(HJ/T 373—2007)系指导性标准,施行于 2008 年,而《工业污染源现场检查技术规范》(HJ 606—2011)系强制性标准,施行于 2011 年",法院按照"新法优于旧法、特别法优于一般法"的原则对《固定污染源监测质量保证与质量控制技术规范(试行)》(HJ/T 373—2007)作出否定性评价,据此认定被告取样违法。③ 本类判决中,法院并未从环境标准的内容及其制定程序的角度阐述作出否定性评价的理由。

4."结果否定+审查较浅"。在所获得的判决书中,笔者没有找到法院不说明理由或者简单说明而否定环境标准效力的案例。这在相当程度上表明,截至目前,法官在否定环境标准效力上是十分谨慎的,粗暴的做法不是法院对待环境标准的典型态度。

---

① 参见山东省济南市中级人民法院(2019)鲁 01 行终 244 号行政判决书。
② 参见江苏省海门市人民法院(2016)苏 0684 行初 55 号行政判决书。
③ 参见湖北省枝江市人民法院(2018)鄂 0583 行初 5 号行政判决书。

(三)环境标准司法审查的运作机理

学理上,我国仍然强调"非属法源的环境标准"在司法中的弱地位,法院对其应仅给予"一般尊重",①而实践却是恰恰相反的。整体而言,司法审查环境标准的强度在我国处于偏低的水平,大多数法院对环境标准表现出"高度尊重"的态度,但不同法院之间也存在一定的差异。至此,需要尝试揭示弱司法审查环境标准的运作机理,以便能找寻到完善相应司法审查机制的思路,毕竟归纳法院对待环境标准的态度显非行文目的之所在。

第一,环境标准具有很强的技术性,迫使法官对其不得不降低司法审查强度。工业革命以来,社会分工越加精细,跨界合作也越发频繁。由于环境问题不断严重,人类努力探索着有效的应对措施。一方面,以科学技术为基础,通过剖析经济社会活动与环境问题之间的科学规律,从而形成以定量数据、指标为内容的环境标准体系,用以指引人类的行为活动;另一方面,以法律技术为基础,通过解析人类行为选择与环境问题之间的社会关联,进而形成以权利(力)义务为内容的环境法律体系,用以规范人类的行为活动。随着对环境问题认识的逐渐深入,为更为有效地应对环境危机,我们开始推进环境标准与环境法律的融合互动。借助环境法的援引机制,环境标准广泛渗透于环境行政之中,"依标准行政"成为环境行政不同于普通行政的一大特征。日本学者原田尚彦将环境标准誉为"环境行政的起点"。② 前文已详细阐述环境标准的科学性,其内容几乎都是技术数值,且环境标准的发展趋势是对越来越多的污染物及其处置流程的各个环节予以越来越严格的控制。③ 如此一来,面对高度专业并日益庞大的环境标准,普通民众对其认识多是"丈二和尚摸不着头脑",非科学专家的法官亦不例外。于法官而言,环境行政本已较为专业,在此基础上内含科学因素的环境标准则更难应对。环境标准的技术性让法官不愿意陷入"因审查环境标准而使自身'居于炉火之中'"的危险。显然,降低司法审查强度成为法官面对环境标准时的一种规避策略。

第二,行政相对人较少对环境标准提出挑战,致使法官在司法审查环境标准上缺少动力。人所共知,在诉讼场域,诉权和审判权的交织缠绕是一种客观现象,诉讼程序正是在两权互动下开展的。④ 诉权和审判权通过互相协作、互相

---

① 沈岿:《解析行政规则对司法的约束力——以行政诉讼为论域》,载《中外法学》2006年第2期。
② [日]原田尚彦:《环境法》,于敏译,法律出版社1999年版,第73页。
③ 左玉辉等:《环境学原理》,科学出版社2010年版,第243页。
④ 徐显明:《当事人监督论纲》,载《法学论坛》2013年第2期。

制约为诉讼程序的展开提供推力。诉讼结果是当事人诉讼行为与法官审判行为的共同产物。司法审查环境标准的程序展开和结果生成亦是需要经由诉权和审判权的互动来实现。然而,审判权缺乏诉权的制约已成当前我国司法实践的最大问题,①司法审查环境标准更是如此。在收集的60份判决书中,行政相对人对涉案环境标准提出挑战的寥寥无几,仅在上诉人(原审原告)济南万×肉类加工有限公司与被上诉人(原审被告)济南市环境保护局、济南市人民政府行政处罚及行政复议决定案中上诉人对《山东省锅炉大气污染物排放标准》(DB 37/2374—2013)申请附带审查,另有几例判决书中行政相对人对环境标准表达了质疑但未申请附带审查。刘长兴教授也作了类似的调查结论,即请求对规范性文件进行附带审查的案件较少。② 对于没有引发争议的环境标准,法院自然也就缺少开展审查的动力。与我国形成鲜明对比的是,环境公民诉讼在美国大量涌现,彰显出私人在环境法治推动上扮演的重要角色。美国学者詹姆斯·R.梅指出,相较于以往,环境公民诉讼更多了。公民每天都在向法院递交起诉意图通知,且法院的环境诉讼受案以超过1起/周的速度增加。③ 以环境标准诉讼为例,若公民认为联邦环保署制定的环境标准存在程序违法或者内容不当的情况,可向联邦法院提起诉讼,请求对环境标准的程序或者内容进行司法审查。④ 通过实证调查与比较考察,笔者认为,法官放松审查的原因之一确实是行政相对人较少挑战环境标准。

第三,法官不具备环境科学知识,导致在司法审查环境标准上缺乏能力。为更好地解决环境问题,人类逐渐建构起环境科学,其是以自然科学等多学科交叉融合为基础的科学体系,因而具有显著的问题导向性和多科际性。⑤ 建基于环境科学的环境标准定然有着高度复杂、特别专业的特质,并非普通民众所能轻易理解。绝大多数的法官并不是科学专家,对环境科学更是了解甚少。十分明显,法官囿于不具备环境科学知识,在司法审查环境标准上显得无能为力。这一窘境可用制度能力论来诠释。该理论认为,囿于专业知识的局限,法官应当保持自制,不介入科技专业领域。美国第二巡回法院法官 Bzaleon 在 1976 年

---

① 吴英姿:《论诉权的人权属性——以历史演进为视角》,载《中国社会科学》2015年第6期。
② 刘长兴:《环境行政案件司法审查的多维审视——以典型案例为对象》,载《南京工业大学学报(社会科学版)》2020年第3期。
③ [美]詹姆斯·R.梅:《超越以往:环境公民诉讼趋势》,王曦、张鹏译,卢锟校,载《中国地质大学学报(社会科学版)》2018年第2期。
④ 邓可祝:《美国环境质量标准诉讼及其启示》,载《上海政法学院学报》2014年第2期。
⑤ 杨志峰等:《环境科学概论》,高等教育出版社2006年版,第7页。

汽车含铅量案中宣称:"囿于制度能力的不足,我们法官难以判断这些更微妙、更不为人所知的科学事项。"①在环境司法实践中,法官谨遵制度能力论,努力置身于环境标准之外,积极节制审查的冲动。换言之,对环境标准的判断与评价并非司法的专长,而系环境保护主管部门职能范畴的事情。因此,制度能力论在相当程度上可对弱司法审查环境标准作出解释。

第四,法官错误认识环境标准的规范属性,造成在司法审查环境标准上缺乏意识。标准内容的专业和制度能力的欠缺的确是法官降低环境标准司法审查强度的重要原因。内容专业和能力欠缺属于客观事实,对此可能难以苛责,不过在主观层面上,法官是否具有审查环境标准的意识?这显然是个无关能力的问题,值得关切。一个有趣的现象是,在部分案例中,对待以红头文件形式发布的一般行政规范文件,即使其和环境标准一样涉及高度专业性的内容,如《关于加强环保审批从严控制新开工项目的通知》(环办函〔2006〕394号),法官对此类行政规范文件的审查在表述上明确清楚,并且相对独立于对案件实质性争点的讨论。② 如此看来,在环境行政审判中,法官会主动地对一般行政规范文件进行较强的审查,而对环境标准则不会那般审查。标准内容的专业和制度能力的欠缺似乎对这一现象的解释出现了裂缝。笔者认为,更有可能的解释是部分法官错误地把环境标准当作规章,甚或是法律,造成司法审查环境标准的意识不复存在。这其实与前文厘定环境标准规范属性的讨论紧密联系。有关环境标准规范属性的既有研究尚存较大分歧,环境标准法律属性论至今仍受不少学者的支持,如环境法肯定说、环境法部分肯定说、环境法关联说。毋庸置疑,环境标准法律属性论会使法官对环境标准陷入错误认知,进而难以清醒地意识到司法审查环境标准的权力。此外,行政相对人较少对环境标准提出挑战似乎有类似的可能,即他们对环境标准的规范属性有错误认识,至少二者之间具有一定的关联。

至此,我们大抵探明了弱司法审查环境标准的重要原因。对法官来说,标准内容的专业和制度能力的局限是现实无奈的,但他们也利用"行政相对人较少对环境标准提出挑战"的因素而回避审查,更有因意识欠缺而放弃审查的主观过失。

---

① 宋华琳:《制度能力与司法节制——论对技术标准的司法审查》,载《当代法学》2008年第1期。

② 金自宁:《科技专业性行政行为的司法审查——基于环境影响评价审批诉讼的考察》,载《法商研究》2020年第3期。

(四)环境标准司法审查的实践问题

弱司法审查环境标准尽管可以得到某种合理解释,但是其所产生的实践问题不容忽视。根据笔者对涉及环境标准的判决书之有限观察,我国司法审查环境标准在规范意义上存在以下几个问题。

首先,法院对环境标准的遵从程度过大,不说明理由直接适用或简单说明理由认定有效的情况很多。在"结果肯定＋审查较浅"型案例中,法院高度尊重环境标准的论理在判决书上难觅踪迹,几乎没有担负起审查监督的职责。这势必使环境标准成为司法不入之地。其中潜在的危害有:一是降低了权利保护的强度。行政机关错误运用环境标准或根据瑕疵的环境标准对行政相对人作出损益行政行为,而法院对环境标准的审查判断若过于保守,必将导致行政相对人的权利难获保护。例如,在上诉人(原审原告)广州鑫×恒业电力线路器材股份有限公司与被上诉人(原审被告)广州市生态环境局行政处罚案中,法院在没有审查广东省地方标准《水污染物排放限值》(DB 44/26—2001)的前提下,直接据此认定上诉人违法排污。① 二是迟滞了环境标准的完善。来自行政相对人对环境标准的质疑或挑战,法院对此进行回应,实际上构成了标准执行的反馈。规避审查环境标准而直接适用阻断了司法对行政的信息反馈,在一定程度上使环境标准体系的完善缺乏外部推力而可能没有效率。假如法院能够适当提高审查强度,则环境标准制定、修订、实施的行为将会受到较为合理的监督。美国环境标准体系的完善便得益于环境标准诉讼,如联邦环保署受 2007 年 Massachusetts vs. EPA 案的督促于 2009 年增设二氧化碳等温室气体为污染物并制定相关的环境标准。② 三是削弱了司法控权的功能。在环境执法领域,"依标准行政"早已成为实践的常态,导致具体行政行为严重依赖于环境标准。法院在司法审查时存在将环境标准争议与具体行政行为争议视为整体的倾向,弱司法审查环境标准的态度也就自然延伸至具体行政行为的监督上。环境行政处罚、环评行政审批等行为通过"藏匿于环境标准背后"实现了审查逃避。弱司法审查环境标准和弱司法审查具体行政行为可能导致环境行政诉讼功能的严重萎缩。例如,在原告楚×升与被告郑州市环境保护局环保行政审批案中,原告诉称"政通变电站产生的电磁辐射影响身体健康,请求撤销被告所作的环评批复",法院认为"作为客观存在的物理现象,电磁辐射对人体健康是否产生危害及危害后果大小尚不具确定性,也未形成统一的科学认识。因此,现时仍

---

① 参见广州铁路运输中级法院(2020)粤 71 行终 654 号行政判决书。
② 王曦、张岩:《论美国环境公民诉讼制度》,载《交大法学》2015 年第 4 期。

需以国家现行的标准作为评判的依据"。① 在弱审查电磁辐射环境标准的情况下,法院并未对被告所作的环评批复予以实质审查。

其次,不同法院对环境标准的尊重程度存在一定的差别,尚无统一的司法政策。或许,不一样的尊重程度可从法官自由裁量权的角度予以解释。然而,由于司法监督与行政自主之间的平衡是宪制架构中的一项重要议题,②司法审查环境标准的强度需要审慎确定。在收集的60份判决书中,肯定环境标准的效力属实占据多数,但法院在理由阐述上仍存在不小的差别,有的就制定程序进行说理,有的就标准内容进行说理,有的就形式外观进行说理。因此,法院不宜在司法审查环境标准上享有完全自主的权力,而须就此设定裁量基准,以初步约束法官的相关行为。至少不能出现"法院在肯定与否定之间来回摆动、理由阐述飘忽不定"的尴尬情况。

最后,法院对环境标准进行较深审查时,在说理论证上仍显得稚嫩,大多未能切入环境标准之中。例如,在原告中国石油化工股份有限公司湖北化肥分公司与被告枝江市环境保护局、枝江市人民政府行政征收、行政复议案中,法院仅阐述了"新法优于旧法、特别法优于一般法",再无其他说理。事实上,法院动用法律原则来判断环境标准,囿于原则十分抽象,理应承担更重的论证义务。法院在说理论证上惜字如金,难以体现环境标准司法审查所应有的充分反思与反复衡量,容易招致社会民众的误解与质疑。除此之外,部分法院在裁判说理时还存在环境标准叙说错误,如将推荐性环境标准误用成强制性环境标准、将国家环境标准误当作行业环境标准,由此严重影响了环境标准司法审查的规范性、审慎性。③

二、环境标准司法审查的完善对策

目前,司法审查环境标准在我国处于起步阶段,相应的机制建设亟待加强。弱司法审查环境标准的运作机理及存在的问题指明了审查机制的完善方向。下文将从观念转变、能力提升、流程重构等方面提出完善环境标准司法审查机制的措施。

---

① 参见河南省郑州市中原区人民法院(2011)中行初字第82号行政判决书。
② 杨伟东:《行政行为司法审查强度研究——行政审判权纵向范围分析》,中国人民大学出版社2003年版,第40~41页。
③ 表述问题也存在于环境刑事审判、环境民事审判中。下文第四节将一并讨论,在此就不作展开。

(一)审查观念的转变

审查观念是支配司法审查运作的一套哲学、价值或者基本的认识,是审查机制的精神构造。时下,制度能力论和环境标准法律属性论窒碍了环境标准司法审查机制的发展。故此,需要突破制度能力论和环境标准法律属性论,扭转过于保守的审查观念。

的确,环境标准涉及复杂、专业的科学知识,法院在此方面的知识匮乏和能力不足之问题显露无遗,因此需要保持节制不介入的态度。其实,司法节制并不等同于司法无为,权利救济、审查监督是法院的法定职责,仅因制度能力而放弃法定职责难具正当性。正如美国第二巡回法院法官 Leventhal 在批评制度能力论时所指出的,当面对科技专业性争议,法院选择退缩而逃避审查,这对监督者的角色来说是一种消极履职的怠惰。① 实际上,法官能够在相当程度上提升审查能力。例如,法官对所涉及环境科学知识进行必要的"充电",也可寻求环境科学专家的协助。有人对此会质疑,认为前述举措必然耗费更多的司法资源,仍应对环境标准给予高度尊重。可倘若如此,倒还不如不审查,因为弱司法审查只会给环境标准贴上一个无关痛痒的标签——合法合理。笔者认为,有些问题绝非能以成本收益来简单评价的,权利救济的落空、审查功能的萎缩是现代法治不能承受之重。更为关键的是,法官只是保证行政决策不是感性的或者歧视性的即可,而非以自认正确的决定替代之,因此审查任务并非十分艰巨。② 因此,"充电"后的环境法官在科学专家的帮助下有能力对环境标准予以理性审查。

面对环境法与环境标准的交织,理论研究者和司法实务者很难对环境标准的规范属性有准确、清晰的认识。长期以来,不少环境法知名学者主张环境标准法律属性论,此说对我国学界和实务界产生了较大影响。部分法院在判决书中径直将环境标准作为法律来援引。以原告陈×与被告德清县环境保护局、德清县人民政府环保行政许可案为例,被告提交了法律法规依据:《行政许可法》第 37 条、第 38 条,《环境影响评价法》第 22 条,《环境影响评价公众参与暂行办法》第 12 条、第 13 条,《声环境质量标准》2 类、3 类。法院写明:"对被告环保局提交适用的法律法规依据本院予以确认。"③在德清法院看来,环境标准就是"法律法规"。受环境标准法律属性论的掣肘,法院几乎难有司法审查环境标准的

---

① 金自宁:《科技专业性行政行为的司法审查——基于环境影响评价审批诉讼的考察》,载《法商研究》2020 年第 3 期。
② 张千帆:《美国简易立法程序的司法控制》,载《行政法学研究》2006 年第 4 期。
③ 参见浙江省德清县人民法院(2015)湖德行初字第 256 号行政判决书。

意识。随着环境法理论和标准化理论的不断发展,我国学界对环境标准规范属性的认识逐渐深入。一些学者从形式结构、内容结构、逻辑结构等方面进行分析,提出"环境标准属于行政规则"的论点。① 柳经纬教授更是认为"标准(standards)作为外在于法的规范系统,本无法的规范效力",②按此逻辑环境标准也非行政规则。前文对此作出分析,笔者称之为"环境标准类行政规则论"。因为其通过环境法的援引进入环境执法,对私人权利义务形成实质影响,从而具有类行政规则的属性。无论是行政规则论还是类行政规则论,非法源规范的环境标准都应接受法院的理性审查,方能作为行政审判依据。

(二)审查能力的提升

法院转变审查观念只是打开了环境标准司法审查的大门,在进入审查的象牙塔后,亟待提升审查能力,否则审查活动无法得到实质性展开。司法审查环境标准的制度能力之提升的关键在于环境司法专门化。

长期以来,作为环境法律保护最后防线的环境司法在我国并未发挥应有的效用。究其原因在于环境司法制度缺乏专门化,难以有效应对大量的、复杂的环境案件。鉴于此,加之环境危机日趋严峻,各级法院陆续开始设立环境法庭。我国环境司法由此走上了专门化的发展道路,环境司法专门化的推进有赖于一个更有能力的审判机构。截至2022年12月,最高人民法院和30个高级法院以及新疆生产建设兵团分院均已设立环境资源审判庭,继南京、兰州、昆明、郑州设立环境资源法庭之后,最高人民法院批准设立长春、乌鲁木齐环境资源法庭,专业机构四级法院全覆盖不断完善。③ 专门化的审判机构能为专业审判人员的培育及专业化审判工作的开展提供制度平台。受益于如此大规模的环境法庭,我国环境法官的数量有较大增长,并在素质上有明显改善。例如,各级法院对环境法官进行了多层次多样化的培训,致力于填补他们缺乏"理工思维及环境专业知识"的短板。④ 在可预见的未来,我国法院能够培育起一支既精通法

---

① 参见栾志红:《论环境标准在行政诉讼中的效力——以德国法上的规范具体化行政规则为例》,载《河北法学》2007年第3期;宋华琳:《论技术标准的法律性质——从行政法规范体系角度的定位》,载《行政法学研究》2008年第3期;白秀贵:《基于法学视角的环境标准问题研究》,载《政法论丛》2012年第3期。

② 参见柳经纬:《论标准对法律发挥作用的规范基础》,载《行政法学研究》2021年第1期;柳经纬:《评标准法律属性论——兼谈区分标准与法律的意义》,载《现代法学》2018年第5期。

③ 最高人民法院:《中国环境资源审判(2022)》,人民法院出版社2023年版,第2页。

④ 吕忠梅、刘长兴:《环境司法专门化与专业化创新发展:2017—2018年度观察》,载《中国应用法学》2019年第2期。

律又熟悉环境专业知识的审判团队。① 不仅如此,法院还注重对环境专家资源的利用和整合,积极组建专业支持队伍,如环境专家委员会。② 环境司法专门化的诸项措施已使我国法院环境审判能力得到不小的提高。经由环境法官的教育培训与环境专家的协助支持,法院已舒缓了知识匮乏与能力不足的问题。随着环境司法专门化迈向深度发展,我国法院必定更具司法审查环境标准的制度能力,可对环境标准的制定、修订与实施形成有效监督。

(三)审查流程的重构

突破传统审查观念的藩篱、摆脱审查能力不足的羁绊,我们需要重构环境标准司法审查的具体要素。利益均衡是重构审查要素应遵循的原则,以在权利救济、司法监督与标准化自主性之间实现平衡。程序启动、强度确定、结果处理系司法审查的基本流程。笔者将围绕这三个方面重构环境标准司法审查的流程。

1. 程序启动的优化。在环境行政诉讼中,法院可以依行政相对人的申请或依职权对环境标准进行审查。依申请审查又分为直接审查与附带审查,我国立法选择了后者。理论上,法院怠于审查会受到附带审查的压缩,也能达到增大司法审查环境标准概率的目标。可现实情况是,行政相对人很少对环境标准提出挑战,导致附带审查的功能明显萎缩。此时,假使法院积极履行好法定职责,环境标准还是能够受到理性审查的。但尴尬的是,不少法院对环境标准的属性存在错误认识,并自限于制度能力论之中,因而几乎不会主动审查环境标准,致使法定职责被完全放弃。因此,环境标准司法审查的启动程序亟待优化。

环境法"预防原则"要求法律应尽早介入环境保护。③ 附带审查环境标准则须依附于被诉具体行政行为,这也意味着生态环境损害已实际发生,与"预防原则"并不相符。加之,涉案行政相对人要么缺乏质疑环境标准的意识和能力,导致附带审查的虚置,要么挑战环境标准的主要目的是撤销损益行政行为,并不关注环境标准本身。鉴于此,笔者认为,待审查能力获得实质提高后,环境标准附带审查应转变为环境标准直接审查,即环境标准行政诉讼。司法权较早地介入环境标准的制修订,以避免标准过于宽松诱发生态环境损害的发生或标准过于严格钳制经济社会的发展。

---

① 江必新:《环境资源审判的理念、政策与机制》,人民法院出版社 2019 年版,第 125 页。
② 宋宗宇、郭金虎:《环境司法专门化的构成要素与实现路径》,载《法学杂志》2017 年第 7 期。
③ 吕忠梅主编:《环境法导论》,北京大学出版社 2015 年版,第 51 页。

与改造附带审查相比,规管职权审查才是当务之急。法院在环境标准职权审查上的消极作为已是根深蒂固,如欲挣脱传统审查观念的桎梏尚需时日,但权利救济和司法监督之现实需求不容等待。为确保审查程序的有效启动,我们必须将环境标准司法审查程序启动上的"有组织的不负责任"(organized irresponsibility)关进制度的笼子。作为贝克风险社会理论的重要概念,"有组织的不负责任"是对司法审查环境标准中的法院消极作为的形象描画,它们以"纯粹"科学的天真阻碍人们的抗议、阻却审查的责任。① 毋庸赘言,这一笼子须有刚性,须是铁的笼子,纸糊的笼子断然不行。② 环境标准审查职责的明文化能够打造出刚性、铁的笼子,对环境标准司法审查的"有组织的不负责任"予以有效规管。关于环境标准的审查职责目前仅能基于对《行政诉讼法》第 63 条和第 64 条、最高人民法院《关于执行〈中华人民共和国行政诉讼法〉若干问题的解释》第 62 条第 2 款之规定的演绎推导,这对法官的刚性约束显然是不足的,司法实践也从侧面予以印证。因此,对包括环境标准在内的技术标准开展适用性附带审查须明文规定在《行政诉讼法》及其司法解释中。在法定化职责的驱使下,法官势必难以放弃或者回避对环境标准的司法审查,否则将遭遇上诉纠正和司法问责。

2. 审查强度的细化。审查强度是司法审查的抓手,不同的审查强度关涉审查功能的强弱与审查效率的高低,这事关行政相对人的权利救济、司法资源的合理配置。时下,法院对环境标准的审查强度较为单一,即高度尊重与形式审查。整齐划一的审查强度明显不能满足司法审查的多元需求,因为环境标准进入审查程序的方式不尽相同,待审查的对象也不全相同,或是制定程序或是实体内容。故此,我们需要细化环境标准的审查强度。

环境标准审查程序因直接审查而启动,意味着原告对环境标准提出了较大挑战,法院不仅需要进行合法性审查,还要适当扩展至合理性审查。而当环境标准审查程序仅因职权审查而启动,代表着行政相对人并未质疑环境标准,法院一般仅需进行合法性审查,特殊情况才开展合理性审查。③

按照审查对象的不同,环境标准的司法审查可以划分为"程序是否违法型审查"和"内容是否合理型审查"两类。前者的核心在于检视环境标准制修订的程序是否正当,后者的诉求是对环境标准中过于严格或者过于宽松的内容进行

---

① [德]乌尔里希·贝克:《风险社会》,何博闻译,译林出版社 2003 年版,第 74 页。
② 柳经纬:《"把权力关进制度的笼子里"需要解决的两个问题》,载《法制与社会发展》2014 年第 5 期。
③ 杨小军、姚瑶:《行政规范性文件的司法审查强度研究》,载《法治现代化研究》2020 年第 3 期。

考量和处理。立基于正当程序的环境标准制修订自然具有合法性。在"程序是否违法型审查"中,法院应当严格审查环境标准制修订是否符合现行法律规定的程序规则,在缺乏明确程序规则时是否符合"正当程序"的原则要求。具体而言,法院需要对环境标准制修订程序予以低度尊重,从以下三个方面进行严格审查:(1)是否显著违背环境标准的制定目的;(2)是否违反法定的程序规则,如制定权限、征求意见、修订时限等;(3)是否充分尊重公众参与权利,是否构成对公众参与权利的侵害。① 在尊重科学与保护权利之间,法院介入环境标准的最佳方式,即程序审查。正如德国联邦宪法法院 Simon 法官所说:"也许只有经由程序法,才能防止法与技术之间成为司法之无人之境。"②这绝非说环境标准的实体是不能审查的,但须降低审查强度。环境标准内容的专业性与环境标准制定的自主性使得法院对其具体内容予以中度尊重。在"内容是否合理型审查"中,法院应当考察中央或地方的环保要求以及环境标准与该环保要求之间的关联性,以普通人的视角检视该标准是否可以实现环境保护的目的。③ 当然,是否存在内容严苛导致负担过重、排除竞争等问题,除非有充足证据证明,否则法院对此无须进行实质审查。简言之,在环境标准程序审查上,法院应表现出低度尊重的态度,对制修订程序进行严格审查;在环境标准内容审查上,法院须展现出中度尊重的态度,对标准内容进行理性审查。

3. 结果处理的强化。经过一定的审查程序,法院须对环境标准给出评价和裁断。审查结果的处理是环境标准司法审查的"最后一公里",对权利保护、司法监督构成实质影响。当环境标准的效力被肯定时,法院只要在裁判文书中详细阐明理由即可,行政相对人对此不满可以启动上诉审。棘手的问题是,当环境标准的效力被否定时,法院当前对此结果的处理较为软弱,仅能"说明理由+拒绝适用+提出司法建议"。④ 但司法建议并无拘束力,制定机构可能对司法建议不理不睬。⑤ 因此,应当强化环境标准被认定为违法的结果处理。一方面,完善环境标准审查的司法建议制度。由于环境标准系由国务院环境保护主管部门和省级人民政府制定,可以考虑由最高人民法院负责对国家环境标准的违法问题提出司法建议,由各省、市、自治区高级人民法院负责对地方环境标准的违

---

① 周骁然:《环境标准法律制度研究》,中国社会科学出版社 2020 年版,第 246 页。

② 陈春生:《核能利用与法之规制》,月旦出版社股份有限公司 1995 年版,第 427 页。

③ 俞祺:《行政规则的司法审查强度——基于法律效力的区分》,法律出版社 2018 年版,第 230 页。

④ 参见最高人民法院《关于审理行政案件适用法律规范问题的座谈会纪要》第 1 条、最高人民法院《关于执行〈中华人民共和国行政诉讼法〉若干问题的解释》第 149 条的规定。

⑤ 杨蕾:《美国行政法规的司法审查研究》,法律出版社 2018 年版,第 268 页。

法问题提出司法建议,毕竟基层、中级人民法院对接国务院环境保护主管部门和省级人民政府难以得到应有的重视。为使司法建议长出利齿,可以考虑建立司法建议的书面答复机制,并明确规定拒不回复或逾期反馈所要承担的行政责任。故此,《环境保护法》及环保单行法应将不纠正违法环境标准的行为纳入标准化管理考核体系。① 另一方面,法院对违法的环境标准若仅有评价权而没有裁判权,审查结果因缺乏强制效力恐难以对制定机构形成有效监督。为此,可以考虑赋予法院对违法环境标准的裁判权。换言之,我国应逐步引入确认判决,以将审查结果作为判决的判项。未来,在环境标准行政诉讼确立后,法院对环境标准的制修订可以作出多元判决,包括确认判决、撤销判决、履行判决,②由此将大幅强化对环境标准制修订的监督力度。

第二节 环境标准的司法鉴定

环境标准借由鉴定意见于事实认定上发挥增益效用。在环境损害司法鉴定中,鉴定人必须遵从环境标准分析、判断环境诉讼中的专门性问题,并最终给出鉴定意见。作为鉴定依据的环境标准对环境损害司法鉴定及鉴定意见具有直接的、重大的影响。当前,不少当事人质疑环境损害司法鉴定的公信力,导致重复鉴定、多头鉴定时有发生,部分法院对鉴定意见的采信陷入困境。③ 滋生这一乱象的原因之一是我国环境标准制度存在内容滞后、体系冲突的问题。试想下,依据瑕疵的环境标准而展开的环境损害司法鉴定可能缺乏科学性,鉴定意见可能难具可靠性、可信性。由此可见,必须对现行环境标准进行细致考察,致力于提高作为鉴定依据的环境标准之数量与质量。

一、环境损害司法鉴定的案例观察

环境损害司法鉴定的开展以环境标准为技术支持,鉴定意见的作出以环境标准为技术依据,由此环境标准对环境诉讼中专门性问题的认定具有举足轻重的影响。环境标准关涉环境损害司法鉴定意见的科学性、环境诉讼中专门性问题的认定之准确性,因此其供给应当是数量越多越好、质量越高越好。那么,在

---

① 王春业:《论行政规范性文件附带审查的后续处理》,载《法学论坛》2019年第5期。
② 周骁然:《环境标准法律制度研究》,中国社会科学出版社2020年版,第250~252页。
③ 吴学安:《司法鉴定助力生态文明》,载《人民法院报》2019年7月5日第2版。

司法实践中,环境标准是否能够充分满足环境损害司法鉴定的现实需求呢？笔者认为,基本满足,但环境损害司法鉴定发展迅速,对环境标准的技术需求日趋增多。目前,部分环境案件遭遇"鉴定无门"的尴尬,部分环境案件则陷入"重复鉴定"的困境。

"鉴定无门"的原因之一是我国目前还没有制定相应的环境标准,环境损害司法鉴定也难为无米之炊。例如,在原告谷××与被告辽宁实×(集团)房地产开发有限公司噪声污染责任纠纷案中,原告申请对疾病与噪声之间是否存在因果关系进行鉴定,法院依法委托至沈阳佳实司法鉴定所,但该所以目前噪声致病的鉴定尚无标准和先例为由退回鉴定。① 再如,在原告归×娜、郑×澄与被告瞿×相邻关系纠纷案中,因原、被告对涉案房屋生活噪声的程度有争议,经原告申请,法院委托上海市环境科学研究院进行噪声鉴定。该院回复:"因本案所涉纠纷属于生活噪声邻里相扰,现阶段尚无环境标准适用于该委托鉴定事项,不予受理该委托事项。"② "重复鉴定"的原因之一是我国目前部分环境标准内容滞后且部分环境标准之间存在冲突,环境损害司法鉴定面临环境标准的选择困难、适用困难。例如,在原告郑×与被告福建某矿业化工公司大气污染责任纠纷案中,不同鉴定机构之间依据不同的环境标准作出的鉴定意见存在差异,导致案件事实难以认定。③

综上所述,现行环境标准的内容与体系之科学性是环境损害司法鉴定及鉴定意见的可靠性、可信性的基点,值得予以高度关注。

二、环境标准的现状及困境

经过40多年的发展,我国已形成结构较为合理、内容较为完善的环境标准体系。这在相当程度上可为环境损害司法鉴定提供技术支持,但是环境标准体系依然存在诸多不足,突出表现为环境标准的科学性仍旧不高。

(一)环境标准的现状

《国家环境保护标准"十三五"发展规划》显示,我国累计颁行1941项国家环境标准,废止244项国家环境标准。在1697项现行有效的国标中,环境质量标准和污染物排放标准占比约为10%,环境监测标准占比约为59%。除此之

---

① 参见辽宁省本溪市平山区人民法院(2015)平民初字第01657号民事判决书。
② 参见上海市普陀区人民法院(2019)沪0107民初2996号民事判决书。
③ 田超等:《环境损害鉴定评估管理制度研究》,中国环境出版集团2019年版,第32页。

外,省级人民政府也发布了数量众多的地方环境质量标准和污染物排放标准。这些环境标准构成了环境损害司法鉴定的重要依据。在空气污染环境损害鉴定中,鉴定人必须依据大气环境质量标准、大气污染物排放标准以及大气环境监测标准对涉案空气污染专业问题进行分析、判断并给出鉴定意见,如《环境空气质量标准》(GB 3095—2012)、《加油站大气污染物排放标准》(GB 20952—2020)、《油品运输大气污染物排放标准》(GB 20951—2020)与《环境空气 醛、酮类化合物的测定 溶液吸收-高效液相色谱法》(HJ 1154—2020)。随着环境损害司法鉴定的快速发展,国务院环境保护主管部门在 2020 年制定了《生态环境损害鉴定评估技术指南 总纲和关键环节 第 1 部分:总纲》(GB/T 39791.1—2020)等一系列环境鉴定类专项标准,以为环境损害司法鉴定提供统一化标准。尽管环境损害司法鉴定在我国起步较晚,但是发展较为迅速,亟须完备的环境标准体系予以技术支撑。

(二)环境标准的困境

有学者指出,我国司法鉴定标准化仍旧较为落后,如鉴定标准制修订滞后、鉴定标准司法适用性较差、鉴定标准政出多门。[①] 环境损害司法鉴定标准化大体上也遭遇了类似问题。环境标准的内容科学与否,有赖于环境标准的制修订制度的保障。我国环境标准因编制制度残破、修订制度虚化而存在科学性不强的困境。此外,在没有与环境保护主管部门密切协作的情况下,国务院其他部委也单独制定了部分环境标准,导致环境标准存在一定的体系冲突。

1. 环境标准科学性的先天不足

环境标准科学性的先天获得建基于完备的环境标准制定制度。关于此一制度的规定主要是《生态环境标准管理办法》《国家生态环境标准制修订工作规则》,包括编制主体、编制程序、编制原则、标准要素等内容。该办法下的环境标准编制制度显得较为残破,导致环境标准科学性的先天缺失。

一是环境标准的编制主体非中立性。根据《标准化法》、《环境保护法》及环保单行法的规定,国务院环境保护主管部门是国家环境标准的制定主体,省级人民政府则是地方环境标准的制定主体。环境标准的编制涉及经济社会的诸多方面,横跨极其广泛的专业领域。仅有国务院环境保护主管部门和省级人民政府主导参与容易产生非客观、非中立的弊病。例如,地方政府过分迁就经济增长的冲动,在环境标准制定上对环境价值与健康价值予以回避,造成环境标准科学性的不足。再如,中央与省级卫生行政主管部门在环境标准的制定上缺

[①] 朱晋峰、沈敏:《司法鉴定标准化法制机制建设研究》,载《中国司法鉴定》2018 年第 1 期。

乏参与,致使环境标准忽略了人体健康问题。① 环境标准草案一般由国务院环境保护主管部门和省级人民政府以下达课题的形式转交高校、科研院所以及相关企业负责拟定。但在此过程中,高校、科研院所以及相关企业在经济优先和政治游说的双重压力下会丧失理性、独立性,因而常会出现以科学的名义隐含价值判断的现象,②即环境标准草案缺乏科学性。

二是环境标准的编制依据非理性。环境基准是环境标准的编制依据,基准是否理性直接关涉标准内容是否科学。然而,我国环境基准研究起步较晚,时常对国外的环境基准研究成果进行移植照搬,但各国的环境问题、人体素质等因素存在一定的差异,环境基准的"拿来主义"并不能为我国环境保护提供科学依据,无法准确无误地适用于我国环境标准的制定。以水环境基准为例,《地表水环境质量标准》(GB 3838—2002)、《海水水质标准》(GB 3097—1997)的制定没有立足于本土水域生态特征而是基于欧美发达国家与国际环保组织的水域生态基准数据。③ 此外,我国环境基准研究还存在"一刀切"的倾向。譬如,我国土壤环境基准研究没有对土壤的不同类型、复杂性质予以关照,仅用一套标准对全国各地的土壤污染进行研究,《土壤环境质量 建设用地土壤污染风险管控标准(试行)》(GB 36600—2018)对全国建设用地土壤污染风险管控只能以最低限量来设定统一值。④ 建立在沼泽之上而非在坚固的岩床上的环境基准研究难具科学理性,⑤以此为据的环境标准之科学性令人怀疑。

三是环境标准的编制程序非民主性。环境标准编制的核心问题在于制定机构能够代表并回应公众利益。这就要求制定机构须征求公众的意见,并将其作为决策结果的考量因素。关于我国环境标准编制程序民主性的实际情况,可以借助由"公众参与的规定详略程度"和"公众意见对编制主体的影响程度"组成的坐标进行分析。一方面,《生态环境标准管理办法》《国家生态环境标准制修订工作规则》对环境标准编制程序中的公众参与作了"看似全面但形式化"的规定,标准草案如何进行意见征求、草案编制组如何构成等重要问题依旧言之

---

① 赵立新:《环境标准的健康价值反思》,载《中国地质大学学报(社会科学版)》2010年第4期。

② Cary Coglianese, Gary E. Marchant, Shifiting Sands: the Limits of Science in Setting Risk Standards, *University of Pennsylvania Law Review*, 2004, Vol.152, p.1255.

③ 董正爱、袁明:《环境健康风险视域下环境标准的理性反思与规范》,载《北京理工大学学报(社会科学版)》2021年第1期。

④ 邱荟圆等:《土壤环境基准的研究和展望》,载《中国农学通报》2020年第18期。

⑤ [澳]艾伦·查尔默斯:《科学究竟是什么?》,邱仁宗译,河北科学技术出版社2002年版,第73页。

不详。① 1973年至2015年发布的国家环境标准由企业（含企业研究机构）负责起草的有85项，由国家级产业协会负责起草的有193项。② 公众参与的缺失使利益集团凭借强大的人力、物力以及财力对环境标准编制施加较大的影响有了制度空间。另一方面，环境标准涉及大量的环境科学知识，普通民众对此难以提出建设性意见，制定机构不由自主地对公众意见予以忽视。更为糟糕的是，即使不少的科研院所、专业人士积极提出完善意见，制定机构出于成本控制、权力本位等考量也可能拒不采纳合理的公众意见。比如，在《生态环境损害鉴定评估技术指南　总纲和关键环节　第1部分：总纲》（GB/T 39791.1—2020）等7项标准的制定过程中，国务院环境保护主管部门仅向最高人民法院、最高人民检察院与公安部等7部委以及各省、自治区、直辖市生态环境厅（局），各生态环境损害鉴定评估推荐机构发出征求意见的通知，而未对社会公开征求意见。③ 诚然，此举虽然可能更具效率，但是直接排除了公众意见。在环境风险时代，公民企业都可能是潜在的环境诉讼当事人，都可能受司法鉴定的影响。排除公众的参与使得环境标准的科学性因缺乏民主的正当基础而备受质疑。是故，我国对公众参与的规定较为粗略，且公众意见对编制主体的影响较小，导致环境标准编制程序处于非民主的运作状态，即"命令—服从"编制模式。

2. 环境标准科学性的后天丧失

环境标准的编制须与当时的科学技术水平、经济发展情势、环境质量状况、人体健康指数相契合。这些因素随着经济社会的快速发展必然会发生改变，对良好的环境质量之需求亦水涨船高。环境标准的发布施行是否能够平衡环境保护与经济发展也需要适时检视。因此，对环境标准进行修订是各国标准化法的惯例。环境标准的修订制度既能补足环境标准科学性的先天缺失，又可促使环境标准与时俱进而保有科学性。

根据《大气污染防治法》第12条的规定，国务院环境保护主管部门和省级人民政府应当定期评估大气环境质量标准和污染物排放标准，并依据评估情况适时对前述两项环境标准予以修订。此外，《水污染防治法》第15条、《土壤污染防治法》第13条也有类似规定。根据《标准化法实施条例》第20条的规定，标准编制机构应当在标准实施后5年内对标准进行复审。《生态环境标准管理办法》第48条对环境标准复审作出规定，标准编制机构组织评估环境标准实施

---

① 张晏、汪劲：《我国环境标准制度存在的问题及对策》，载《中国环境科学》2012年第1期。
② 施问超、施则虎：《国家环境保护标准研究》，合肥工业大学出版社2017年版，第75页。
③ 参见生态环境部办公厅发布的《关于征求〈生态环境损害鉴定评估技术指南　总纲和关键环节　第1部分：总纲（征求意见稿）〉等七项国家环境保护标准意见的函》。

情况,并根据评估结果对标准适时进行修订,但未对复审周期予以明确。《国家生态环境标准制修订工作规则》则没有提及环境标准复审议题,原《环境标准管理办法》也存在复审周期不明的问题。

截至 2023 年 2 月 1 日,9 项国家环境质量标准、89 项国家污染物排放标准正在实施。其中,国家环境质量标准平均生效年限为 20.9 年,国家污染物排放标准平均生效年限为 11.6 年。国家环境质量标准生效时限在 5 年内的有 1 项,5 年至 9 年的有 2 项,10 年至 19 年的有 2 项,20 年以上的有 4 项。国家污染物排放标准生效时限在 5 年内的有 29 项,5 年至 10 年的有 43 项,10 年至 19 年的有 8 项,20 年以上的有 9 项。① 除此之外,环境污染因子的不断增多使部分现行环境监测标准逐渐难以满足监测需求,与环境质量标准、环境风险管控标准、污染物排放标准的匹配适用性下降。例如,《城镇污水处理厂污染物排放标准》(GB 18918—2002)对 22 项水污染排放物规定色度的控制限值,均以稀释倍数表示,一级标准、二级标准和三级标准色度分别为 30、40、50,而引用的环境监测标准《水质　色度的测定》(GB/T 11903—1989)规定的色度测定方法包括铂钴比色法和稀释倍数法,其中稀释倍数法以 2 倍稀释,得到的稀释倍数为 2^n,难以得到排放标准中规定的限值。②

我国环境标准"超期服役"现象严重,平均施行时间已超过《标准化法实施条例》所规定的 5 年复审周期,且国务院环境保护主管部门也没有公布复审进展情况以及复审后不予修订的原因。囿于缺乏具体的复审年限规定以及超限的法律责任,我国环境标准的修订制度几乎处于虚化状态。这导致环境科学的进步不能转化为先进的治理技术,落后的环境标准不利于环境质量的提高、人体健康的保障。

3. 环境标准科学性的体系冲突

环境标准制修订是一个极其广泛、高度专业的领域,国务院环境保护主管部门和省级人民政府系主要的制定机构,但涉及农业环境、渔业环境、医疗环境、海洋环境等,自然资源部等环境保护相关部门也会编制一定数量的环境标准。例如,根据《海洋环境保护法》第 10 条的规定,国家海洋环境质量标准由自然资源部负责制定。环境标准是环境损害司法鉴定的主要依据,但是自然资源部等部门制定的涉及环境保护的标准也是鉴定的依据。

不过,由于前述各部门之间缺乏应有的协调和沟通,国务院环境保护主管

---

① 资料来源于国务院环境保护主管部门标准数据库,http://www.mee.gov.cn/ywgz/fgbz/bz/bzwb/下载日期:2023 年 2 月 1 日。
② 雷晶等:《我国环境监测标准体系发展现状、问题及建议》,载《环境保护》2018 年第 22 期。

部门和省级人民政府制定的环境标准与自然资源部等环境保护相关部门制定的环境标准产生了一定的冲突。例如,《地下水质检验方法》(DZ/T 0064.1~0064.80—93)、《土壤检测第1部分:土壤样品的采集、处理和贮存》(NY/T 1121.1—2006)、《海洋监测规范》(GB 17378.1~17378.7—2007)的监测技术与现行环境监测标准之间存在一定的矛盾。其实,环境标准的政出多门是为了弥补环境保护主管部门对农业、海洋等专业领域环境标准编制的知识不足与能力欠缺,却造成环境标准体系的不兼容,因为部门利益使各部门之间的协作并不紧密。环境标准科学性的体系冲突让环境损害司法鉴定面临标准选择的困难,进而导致不同鉴定机构作出的鉴定意见相互矛盾,对环境诉讼的正常运作和公正裁判构成了较大的阻碍。

环境损害司法鉴定是一项依据环境标准得出科学意见的证据方法。然则,受限于编制制度的残破、修订制度的虚化、政出多门的冲突,[①]我国环境标准存在科学性不足的弊病,如滞后、龃龉等。这势必影响鉴定意见的准确性,招致当事人对环境损害司法鉴定的不信任。因此,我国亟须对环境标准进行体系完善,以推动环境损害司法鉴定的稳健发展。

三、环境标准的完善对策

环境标准的科学性建基于高效合理的制修订制度。根据前文的论述,我国环境标准的编制制度存在残破的问题、修订制度则处于虚化的状态。因此,我国可从编制制度的完善、修订制度的完备两方面来补强环境标准的科学性。这可为环境损害司法鉴定的发展提供坚实的技术支撑。

(一)编制制度的完善

我国环境标准编制制度的残破主要表现为编制主体非中立性、编制依据非理性和编制程序非民主性。准编制制度的完善须聚焦于此三方面,以使编制主体中立、编制依据理性、编制程序民主。

1. 编制主体的中立

一般而言,环境标准的制定制度由制定立项、草案拟定、征求意见、专家评审、批准发布等环节组成。当前,国务院环境保护主管部门与省级人民政府通

---

① 2018年国务院环境保护主管部门组建后,环境标准体系科学性问题得以舒缓。国务院环境保护主管部门有必要对原国土、水利、农业、海洋、发改委、南水北调六部门发布的涉环保标准进行清理整合。

常会将环境标准起草委托给直属(下属)单位、产业协会、企业(含企业研究机构)、科研院所、高等院校等。这些单位与利益集团的关联性会对环境标准的科学性产生重大影响。在现代社会,利益的表现形式复杂多元,不同组织之间的利益关联日趋隐秘,即使公主体也难免会被俘获。产业协会、企业(含企业研究机构)等私主体与利益集团之间就更具密切关系,国务院环境保护主管部门与省级人民政府将环境标准草案编制交由产业协会、企业(含企业研究机构)等私主体定然会遭受中立性的诘问。在我国,既具有权威的专业能力又秉持中立的编制态度的科研院所、高等院校是环境标准起草主体的最佳选择。因此,环境标准编制主体的程序规范要明确科研院所、高等院校在环境标准起草中的优先地位。

根据《国家生态环境标准制修订工作规则》第42条的规定,归口业务司局负责组织召开环境标准草案审查会,审查会专家组由与标准内容相关的环境管理、所属行业、污染治理、环境监测、法律与经济等方面的专家组成。环境标准草案需要接受前述专家的评审,权威且中立的评审专家有助于切断利益集团的俘获链条。但《国家生态环境标准制修订工作规则》对评审专家的遴选管理着墨不多,如资质门槛、监督约束等规则。如此一来,审查会专家组的中立性自然会受到质疑。为增强审查会专家组的中立性,我国亟须建立起环境标准草案专家评审制度。首先,明确专家遴选的资质,如教育背景、学术品行、学术能力等均应有明文规定,尤其是要排除学术近亲、企业兼职等影响中立性的因素。其次,细化专家遴选的程序。在建立专家数据库的基础上,结合环境标准草案审查情况,对符合条件的专家通过摇号机选最终确定审查会专家组。在组成完毕后,应向社会公示审查会专家组成员,为社会监督提供现实可能。再次,控制专家评审的过程。先明确专家的权利与职责,再对其在环境标准草案评审上的质量进行多指标评价,如评审时效性、评审意见的具体程度、评审意见的准确性等,并对专家在审查会上所发表的意见进行存档管理。最后,形成专家退出机制。对在环境标准草案评审上表现不佳或存在诚信问题的专家,要及时予以淘汰。[①]

系统性是环境的显著特性,大气、水等各个环境要素于其中相互融合、相互影响,[②]尤其是土壤要素。显然,基于单一环境要素的污染防治立法与实践往往可能忽略其他的环境利益,其中最为明显的是"达标排污、污染超标、健康受损"

---

① 秦立栓等:《国家自然科学基金项目评审专家管理办法改进研究》,载《中国高校科技》2017年第4期。

② 杨志峰等:《环境科学概论》,高等教育出版社2006年版,第5页。

怪象频发,进而难以有效规制环境问题。为解决交叉污染、环境污染向人体健康转移的问题,环境保护必须突破单一化监管模式,转向统合化监管模式。因此,环境保护主管部门需要与其他部门进行广泛而深度的合作。但是,政府的不同部门之间早已形成分散的权威,使得环境监管的跨部门合作举步维艰。具体到环境标准编制上,国务院环境保护主管部门本应与自然资源部等部门进行必要的沟通与协商,而编制实践却是相反的。以环境标准和卫生标准为例,前者从环境保护的角度来保障人体健康,后者则从健康保护的角度来规避环境危害。关于卫生标准的作用和地位,各国在一定程度上把它当作环境基准使用,以其为基础反推制定相应的环境标准,[①]我国亦是如此。在20世纪70年代以来的相当长的时期内,我国的环境标准与卫生标准是交织在一起的,进而形成了环境卫生标准。这些标准由卫生部门与环保部门及其他相关部门联合制定,如《工业"三废"排放试行标准》(GBJ 4—73)。环境卫生标准不仅包含保障人体健康的内容,还包括环境保护的内容。[②] 不过,由于环境保护立法的不断强化和环境危机的日趋恶化,我国高度重视环境保护工作,设立了独立的环境保护主管部门,并不断提升该机构的法律地位。[③] 自此,由于权威的碎片化,环境保护主管部门与卫生主管部门在环境标准制定上的协作逐渐减少,导致环境标准对人体健康的关切不足。鉴于此,《环境保护法》及环保单行法与《生态环境标准管理办法》应给环境标准制定机构设定与农业农村部等环境保护相关部门沟通协调的法定义务。

2. 编制依据的理性

环境标准的编制须以环境基准为依据。尽管《环境保护法》第15条宣示"我国在国家层面上推动环境基准研究",第18条要求"省级以上人民政府开展环境质量状况调查、评价工作",但是环境基准研究和环境质量调查的实际开展有赖于人力、物力及财力的持续性规模投入。故此,对环境基准研究的鼓励应转化为切实可行的措施。首先,由国务院环境保护主管部门牵头启动环境基准重点专项,对我国水、土壤、大气等环境要素的基准进行中长期的科学研究,建立符合我国国情的国家环境基准体系。其次,在省级人民政府的支持下,各级地方环境保护主管部门对本区域的环境质量状况进行调查、评价,并建立环境

---

① 谈珊:《断裂与弥合:环境与健康风险中的环境标准问题研究》,华中科技大学出版社2016年版,第105页。
② 刘卫先:《环境风险类型化视角下环境标准的差异化研究》,载《中国人口·资源与环境》2019年第7期。
③ 国务院环保部门原隶属于建设部,后独立为国家环境保护局,再升级为国家环境保护总局、环境保护部。

质量数据库。最后,加强环保技术研究,对国内重点行业污染节点、因子、机理进行调查分析,探索出污染排放控制的最佳技术路线,以实现"合标排污、质量达标"的良性循环。①

环境基准在向环境标准转化时,科学理性必然会有一定的衰减,因为环境标准的制定掺杂了利益衡量。此时,编制依据的科学理性需要制定目的予以维护。换言之,环境标准的制定目的能有效减少转化过程中的理性衰减。"保护和改善环境、保障公众健康"是《环境保护法》及环保单行法的立法目的。环境污染对环境本身的损害通常是显性的,而对人体健康的侵害则是隐性的,因为人类具有一定的代偿能力,生理生化功能的"质变"是潜移默化的。于是,我国环境标准的编制更多考虑环境保护,对人体健康这一复杂机制较为忽视。这就使环境基准在转化为环境标准的过程中科学理性的衰减过多。有学者指出"现行环境标准的限值无法满足'健康优先'的要求"②。至此,环境标准日趋严格但健康事件却频发的怪象在我国便找到了答案。譬如,根据《生态环境标准管理办法》第 20 条的规定,制定污染物排放标准须考量经济水平、技术条件,致使"保障人体健康"无法主导污染物排放标准的编制进程。从比较法视野来看,部分发达国家已初步形成"健康优先"的环境标准体系。例如,美国第二巡回区上诉法院在铅工业协会诉联邦环保署案中认为:"空气质量标准必须完全基于健康考虑,而不考虑经济和技术可行性。"③基于此,我国环境标准的制定应转向"健康优先",以最大限度地减少环境基准在向环境标准转化时科学理性的衰减。

3. 编制程序的民主

环境标准的编制程序须民主运作的原因在于,作为公共产品的环境,一旦受到严重污染,人体健康和社会财富将会遭遇巨大的损害。因而,环境保护是一项公益事业,亟须公众的积极参与。④ 环境标准的编制绝非专家的领地,其中也有民意介入的余地。因此,公众参与及意见表达成为环境标准编制程序民主化的核心内容。要实现环境标准编制程序民主化须强化公众参与的规范约束和公众意见的效力约束。

《生态环境标准管理办法》《国家生态环境标准制修订工作规则》须对公众

---

① 裴晓菲:《我国环境标准体系的现状、问题与对策》,载《环境保护》2016 年第 14 期。
② 毕岑岑等:《环境基准向环境标准转化的机制探讨》,载《环境科学》2012 年第 12 期。
③ [美]詹姆斯·萨尔兹曼、巴顿·汤普森:《美国环境法》,徐卓然、胡慕云译,北京大学出版社 2016 年版,第 85 页。
④ 李艳芳:《公众参与环境保护的法律制度建设——以非政府组织(NGO)为中心》,载《浙江社会科学》2004 年第 2 期。

参与环境标准编制予以详细规定,包括如下几个重要事项:(1)参与环节。公众可以参与环境标准编制的哪些环节呢？一项环境标准草案的形成需要经过环境状况调查、环境基准研究、标准草案起草、草案意见征求四个环节。除了环境基准研究属于纯粹的科学活动,其他环节均涉及价值判断和政治决策,公众当然有权参与这三个环节。(2)公众识别。在环境标准编制上,为提高环境决策的理性,参与公众当然是越多越好,但泛滥无序的公众参与会造成环境标准编制的低效。对公众类型进行划分是有意义的,国务院环境保护主管部门与省级人民政府根据环境标准所涉环境要素特性、环境风险特征、区域环境质量等因素对不同类型的公众给予不同程度的关注,以使环境标准编制兼具理性与效率。① 有学者提出,公众可分为"有利害关系的"和"无利害关系的"两类,他们的参与权利和具体规则有所不同。② 在前述三个环节存在利益冲突时,环境标准制定机构须区别对待"有利害关系的公众"和"无利害关系的公众"。(3)信息披露。作为公众参与的媒介,环境信息越是公开透明,环境治理公私合作越是紧密顺畅,环境标准的编制亦是如此。环境标准编制信息的披露须着力"内容扩大、方式多元"两方面。一是突破仅披露现行环境标准及重大环境标准征求意见稿的限制,全面公开前述三环节涉及利益衡量、冲突调适的标准编制信息;二是通过官方微博、微信公众号、短视频公众号等网络渠道利用大数据技术广泛且精确地披露环境标准编制信息。

《生态环境标准管理办法》《国家生态环境标准制修订工作规则》须关注公众意见对环境标准编制的效力约束。美国学者 Arnstein 按照参与程度的变化,将公众参与分为"假性参与、象征参与、实质参与"三级阶梯。③ 借助 Arnstein 的参与阶梯理论,我们会发现上文所述的公众参与之详细规定至多归属第二级阶梯,因为公众参与的根本目的是意见表达能够对环境标准的编制产生实质影响。如果公众意见无法左右环境标准的编制,那么这就是象征参与甚或假性参与。有学者表示,"在行政官僚的架构下,少数人执掌和行使权力的现实很难通过动员和接纳公众的参与予以改变,最多只是让权力看起来更加温和、愿意妥协而已"。④ 公众参与并不是一个让人们为了谈话而谈话的"清谈馆",在缺乏实

---

① 张晏:《"公众"的界定、识别和选择——以美国环境影响评价中公众参与的经验与问题为镜鉴》,载《华中科技大学学报(社会科学版)》2020 年第 5 期。
② 徐以祥:《公众参与权利的二元性区分——以环境行政公众参与法律规范为分析对象》,载《中南大学学报(社会科学版)》2018 年第 2 期。
③ Sherry R. Arnstein, A Ladder of Citizen Participation, *Journal of the American Institute*, 1969, Vol. 35, No. 4, p. 216.
④ 张康之:《走向合作的社会》,中国人民大学出版社 2015 年版,第 250 页。

质性公众参与的情况下,环境标准编制可能会有重大错误。为使环境标准编制的公众参与成为第三级阶梯,我国应明确合理的公众意见对国务院环境保护主管部门与省级人民政府的约束效力。一是给环境标准制定机构设置公众意见的参考和反馈义务,尤其是对"有利害关系的公众"的意见不予采纳必须予以说明。二是在环境质量标准的编制中,公众应通过"听证会"或"座谈会"的形式进行意见表达,以对环境标准制定机构形成有效约束,因为环境质量标准是环境标准体系的重中之重,理应充分吸纳公众意见、接受公众监督。

(二)修订制度的完备

根据《标准化法》第29条的规定,国务院有关行政主管部门对自制标准的执行情况须建立评估机制,并以评估信息为基础定期复审标准。不过,《生态环境标准管理办法》《国家生态环境标准制修订工作规则》并未落实《标准化法》关于标准评估和标准复审的规定。环境标准修订制度仍旧羸弱不堪,亟待从标准评估和标准复审两方面进行强化。

1. 环境标准实施后评估

环境标准的动态性与生俱来,因为其建立在"科学价值判断"的基础上,而经济社会和科学技术又是快速发展的。可以说,环境标准似乎总是临时且须定期评估,一旦新的科学技术出现,旧的环境标准会被检验出并不符合经验主义。[1] 倘若环境标准得不到及时修订,恐会窒障环境保护、危害人体健康。修订环境标准的逻辑起点是能够精准评估环境标准的实施情况,否则修订工作将会迷失方向。我国亟须建立系统的环境标准实施后评估制度。由于与立法后评估制度较为相似,环境标准实施后评估制度的建构可以借鉴立法后评估制度的基础理论和成熟经验。既有立法后评估制度研究认为,此一制度的基本框架由评估主体、评估对象、评估程序、评估内容和评估回应组成。[2] 作为规范性文件的环境标准,其实施后评估制度也应由前述五个部分组成。其实不然,《标准化法》第29条、《生态环境标准管理办法》第48条、第49条对评估对象与评估回应已作明确规定。环境标准实施后评估对象包括"二级六类两性质"环境标准。[3] 需要指出的是,2018年国务院机构改革后,我国在整合原环保、国土等七部门的环保职责的基础上设立了生态环境部。原国土等六部门发布的涉环保标准当然

---

[1] Daniel A. Farber, Environmental Protection as a Learning Experience, *Loyola of Los Angeles Law Review*,1994,Vol. 27, p.791.

[2] 汪全胜等:《立法后评估研究》,人民出版社2012年版,第52~417页。

[3] 《生态环境标准管理办法》第49条规定,强制性生态环境标准应当定期开展实施情况评估,与其配套的推荐性生态环境标准实施情况可以同步开展评估。

也属于评估对象,并进行必要的清理整合。环境标准实施后评估回应即定期复审制度。因此,我国还需对评估主体、评估程序和评估内容加以明确。

首先,环境标准实施后评估主体由责任者、实施者和参与者构成。环境标准的制定机构作为责任者,国务院环境保护主管部门负责组织国家六类环境标准的评估,省级人民政府负责组织地方三类环境标准的评估。根据《国家生态环境标准制修订工作规则》第8条的规定,各级环境保护主管部门法规与标准处(司)具体实施评估工作。[①] 但自我评估容易造成评估活动的垄断性,使评估流于形式,影响评估结果的公信力。为破解自我评估悖论,法规与标准处(司)应当引入第三方专业评估机构,以对环境标准的实施情况作出全面、客观的评测。[②] 参与者主要有利益相关者和受影响的公众,他们的参与能够最大限度地保证评估信息的真实性、完整性。其次,评估程序由启动程序与实施程序组成。在前一程序中,责任者须对评估对象、评估时间、评估方案等关键事项作出决策,实施者主要负责选定第三方评估机构。在完成评估准备工作以后,评估活动按照信息搜集、信息分析、报告撰写、报告公布四个步骤具体展开。其中,评估信息的搜集最为关键,因为全面客观的评估信息对评估制度和复审制度的实效具有决定性作用。为此,实施者及其委托的第三方评估机构应当使用多元化评估方法,如直接评估法与间接评估法结合、定性分析法与定量分析法融合,以避免评估信息过于主观。[③] 最后,环境标准内含一定的价值判断,但更多的还是技术选择。因此,环境标准实施后评估内容与立法后评估内容存在较大差异,[④] 其以合理性评估为核心、旁及合法性评估。合理性评估主要关注环境标准内容与科学技术是否存在脱节,环境标准实施能否达到原定的环保目标、健康目标等。合法性评估主要是对环境标准制定程序是否合法、环境标准结构编排及语言表达是否合规进行考察。

2. 环境标准实施后复审

由于科学技术系试探性和不确定性的,加之生态环境本身日新月异,环境标准进化的动能是永恒的。各国普遍建立定期复审制度,致力于解决环境标准的时效难题。我国环境标准定期复审制度虽然已初步形成,但是实践运作处于

---

① 《国家生态环境标准制修订工作规则》第8条规定,法规与标准司为标准综合管理部门,组织开展标准制修订基础性、综合性、协调性工作,以及标准实施评估工作。

② 江国华、刘新鹏:《法律制度实施效果第三方评估机制》,载《江汉论坛》2019年第8期。

③ 席涛:《立法评估:评估什么和如何评估(上)——以中国立法评估为例》,载《政法论坛》2012年第5期。

④ 王称心:《立法后评估标准的概念、维度及影响因素分析》,载《法学杂志》2012年第11期。

虚置的状态,尚未改变"重制轻修、重量轻质"的错位现象。究其原因在于环境标准定期复审制度对环境标准制定机构没有构成有力约束。增强定期复审制度的约束力有以下几种路径:一是设置问责条款。《环境保护法》《标准化法》应明确逾期复审的行政责任,通过问责机制来督促环境标准制定机构积极开展复审工作。当然,考虑到环境标准复审的复杂性,行政问责不能绝对化,需要预留必要的延期空间。二是设置日落条款。《环境保护法》及环保单行法应规定在环境标准的有效期届满之前,制定机构须提交标准可继续适用的评估报告,否则期限届满时环境标准随即失效。黄锡生教授认为环境标准日落期限须区分标准类型而有所不同,污染物排放标准日落期限为 5 年,环境质量标准日落期限为 8~10 年。① 为避免一刀切地设置日落期限,立法机关可对六类环境标准进行细致考量,在环保单行法中予以特殊规定。问责条款和日落条款的规范组合基本上能有效规管环境标准制定机构的逾期复审行为。

国务院环境保护主管部门和省级人民政府启动了环境标准复审工作,但仍然可能在复审实施中消极作为,导致不适时的环境标准继续有效。如何解决这一问题亦是相当棘手。探明环境标准制定机构为何消极复审是至关重要的。经复审后,继续有效、修订、废止均是环境标准制定机构可能作出的决策。修订或废止环境标准意味着环境标准制定机构需要投入大量的经济政治成本,于其而言显然不是合理的决策。因此,国务院环境保护主管部门和省级人民政府会尽可能地选择消极复审,以便作出继续有效的决策。上文的问责条款和日落条款已属较为充分的内部激励,但仍然无法解决复审启动后的不作为问题。至此,应考虑引入外部监督,以保证复审决策的合理性。信息披露不仅标志着现代环境法的肇始,而且在随后的几十年里,它也被证明是环境法中最顽强的元素之一。② 环境标准复审信息披露给公众参与复审监督提供可能,环境标准制定机构在公众监督下不得不积极复审并合理决策。

第三节 环境标准的质证认证

一般而言,作为科学证据的鉴定意见具有较高的可靠性、可信性,但这绝不代表着未经质证认证的鉴定意见可以直接作为定案依据。在环境诉讼中,由于

---

① 黄锡生、谢玲:《论环境标准制度中"日落条款"的设置》,载《重庆大学学报(社会科学版)》2016 年第 1 期。

② [美]理查德·拉撒路斯:《环境法的形成》,庄汉译,中国社会科学出版社 2017 年版,第 202 页。

环境标准内容存在科学性不足问题且体系繁杂冲突,加之环境损害司法鉴定尚处于起步阶段,当事人时常会质疑鉴定意见,法官也会深陷鉴定意见的采信迷宫。环境标准在环境损害司法鉴定意见质证中具有攻防标靶的作用,在认证中具有评价依据的作用。不过,当事人利用环境标准攻防环境损害司法鉴定意见、法官借助环境标准评价环境损害司法鉴定意见的实践情况尚未得到应有的关注。本节将对此展开案例观察,以发现环境标准质证认证存在的问题,并尝试提出相应的改进对策。

一、环境标准质证认证的实践现状

环境标准对鉴定行为和鉴定过程进行约束,由此才能保证鉴定意见的准确性。当事人挑战环境损害司法鉴定意见的立足点是鉴定行为和鉴定过程是否符合环境标准的技术要求。法官在当事人质证的基础上依据环境标准对鉴定行为和鉴定过程的合标情况作出评价。因此,环境标准质证认证的案例观察应聚焦于"环境损害司法鉴定是否合标"。截至2023年2月1日,笔者在"北大法宝"上以"环境标准"和"环境损害司法鉴定"为关键词进行检索,并限定为"判决书",初得82份判决书,手动排除掉重复的、非环境类的文书,实获39份有效判决书。另在"中国裁判文书网"进行补充检索,获得7份有效判决书。下文将围绕"环境损害司法鉴定是否合标"对这些采样案例进行分析。

(一)环境标准质证的实践情况

如果鉴定意见没有受到双方当事人的异议,其当然仅需庭审展示即可。在当事人在庭审中质疑鉴定意见时,其需要如何进行充分的质证,这就涉及鉴定人出庭、专家辅助人聘请,因为当事人自身并不具有专业的环境科学知识。遵循有效质证的逻辑思路,考察当事人利用环境标准攻防环境损害司法鉴定意见的实践情况可以分解为如下几个切点:一是当事人是否提出"环境损害司法鉴定违标"的挑战,二是挑战提出后鉴定人、专家辅助人是否出庭。

1. "环境损害司法鉴定违标"的提出情况。当事人是否质疑"环境损害司法鉴定违标"关涉环境标准能否实际进入质证程序,成为诉讼双造的攻防标靶。在20份判决书中,当事人提出"环境损害司法鉴定违标"挑战,占比为43.5%,由此触发了司法鉴定是否严格遵从环境标准的质证程序。以挑战依据是否明确可将"环境损害司法鉴定违标"的挑战分为两类。

一是当事人以司法鉴定违反某一项环境标准为由提出挑战。例如,在上诉人(原审被告)无锡苏某置业有限公司与被上诉人(原审原告)戴×噪声污染责任纠纷案中,上诉人(原审被告)认为:"鉴定机构依据的《社会生活环境噪声排放标准》(GB 22337—2008)存在问题,不适用于住宅噪声的检测,被鉴定房屋使用功能存在问题,根据规划批准的文件,被鉴定的次卧实际为储藏室及阳台,它的功能不应当是居住,故不能根据住宅卧室的要求进行鉴定。"①再如,在上诉人(原审原告)恩施自治州建始磺×坪矿业有限责任公司与被上诉人(原审被告)重庆市绿色志愿者联合会环境污染公益诉讼纠纷案中,上诉人(原审原告)认为:"鉴定程序违法、鉴定结论不科学。对洼地土壤的取样不科学,导致结论缺乏严谨的科学推理。Fe 元素不是重金属,是对人体和动植物有益的元素,《土壤环境质量标准》(GB 15618—1995)也未将其作为土壤的控制性指标,鉴定报告以 Fe 元素作为生态修复评价指标不妥。"②在本类别中,当事人往往基于具体的环境标准提出"环境损害司法鉴定违标"的挑战,使鉴定意见的质证较为高效,也对法官的认证具有较好的约束。

二是当事人以司法鉴定不科学为由提出挑战。例如,在上诉人(原审原告)周×银、杨×梅、周某 2、宋×娟、周某 1 与上诉人(原审被告)江苏宿淮盐高速公路管理有限公司噪声污染责任纠纷案中,上诉人(原审被告)认为:"司法鉴定报告不科学,没有说明噪声来源,案涉房屋门前的乡间公路噪声及大自然噪声没有排除。"③再如,在被告人唐×明污染环境罪案中,被告人的辩护人认为:"在污水采样、贮藏及运输过程中存在瑕疵,不符合相关规范,采样容器随意取用,未按规定冷藏,样品存在被污染。"④此类别相对较少,有 6 份判决书。当事人笼统地提出"环境损害司法鉴定违标"的挑战,因缺乏具体的环境标准使鉴定意见的质证较为低效,难以对法官的认证形成约束。

2. 挑战提出后鉴定人、专家辅助人出庭情况。质证是一个证据信息交流过滤的平台,⑤进入其中的证据信息自然是越多越好。于当事人而言,其对环境损害司法鉴定当然缺乏足够的专业知识,难以提供有效的证据信息。其实,"环境损害司法鉴定违标"的挑战仅是触发了鉴定意见实质质证程序而已。为加强对环境损害司法鉴定意见的质证,当事人需要申请鉴定人、专家辅助人出庭,以形成专业信息的交流甚至是交锋。因此,我们有必要对挑战提出后鉴定人、专家辅助人出庭情况进行考察。

在当事人提出"环境损害司法鉴定违标"挑战的案例中,仅有 5 份判决书载

---

① 参见江苏省无锡市中级人民法院(2017)苏 02 民终 3153 号民事判决书。
② 参见重庆市第二中级人民法院(2016)渝 02 民终 772 号民事判决书。
③ 参见江苏省淮安市中级人民法院(2018)苏 08 民终 2362 号民事判决书。
④ 参见湖南省祁阳县人民法院(2020)湘 1121 刑初 269 号刑事附带民事判决书。
⑤ 程春华:《裁判思维与证明方法》,法律出版社 2017 年版,第 212 页。

明了"鉴定人出庭接受质询"。其中,鉴定人依当事人申请出庭的有3例,依职权通知出庭的有2例。此类别案件要么在本区域具有一定的社会影响力,要么环境损害司法鉴定意见系关键性证据,因此鉴定人必须出庭,以对鉴定过程中是否遵守环境标准加以说明。比如,在公益诉讼人铜仁市人民检察院起诉贵州玉屏湘×化工有限公司土壤污染责任纠纷案中,法院依职权通知贵州省环境科学研究设计院鉴定人高×、毛×,中国环境科学研究院鉴定人董×、赵×出庭接受质询。不过,本案判决书并未写明四位鉴定人出庭具体发表了哪些专业意见。① 与此形成鲜明对比的是,在上诉人(原审被告)南京新×都建筑装饰有限公司、上诉人南京水务集团有限公司与被上诉人(原审原告)黄×、原审被告深圳市银×物业管理服务有限责任公司南京分公司噪声污染责任纠纷案中,江苏康达鉴定所派员出庭接受质询并认为:"本次鉴定的委托事项属结构传播固定设备室内噪声鉴定,司法鉴定意见书中的噪声检测结果已按照相关技术规范的要求考虑到了环境噪声背景值的影响,检测中参照的《社会生活环境噪声排放标准》(GB 22337—2008)及监测方案亦得到各方当事人的确认,故涉案房屋主卧室的倍频带声压级超过《社会生活环境噪声排放标准》中规定的要求。"② 据此推论,鉴定人出庭就"环境损害司法鉴定违标与否"提供的证据信息因案而异,并非总能起到交流和交锋的实效。此外,还存在当事人申请鉴定人出庭但鉴定人以书面说明替代的情况,笔者在已获的判决书中发现1例。在上诉人(原审原告)孔×与被上诉人(原审被告)章×英生命权、健康权、身份权纠纷案中,上诉人要求求实鉴定中心鉴定人员出庭,但该中心答复因近期工作繁忙无法出庭,仅出具了书面答复意见。③ 这显然与2017年《民事诉讼法》第78条相违背。④

在环境损害司法鉴定意见被质疑的案例中,专家辅助人的出庭情况不容乐观,仅有2份判决书载明了专家辅助人出庭发表专业意见。该两案的专家辅助人均为当事人所申请,且他们都是公司法人。根据有限的案例观察,当事人质证鉴定意见的知识匮乏在相当程度上可由专家辅助人补足,且法官对鉴定意见的认证在一定程度上也受到专家辅助人意见的约束。在上诉人(原审原告)

---

① 参见贵州省遵义市中级人民法院(2016)黔03民初520号民事判决书。
② 参见江苏省南京市中级人民法院(2017)苏01民终8455号民事判决书。
③ 参见江西省上饶市中级人民法院(2020)赣11民终24号民事判决书。
④ 2021年《民事诉讼法》已将2017年《民事诉讼法》第78条改为第81条,条文内容一致,即"当事人对鉴定意见有异议或者人民法院认为鉴定人有必要出庭的,鉴定人应当出庭作证。经人民法院通知,鉴定人拒不出庭作证的,鉴定意见不得作为认定事实的根据;支付鉴定费用的当事人可以要求返还鉴定费用"。

吕×奎等79人与被上诉人（原审被告）山×关船舶重工有限责任公司海上污染损害赔偿纠纷案中，被上诉人（原审被告）申请中国海洋大学教师方×强作为专家辅助人在原审审理时出庭，并根据专家辅助人的意见，对《鉴定意见》中有关海域污染的相关内容发表五点质证意见，原审法院基于专家辅助人意见对《鉴定意见》不予采信。尽管二审法院采信了《鉴定意见》，但对不采纳专家辅助人意见进行了说理论证。① 然而，专家辅助人在环境诉讼中的使用情况较为一般，导致环境损害司法鉴定意见的质证较为羸弱。

总体而言，相当数量的当事人对环境损害司法鉴定保持警惕，尝试利用环境标准或者不科学来攻击鉴定意见。这能促进环境损害司法鉴定的良性发展、提高事实认定的准确性。但目前，囿于鉴定人、专家辅助人的出庭较少，环境损害司法鉴定意见的质证尚未实质化。不夸张地讲，鉴定人出庭制度、专家辅助人出庭制度仍处于"立法上的高度预期与司法上的低效运作"的状态。因此，我国有必要完善前述两项制度，以强化环境损害司法鉴定意见的质证。

（二）环境标准认证的实践情况

由于环境损害司法鉴定离不开环境标准的技术规范，不论当事人是否对环境损害司法鉴定提出"违标"挑战，法官对鉴定意见的认证均须以环境标准为依据。关于法官借助环境标准认证鉴定意见的实践情况，笔者将从三个角度进行考察：一是鉴定意见的采信率，二是认证说理的详略程度，三是环境标准的出现频率。下文将按照这三个指标对46份判决书进行分析。

1. 鉴定意见的采信率。在42份判决书中，鉴定意见最终被法官所采信，采信比例为91.3%。其中，在当事人提出"环境损害司法鉴定违标"挑战的案例中，鉴定意见被采信的有18份判决书。② 当事人的质证可能对法官心证没有构成实质影响，当然这也与前文所述的鉴定人、专家辅助人出庭较少有关。由此可知，鉴定意见的高度遵从并不意味着所有的鉴定意见就是可靠、可信的，而可能是质证认证的能力不足所致。值得肯定的是，有两份判决书中法官在当事人没有质疑环境损害司法鉴定违标的情况下不采信鉴定意见。③

2. 认证说理的详略程度。法官采信或不采信鉴定意见都需要说理，以公开自己对鉴定意见的心证。但法官的认证说理定然存在详略程度的不同，即详细

---

① 参见天津市高级人民法院（2014）津高民四终字第22号民事判决书。
② 参见辽宁省大连市中级人民法院（2015）大民初字第00123号民事判决书，江西省上饶市中级人民法院（2020）赣11民终24号民事判决书。
③ 参见新疆维吾尔自治区拜城县人民法院（2015）拜民初字第1099号民事判决书，新疆维吾尔自治区阿克苏地区中级人民法院（2016）新29民终1759号民事判决书。

说理、一般说理与简略说理。

在 4 份不采信鉴定意见的判决书中,法官的认证说理均较为简略。例如,新疆维吾尔自治区拜城县人民法院(2015)拜民初字第 1099 号民事判决书载明:"新疆农林牧司法鉴定中心出具的鉴定司法鉴定意见书,主要依据乡政府和村委会的证明作出的鉴定结论,没有采用有关行业技术规范和行业技术标准……该鉴定意见书存在明显瑕疵。"主审法官并未指明司法鉴定没有采用的技术标准是什么。

在 42 份采信鉴定意见的判决书中,法官详细说理的有 4 份,一般说理的有 7 份,简略说理的有 31 份,占比分别为 9.5%、16.7%、73.8%。由此可知,法官在采信环境损害司法鉴定意见时存在说理不足的问题,对当事人的程序权利和实体权利产生不小的威胁,毕竟鉴定意见往往是事实认定的关键性证据。具体而言,在 4 份法官详细说理的判决书中,当事人均提出了"环境损害司法鉴定违标"的挑战,且鉴定人和专家辅助人共同出庭的有 1 例、鉴定人单独出庭的有两例、专家辅助人单独出庭的 1 例。这至少表明较多的专业信息进入了鉴定意见的质证,对法官采信说理具有较强的影响。例如,辽宁省大连市中级人民法院(2015)大民初字第 00123 号民事判决书载明:"鉴定机构出庭人员的答复是鉴定评估意见肯定水下噪声和振动对海参育苗生产有影响或是有风险,有风险就意味着不能进行海参育苗生产,不能进行生产就有损失……目前国内外尚无水下噪声有关标准限值,更无与刺参有关的水下噪声标准限值。我国《声环境质量标准》(GB 3096—2008)中规定的有关环境噪声限值,是以人对噪声的主观感觉为基础、以人为保护目标的声环境质量评价标准,不能适用于水下噪声对刺参影响的分析。对此观点,被告丹×快速铁路有限责任公司提请出庭的专家辅助人同样予以认可,故,被告丹×快速铁路有限责任公司提出鉴定机构应提供噪声或振动的国家标准以证明被告构成侵权以及作为企业整体搬迁依据的请求不能获得支持。"在 7 份法官一般说理的判决书中,法官的采信论证篇幅较小,对当事人的质疑予以一定的回应。例如,浙江省杭州市余杭区人民法院(2017)浙 0110 民初 5462 号民事判决书载明:"鉴定报告中有关案涉房屋声环境功能区的划分有误,二被告的该抗辩意见成立,本院予以采信。虽鉴定报告有关声环境功能区的划分有误,但原、被告均未对该报告的噪声监测数据提出异议,故本院对其中噪声监测数据予以确认。"在 31 份简略说理的判决书中,法官的采信论证一笔带过,几乎只作"鉴定意见合法有效"的机械表述。例如,湖南省祁阳县人民法院(2020)湘 1121 刑初 269 号刑事附带民事判决书载明:"所提取的污水样品经专业环境检测机构进行检测,并经司法鉴定机构鉴定,检测、鉴定程序符合法律规定,得出的检测数据和鉴定意见合法、有效。"

3. 环境标准的出现频率。理论上看,法官须借助环境标准才能准确评价环境损害司法鉴定意见。但法官的认证说理并非总是环绕环境标准,导致环境损害司法鉴定意见的采信存在论据不足的问题。在当事人没有挑战"环境损害司法鉴定违标"的情况下,法官在采信说理时几乎不会主动使用环境标准来评价鉴定意见。因此,笔者将重点分析当事人质疑"环境损害司法鉴定违标"的20份判决书中法官采信说理的文本内容。法官借助环境标准认证鉴定意见的判决书有12份,处于一个比较高的水平。其中,高频援引环境标准的判决书有两份,两案中主审法官援引两项环境标准对鉴定意见作出评价。例如,在上诉人(原审原告)吕×奎等79人与被上诉人(原审被告)山×关船舶重工有限责任公司海上污染损害赔偿纠纷案中,被上诉人(原审被告)质证认为:"《鉴定意见》采用的《渔业水质标准》和《海水水质标准》中,不存在对海水中铁含量的规定和限制,故铁含量不是判断海洋渔业水质标准的指标。且,即使铁含量是指标之一,其达到多少才能构成污染损害,亦无相关标准。"法院认证认为,"我国现行有效评价海水水质的《渔业水质标准》和《海水水质标准》实施后长期未进行修订,其中列举的项目已不足以涵盖当今可能造成污染的全部物质",据此采信了《鉴定意见》。[①] 低频援引环境标准的判决书有10份,但均围绕环境标准对鉴定意见作出评价,在一定程度上公开了法官采信鉴定意见的心证。

整体而言,法官适用环境标准对鉴定意见进行认证的实践情况喜忧参半。一方面,法官采信鉴定意见的说理较为简略,并未实质回应当事人的质证意见;另一方面,法官采信鉴定意见的说理已注意到环境标准的认证作用,并以此为据审查环境损害司法鉴定合标与否。

二、环境标准质证认证的完善对策

鉴于环境标准在鉴定意见质证认证上具有重要作用,以及其自带的科学性,但大部分的当事人和法官都是"科盲",导致他们缺乏借助环境标准质证认证鉴定意见的能力。因此,需要考虑环境诉讼的特殊性,努力增强当事人利用环境标准质证鉴定意见、法官适用环境标准认证鉴定意见的程序能力。前文在讨论环境标准司法审查时谈及的环境司法专业化,与程序能力的提升密切相关。

(一)完善鉴定人出庭制度

有效质证鉴定意见的前提之一是当事人(控辩)双方在庭审中能够对鉴

---

① 参见天津市高级人民法院(2014)津高民四终字第22号民事判决书。

人进行交叉询问。倘若鉴定人不出庭或者较少出庭,鉴定意见的质证恐怕难以实质化。故而,当事人利用环境标准有效攻击鉴定意见的先决条件是提高鉴定人的出庭率。关于这一主题的讨论,既有文献中已有较多的研究成果,①对此本节无意过多地展开。笔者将从环境诉讼的特殊性,提出几点完善鉴定人出庭制度的举措。

一是破除"鉴定人的出庭率越高越好"认识误区。尽管鉴定人出庭率确实较低,但也并非要盲目的高出庭率。事实上,鉴定人出庭率的高低并不是衡量鉴定人制度优劣的绝对指标。② 在环境诉讼中,诉讼效率因案情涉及高度科学背景而较低,鉴定人出庭率对诉讼经济的消极影响不容忽视,如诉讼费用增加、庭审时间延长等。更为关键的是,部分鉴定意见的质疑并非通过鉴定人出庭就能得以解决,如当事人及其诉讼代理人可能因缺乏专业知识对鉴定意见提出不着边际的异议。③ 据此而想,笔者以为鉴定人应按需出庭,而非简单地全部强制到庭。首先,在环境刑事诉讼、环境行政公益诉讼、环境民事公益诉讼中,因案件涉及较大的社会公共利益,当事人申请鉴定人出庭的,法院必须予以准许。而在环境私益诉讼中,当事人异议鉴定意见而申请鉴定人出庭的,法院应当就鉴定人出庭必要性及变通措施作出释明,当事人仍坚持申请的,若异议失败,法官可对其给予一定的费用制裁,以填补司法资源的耗费。

二是调适鉴定人出庭费用的负担方式。当前,在环境刑事诉讼中,《刑事诉讼法》及其司法解释对鉴定人出庭费用的负担尚没有明确规定,④导致具体负担的司法实践不统一。在环境民事诉讼中,申请人预缴鉴定人出庭费用,败诉当事人最终负担该费用,环境行政诉讼亦是如此。⑤ 笔者以为,在环境刑事诉讼中,鉴定人出庭作证承担着打击犯罪、保障人权的公法义务,加之当下控辩双方的力量相对失衡,因此鉴定人出庭费用须由国家负担,⑥以解决被告人申请鉴定人出庭接受质询的后顾之忧。环境民事诉讼和环境行政诉讼则应区分

---

① 参见郭华:《鉴定意见证明论:司法鉴定人出庭作证规则研究》,人民法院出版社2008年版;郭华:《鉴定结论论》,中国人民公安大学出版社2007年版。
② 张保生等:《证据科学论纲》,经济科学出版社2019年版,第334页。
③ 陈海锋:《鉴定人出庭的认识误区与规制路径》,载《法学》2017年第8期。
④ 沈德咏:《人民法院诉讼证据规定适用指南》,中国政法大学出版社2020年版,第168页。
⑤ 最高人民法院《关于民事诉讼证据的若干规定》第39条、最高人民法院《关于行政诉讼证据若干问题的规定》第75条。
⑥ 陈邦达:《鉴定人出庭作证制度实证研究》,载《法律科学》2016年第6期。

是否涉及公共利益,①公益诉讼中的鉴定人出庭费用须由国家负担,私益诉讼中的鉴定人出庭费用继续遵循现行规定即可,但也要积极探索司法鉴定援助制度。

三是扩大鉴定人隐蔽出庭的适用范围。经济利益和人身安全系鉴定人出庭的权利保障基点。目前,对鉴定人出庭的经济补偿日趋规范,保障水平也不断提高。但是,对鉴定人出庭的安全保障则像"镜中花、水中月",尚未得到实质改观。② 鉴定人隐蔽出庭是保障鉴定人人身安全的重要方式。我国对此已有明确规定,但仅局限于刑事诉讼中,③民事诉讼立法和行政诉讼立法尚没有相关的规定。环境民事公益诉讼中受害人人数往往众多,利益冲突通常激烈,但案情又涉及高度科学背景,受害人一般难以认识理解,因此环境损害司法鉴定具有决定性作用,可能导致纠纷矛盾从污染企业与受害人之间转移至受害人与鉴定人之间。这就可能使出庭的鉴定人人身安全等受到一定的威胁。据此,笔者以为,考虑到环境纠纷的特殊性,鉴定人隐蔽出庭应从环境刑事诉讼扩展至环境民事公益诉讼、环境行政公益诉讼。环境民事公益诉讼、环境行政公益诉讼是否准用鉴定人隐蔽出庭,需要交由法官就个案进行必要性裁量,并非所有的公益案件均须如此。

(二)完善专家辅助人制度

鉴定人出庭仅是打开了专业信息进入鉴定意见质证程序的阀门。面对涌入的专业信息,作为"科盲"的当事人一般难以进行准确的辨识与理解,导致鉴定意见的质证空洞化。④ 长期以来,在我国,鉴定人及其作出的鉴定意见成为"事实认定科学化"的唯一供给。为打破诉讼中的专门性问题之查明与认定的封闭状态,我国于2012年通过修法在刑事诉讼、民事诉讼中引入专家辅助人制度。⑤ 然而,专家辅助人制度的实践状况较为一般,如出庭情况较少、意见采纳

---

① 尽管行政私益诉讼也掺杂公益诉求,但与行政公益诉讼对公共利益的追求是存在较大差别的。参见杨凯:《行政私益诉讼中的公益诉求之法理探析》,载《法学评论》2012年第5期。

② 张勇、钱岩:《鉴定人、有专门知识的人出庭制度构建——以天津市法院系统实践探索为基础》,载《法律适用》2018年第19期。

③ 参见《刑事诉讼法》第64条。

④ 陈光中:《刑事诉讼法》,北京大学出版社2013年版,第83页。

⑤ 参见孙长永:《论刑事证据法规范体系及其合理构建——评刑事诉讼法修正案关于证据制度的修改》,载《政法论坛》2012年第5期;李浩:《民事证据制度的再修订》,载《中外法学》2013年第1期。

率较低等,尚未达至预期的目标。① 这充分说明这一新制度存在一定的立法疏漏,特别是专家辅助人的角色混乱、专家辅助人意见的属性模糊。在民事诉讼中,专家辅助人不仅可对鉴定意见提出意见,而且可对专门性问题提出意见。② 而在刑事诉讼中,专家辅助人的地位缺乏规定,陷入较为混乱的状态。更为关键的是,围绕专家辅助人意见的属性形成了证据调查方法说,当事人陈述说、证人证言说、鉴定意见说等多种观点。③ 学界和实务界普遍对专家辅助人意见持有怀疑主义的态度,导致专家辅助人制度的空转。比如,专家辅助人出庭费时费力,但其按照环境标准提出的怀疑意见几乎对法官认证鉴定意见没有实质影响,只是为例行公事地满足当事人的专家需求而已。这些实践怪象的背后是专家辅助人制度存在设计错误的弊病。

为实现对专家辅助人及其意见的态度从怀疑主义转向有限信任主义,我国需要进行如下的制度修缮。一是专家辅助人由附属地位转向独立地位,与鉴定人系平等的,均为专家型诉讼参与人。时下,囿于程序法对专家辅助人的定位不明,鉴定人与专家辅助人处于一种"主从"而非"并行"关系结构。地位不平等使得专家辅助人意见不能和鉴定人意见等量齐观。此一定位设计系导致专家辅助人制度虚化的首要原因。此外,专家辅助人不应是当事人的附属,这只会助长专家辅助人及其意见的偏向性,导致这一制度备受怀疑。因此,专家辅助人的诉讼地位应为专家证人,既不是鉴定人,也不是当事人的附属。合乎逻辑的推论,专家辅助人关于专门性问题的意见也须接受对方当事人的质证,由此在一定程度上弥合专家辅助人偏向性的张力。二是专家辅助人意见由非法定证据种类转向法定证据种类。受专家辅助人角色定位转变的影响,专家辅助人意见理应成为法定证据种类,进而对鉴定人意见构成有力的制衡。张保生教授、毕玉谦教授均提出"我国证据法以专家意见取代鉴定意见,由此统摄专家辅助人意见和鉴定意见"的建议,④以此促使我国专家作证制度的体系化发展。三是明确专家辅助人偏向性的规管措施。专家辅助人的偏向性既是导致专家辅助人的定位混乱及其意见属性模糊的重要诱因,也是专家辅助人转变为独立诉

---

① 参见潘广俊等:《专家辅助人制度的现状、困境与改善建议——以浙江省为例的实证分析》,载《证据科学》2014年第6期;涂舜:《刑事专家辅助人制度的实证研究》,载《四川轻化工大学学报(社会科学版)》2020年第1期。

② 参见最高人民法院《关于适用〈中华人民共和国民事诉讼法〉的解释》第122条。

③ 张保生、董帅:《中国刑事专家辅助人向专家证人的角色转变》,载《法学研究》2020年第3期。

④ 毕玉谦:《专家辅助人制度的机能定位与立法性疏漏之检讨》,载《法治研究》2019年第5期。

讼参与人、专家辅助人意见上升为法定证据种类亟待应对的巨大挑战。为此，笔者简要阐述规管专家辅助人偏向性的建言：(1)管理强化。比如，法院和司法行政部门共同建立专家辅助人库，以供当事人(控辩)及其律师从中选任，既能提高诉讼效率，又可确保专家作证的中立性。再如，建立专家辅助人惩戒制度，对故意提供虚假意见进行责任追究。(2)程序约束。对鉴定意见的质证进行程序控制，以减少专家辅助人偏向性的渗透。譬如，质证程序要深度贯彻交叉询问规则、举证责任分配规则。交叉询问要由当事人及其代理人完成，专家辅助人回归证人的本色，避免质证程序陷入科学论争的旋涡之中。这些管理措施和程序规则的建立与完善在相当程度上能够舒缓专家辅助人偏向性的张力。

(三)推行专家陪审员制度

在事实认定过程中，法官必须对全案证据进行逐一认定。在环境诉讼中，事实认定通常依赖于环境损害司法鉴定，不过当事人常常质疑鉴定意见，此时法官认证鉴定意见须持谨慎态度。当事人对鉴定意见的质认可以通过聘请专家辅助人予以完成，而作为"科盲"的法官其实也缺乏环境科学知识而在认证鉴定意见上陷入如芒在背、如鲠在喉的境态。尽管鉴定人与专家辅助人的交流和交锋能够提供专业信息，但对这些信息的甄别，法官可能还是力有未逮，这就需要借助专家的帮助。关于法官获取专家帮助的路径有两种，一是聘请专家辅助人出庭，二是邀请专家作为陪审员。[①] 法官聘请专家辅助人出庭和法官邀请专家组成合议庭的做法在环境司法实践中已有所实践。[②] 那么，法官聘请专家辅助人和法官邀请专家陪审员是并存还是择一呢？有学者对该项制度进行了对比分析，基于二者所具有的中立地位和专业作用，认为："二者在功能上有着较高的重合度，没有必要并行而择一即可。"[③]笔者对此予以赞同，法官邀请专家作为陪审员能使专家受到更为严格的监督与管理。因此，在环境诉讼中，法官获取专家帮助的理性路径是专家陪审员制度。

由于专家陪审员系人民陪审员的专家化，专家陪审员制度的完善大体要遵循人民陪审员制度的基本框架。关于人民陪审员制度的完善，有较多的权威研

[①] 参见最高人民法院《关于全面加强环境资源审判工作为推进生态文明建设提供有力司法保障的意见》第20条。

[②] 参见常州市环境公益协会诉储×清、常州博×尔物资再生资源利用有限公司等土壤污染民事公益诉讼案。

[③] 朱晋峰：《以审判为中心诉讼制度改革背景下科学证据审查的困境及出路》，载《法律适用》2018年第13期。

究成果。① 笔者对此不作赘述,立足于环境纠纷的特殊性,提出专家陪审员制度在环境诉讼上的特殊规则。首先,专家陪审员的高效选任。最高人民法院在2014年提出了建立环境资源审判专家库的规划,除了部分地方法院组构了专家库外,但法院系统尚未全面推进。根据《环境损害司法鉴定机构登记评审专家库管理办法》的规定,原环境保护部、司法部组织开展了环境司法鉴定评审专家的遴选工作,并于2017年4月发布了由298名专家组成的国家库名单。各地按照前述办法以自身情况为准陆续发布了地方库名单。基于此,笔者建议可以考虑将环境资源审判专家库和环境司法鉴定评审专家库(国家库、地方库)予以合并,以省去法院系统单独建库的困难。未来,法院选任专家陪审员可利用既有的环境司法鉴定评审专家库(国家库、地方库)。② 其次,专家陪审员的审级突破。环境纠纷一般较为复杂,特别是公害类环境纠纷,这些案件大多要经历一审、二审甚或再审。在环境司法实践中,二审法院或再审法院往往需要对事实问题进行重新判断。专门性问题仍旧是二审、再审的争议焦点、裁判要点。但三大诉讼法和《人民陪审法》规定仅一审案件可适用人民陪审员。这就与环境审判的现实需求形成了巨大冲突。因此,人民陪审员制度的审级限制应作适度突破。例如,在环境公益诉讼中,二审案件、再审案件可以适用专家陪审员。最后,专家陪审员的信息公开。作为布衣法官的专家陪审员之回避存在一定的困难。学术背景、学术品行等因素可能对专家陪审员的中立性形成影响,当事人则处于信息洼地。故而,法院、司法行政部门应当适度公开专家陪审员的基本背景信息,以在最大限度上增进当事人对专家陪审员的了解,减少信息不对称产生的利益冲突情况。

第四节　环境标准的裁判叙说

环境标准借助法律规定和当事人约定的管道早已深入环境审判,在司法审查、事实认定、法律适用上发挥着重要作用。③ 但其内容和体系是专业、复杂的,且不属于《立法法》体系下的法源规范,因此法官在司法裁判中援引环境标准并

---

① 参见廖永安等:《人民陪审员制度实证研究》,中国人民大学出版社2018年版;胡云红:《陪审制度比较与实证研究》,人民法院出版社2014年版。
② 朱晋峰:《环境损害司法鉴定管理及鉴定意见的形成与采信——以民事公益诉讼为对象的分析》,法律出版社2020年版,第214页。
③ 包建华、陈宝贵:《技术标准在司法裁判中的适用方式》,载《法律适用》2019年第13期。

非易事。作为司法活动的最终产品,裁判文书高度浓缩了案情诉请、审判程序、裁判要点和裁判结果,对当事人(控辩)的权利义务构成重大影响。[①] 鉴于此,法官须在裁判文书中规范地、准确地叙说环境标准,以达致"释法说理"的基本要求。下文将对环境标准的裁判叙说情况进行考察,试图提出加强法官使用环境标准进行论理的能力之对策。

一、环境标准裁判叙说的案例检视

在环境诉讼中,裁判文书如何叙说环境标准的背后蕴含着法官对环境标准与环境法之间的关系与互动及其法治价值的认识。裁判叙说环境标准不仅要符合司法文书的一般要求,而且应符合标准化原理和标准化法的特殊要求。按照这一观察基准,笔者发现环境标准的裁判叙说存在不规范、不准确的问题。

(一)环境标准裁判叙说的不规范

根据《标准化法》、《环境保护法》及环保单行法的规定,我国环境标准体系为"二级六类两性质"。从制定主体看,国家级环境标准还须区分为国家环境标准(GB)和行业环境标准(HJ),且与地方环境标准(DB)不同。从制定内容来看,环境标准分为环境质量标准、环境风险管控标准等六类。从执行效力来看,环境标准分为强制性环境标准和推荐性环境标准。不仅如此,随着经济社会的发展、科学技术的进步,国务院环境保护主管部门和省级人民政府必须适时修订环境标准。这一修订又分为新环境标准替代旧环境标准、新环境标准部分替代旧环境标准。更为棘手的是,前文已论及环境标准与环境法之间的区别联系,环境标准是技术规范而非法律规范。面对专业、复杂的环境标准体系,加之非法源属性,法官在裁判文书中须规范地、准确地叙说环境标准。

然而,许多法官并不重视环境标准的表述规范,导致环境标准信息缺失严重。环境标准的信息缺失包括标准名称缺失和标准编码缺失两类。这些信息是至关重要的,涉及环境标准的效力是强制性还是推荐性,是生效还是失效,它们对程序正义、实体公正均构成了较大影响。试想下,在环境标准信息缺失的情况下,当事人难以搞清是否上诉以及如何确定上诉要点,或者当事人难以清楚判决设定的环境义务。例如,在原告杨×柳与被告桂林融×城投资有限公司、第三人深圳市万×美物业管理有限公司桂林万达城分公司、桂林市国家高新技术产业开发区环境保护局环境污染责任纠纷案中,法院判决:"被告在本判

[①] 胡云腾:《论裁判文书的说理》,载《法律适用》2009年第3期。

决生效之日起 60 日内对位于桂林市七星区油烟设备采取相应的减轻震动、隔声降噪，以及完善油烟设备的排烟口等措施，使原告杨×柳 1-17-01 号房屋的震动、噪声和油烟达到国家标准、行业标准或者通常标准。"①本案中，环境标准的信息缺失让被告在上诉决定、判决义务履行上感到相当困惑。又如，在上诉人（原审被告）河北省高速公路承唐高速管理处与被上诉人（原审原告）何×义、原审被告兴隆县人民政府财产损害赔偿纠纷案中，法院认为："因公路通行的噪声超过一定标准，造成被上诉人何×义房屋不适合居住，侵害了其正常居住权，给被上诉人家庭人员的身心造成了一定程度的伤害，虽然上诉人采取措施，进行降噪处理后符合《声环境标准》，但是采取措施前损害事实存在，一审法院对此事实认定清楚，适用法律正确，本院予以确认。"②其实，主审法官想要援引的是《声环境质量标准》（GB 3096—2008）。

（二）环境标准裁判叙说的不准确

前文已阐明环境标准体系是"二级六类两性质"且"自给自足"的。环境标准裁判叙说既要注意环境标准的层级问题，更要注意环境标准与环境法的区分问题。令人遗憾的是，许多法官似乎对环境标准体系及与环境法的区分认识不清，在裁判文书中时常存在环境标准类型、效力、属性的叙说错误。这在一定程度上表明，环境司法忽视了环境标准、混淆了环境标准与环境法，不利于环境治理能力的现代化。③

1. 环境标准的归类不准确。一是推荐性环境标准被误用为强制性环境标准。例如，在原告万×（清新）鞋业有限公司浸潭分公司与被告清远市生态环境局清新分局、清远市清新区人民政府行政处罚决定纠纷案中，法院认为，"广东省生态环境厅已作出复函，明确'《制鞋行业挥发性有机化合物排放标准》（DB 44/817—2010）现行有效，规定了制鞋企业 VOCs 污染物测定分析方法和总 VOCs 浓度的计算方法；《固定污染源废气 挥发性有机物的测定 固相吸附-热脱附/气相色谱-质谱法》（HJ 734—2014）规定了固定污染源废气中 24 种挥发性有机物测定方法，没有完全覆盖 DB 44/817—2010 标准中制鞋工艺废气 VOCs 物种，也没有总 VOCs 浓度的计算方法'，故《固定污染源废气挥发性有机物的测定固相吸附-热脱附/气相色谱-质谱法》并未取代《制鞋行业挥发性有机化合物排放标准》"，将《制鞋行业挥发性有机化合物排放标准》附录 D 的

---

① 参见广西壮族自治区桂林市七星区人民法院（2019）桂 0305 民初 1667 号民事判决书。
② 参见河北省承德市中级人民法院（2020）冀 08 民终 3169 号民事判决书。
③ 柳经纬：《论标准替代法律的可能与限度》，载《比较法研究》2020 年第 6 期。

VOCs监测方法"气相色谱法"视为强制性环境标准。① 根据《生态环境标准管理办法》第4条的规定,除了环境质量标准、环境风险管控标准和污染物排放标准,省级人民政府还可以制定其他类型的地方环境标准。但根据《环境保护法》第15条及环保单行法、《生态环境标准管理办法》第5条的规定,②省级人民政府制定的严于国标的地方环境质量标准、地方环境风险管控标准和地方污染物排放标准必须执行,并不包括地方环境监测标准。显然,VOCs监测方法"气相色谱法"属于地方环境监测标准,因为缺乏法律法规的授权,所以它只能是推荐性环境标准。二是行业环境标准被误用为国家环境标准。例如,在上诉人(原审原告)安徽中粮生化燃料酒精有限公司与被上诉人(原审被告)蚌埠市环境保护局行政处罚及安徽省环境保护厅行政复议案中,法院认为:"中华人民共和国国家环境保护标准《水质 样品的保存和管理技术规定》(HJ 493—2009)对不能立即在现场分析,必须送实验室测试时的水质样品,从容器的准备到添加保护剂等均作出规定。据此认定蚌埠市环保局提供的证据中没有提交现场采样采用何种容器取样及容器是否符合标准的证据。"③本案中,"《水质 样品的保存和管理技术规定》(HJ 493—2009)"属于行业环境标准而非国家环境标准。

2. 环境标准的定性不准确。关于环境标准的规范属性,前文从形式结构和内容逻辑进行较为充分的阐述,其是技术规范而非法律规范。但在司法实践中,不乏将环境标准表述为法律的做法,大体有以下两种情形。

一是裁判文书直接将环境标准表述为法律。例如,在申请再审人钱某1、钱某2与被申请人甲公司、南京市建邺区城镇建设开发集团有限公司排除妨害纠纷案中,本院认为:"环境标准是国家依照法定程序制定的具有较强科学性、技术性的强制性法律规范……环境噪声只有超过国家规定的环境噪声排放标准,才能认定构成环境噪声污染,进而构成侵权。故环境噪声标准是评判案件事实是否侵权的依据。"④本案中,法官既没有区分强制性环境标准和推荐性环境标准,更没有区分环境标准与环境法。

二是裁判文书将环境标准列为作出判决的法律依据。例如,在原告薛×与被告沈阳中×房地产开发(沈阳)有限公司商品房销售合同纠纷案中,法院认

---

① 参见广东省清远市清新区人民法院(2019)粤1803行初382号行政判决书。
② 《生态环境标准管理办法》第5条规定,国家和地方生态环境质量标准、生态环境风险管控标准、污染物排放标准和法律法规规定强制执行的其他生态环境标准,以强制性标准的形式发布。法律法规未规定强制执行的国家和地方生态环境标准,以推荐性标准的形式发布。
③ 参见安徽省合肥市中级人民法院(2016)皖01行终333号行政判决书。
④ 参见江苏省高级人民法院(2012)苏审二民申字第096号民事判决书。

为："综上所述，根据《中华人民共和国合同法》第六十条、第四十四条、第一百零七条，《社会生活环境噪声排放标准》（GB 22337—2008）第 4.2.1 条之规定，判决如下：……"①本案中，《社会生活环境噪声排放标准》（GB 22337—2008）被等同于法律来适用，直接成为法院作出判决的法律依据。

总体而言，法官在裁判文书中对环境标准的叙说存在不规范、不准确的问题。尽管笔者对此抱有同情和理解，毕竟环境标准体系是专业、复杂的，加之受环境标准法律属性论的影响，其对释法说理、当事人权益、环境法治产生的危害是显而易见的。

二、环境标准裁判叙说的完善对策

司法裁判远不止于定分止争，更有超越个案的价值目标。这一般需要通过持续性、公开性的"释法说理"才能得以实现。② 环境标准裁判叙说的现状改进，须由一个又一个个案的积累和一份又一份裁判文书的打磨，显需一个相对较长的过程。为了加快这一进程，笔者尝试提出一些较为有效、较具可操作性的对策。

截至 2023 年 2 月 1 日，最高人民法院已发布了 27 批共计 156 个指导性案例。其中，环境指导性案例有 14 个。③ 除此之外，自 2013 年以来，最高人民法院单独或者联合发布了数批环境典型案例。④ 由此，我国构建起以环境指导性案例为主、环境典型案例为辅的环境案例指导制度，⑤对各级地方法院的环境审判形成了较强的规范作用，系推进环境司法改革、实现环境司法正义的重要举措。有鉴于此，笔者对这些重要的环境案例进行了文本分析。第 127 号、第 128 号、第 130 号、第 131 号、第 132 号、第 138 号与第 139 号指导性案例涉及环境标准。这也从侧面说明了环境审判离不开环境标准的技术支撑。然而，笔者发现，我国环境案例指导制度尚未关注环境标准裁判叙说规范性、准确性的问题。例如，第 127 号指导性案例在裁判理由部分没有写明环境标准的编码信息，即

---

① 辽宁省沈阳市皇姑区人民法院（2016）辽 0105 民初 2855 号民事判决书。
② 雷磊：《从"看得见的正义"到"说得出的正义"——基于最高人民法院〈关于加强和规范裁判文书释法说理的指导意见〉的解读与反思》，载《法学》2019 年第 1 期。
③ 第 75 号、第 127 号至第 139 号指导性案例涉及环境审判。
④ 参见最高人民法院环境资源司法研究中心主编：《中国法院环境资源裁判规则与案例精析》，中国法制出版社 2019 年版，第 259～371 页。
⑤ 张忠民：《典型环境案例的案例指导功能之辨——以最高人民法院公布的 23 个典型环境案例为样本》，载《法学》2015 年第 10 期。

"我国现行有效评价海水水质的《渔业水质标准》和《海水水质标准》实施后长期未进行修订……据此,《渔业水质标准》和《海水水质标准》并非判断某类物质是否造成污染损害的唯一依据"。环境典型案例的相关情况也不遑多让。例如,最高人民法院在 2014 年 12 月公布了人民法院环境保护行政案件十大案例,第 1 号案例"佛山市三英精细材料有限公司诉佛山市顺德区人民政府环保行政处罚案"在裁判结果部分没有写明环境标准的编码信息,即"由于原告在限期治理期限届满后,经两次监测臭气排放浓度仍未达到《恶臭污染物排放标准》的要求……遂判决驳回原告诉讼请求"。由最高人民法院发布的环境指导性案例和环境典型案例都没有重视环境标准的裁判叙说,地方各级法院的态度与作为只能是更加糟糕。考虑到指导性案例和典型案例的规范作用和示范价值,笔者建议,最高人民法院应考虑发布一批规范地、准确地叙说环境标准的环境指导性案例或者环境典型案例,对各级地方法院裁判叙说环境标准予以指导。

司法解释尽管会受到一定的学理批评,但在促进司法改革、统一司法裁判等上具有显著的作用。因此,需要考虑通过司法解释的形式来规范环境标准的裁判叙说。近几年来,为保障生态文明建设,最高人民法院出台了一系列的环境审判司法解释,努力满足人民群众美好生活的环境需求。① 这些司法解释对环境司法改革的促进意义巨大,如环境民事公益诉讼、生态环境损害赔偿诉讼。不过,笔者对环境审判司法解释进行初步研读发现,除了超标排污的抗辩规则外,涉及环境标准的内容寥寥无几。鉴于环境标准在环境审判中的重要作用,最高人民法院应将解释视野转向环境标准,对环境标准在司法鉴定、事实认定、法律适用及文书叙说上存在的诸多问题进行必要规范。此类司法解释更多的是对人民法院使用环境标准理论进行业务指导。为促使法官规范地、准确地叙说环境标准,必须对裁判文书的制作予以制度激励。笔者建议,最高人民法院应将包括环境标准在内的技术标准之裁判叙说纳入法官的绩效考核,以此来使得法官高度重视技术标准的裁判叙说。② 当然,考核权重的设置问题可以交由各地中级人民法院结合本地区环境司法状况进行自主决定。除此之外,最高人民法院还应加强诉讼文书格式标准化管理,对涉技术标准类的裁判文书发布格式样本以供各级地方法院参鉴。③

---

① 最高人民法院环境资源司法研究中心主编:《中国法院环境资源裁判规则与案例精析》,中国法制出版社 2019 年版,第 382~432 页。

② 赵朝琴、刘树德:《关于裁判文书说理责任制度构建的思考》,载《法律适用》2017 年第 23 期。

③ 马明利:《构建裁判文书说理的激励机制及实现条件》,载《河南社会科学》2009 年第 2 期。

长期以来,人民陪审员制度处于"陪而不审""审而不议"的状态,致使合议庭深陷"形合实独"的泥潭。① 审判员独揽包括制作裁判文书在内的几乎所有审判工作。环境标准裁判叙说之所以存在不规范、不准确的问题,与人民陪审员制度的运作不佳不无关系。具体而言,作为环境专家的人民陪审员没有实质地参与到裁判文书的制作中,仅仅签字画押了事。当然,这一现象既有专家陪审员消极参与的原因,也有审判员没有注意专家评审员价值的可能。专家陪审在环境审判中正在获得强化,专家陪审员的作用不能仅局限于环境诉讼中的专门性问题解决,还要积极参与到裁判文书的制作中,以便更好地说服当事人(控辩)、律师、普通民众。事实上,环境标准裁判叙说问题时常受到部分当事人(控辩)、律师、普通民众的质疑和不满,这对司法公信、环境法治的危害不容小觑。作为非职业法官的专家陪审员应当积极参与裁判文书的制作,以最大化地发挥专业知识的作用。与此同时,职业法官也应当高度重视专家陪审员在制作裁判文书上的价值,要为他们的参与提供可行的路径,如建立专家陪审员检查裁判文书的工作机制。如此一来,环境标准裁判叙说的规范性、准确性水平在较短时间内将会得到提高。

---

① 张嘉军:《人民陪审制度:实证分析与制度重构》,载《法学家》2015 年第 6 期。

结　论

当代的环境问题系由科学技术的利用不当所致,环境治理重在对此加以控制。以社会理性为内容的环境法自然难以妥善应对科技化的环境问题,亟须环境标准的驰援。环境标准以科学理性为内核,能对人类的生产生活进行技术化规范。不过,游离于法律之外的环境标准因缺乏强制性而难以最大化地发挥功用。为实现环境治理的良法善治,环境标准与环境法自然地走向融合互动。但是,环境标准与环境法的融合并不会改变环境标准的基本属性——技术规范,因为其不论在形式外观上还是在实质内容上均与环境法存在较大差异。故此,环境标准以技术规范而非法律规范的形式拘束司法。

立足法律文本和审判实践,作为技术规范的环境标准通过法律规定和当事人约定的路径已深入环境司法,具有诉讼标的、审判依据、科学证据的司法效力。具体而言,首先,环境标准透过与环境法的交融实质性地影响了私人的权利义务,因此在行政审判中产生诉讼标的之规范效应。其次,基于科学内核带来的技术权威,环境标准经审查后可作为行政审判依据;借助空白罪状的管道,环境标准具有刑法效力,可作为刑事审判依据;根据私法的规定和当事人的约定,环境标准具有私法效力,可作为民事审判依据。最后,作为鉴定依据的环境标准借由鉴定意见在事实认定上具有规范效用。环境标准的司法效力源于其以科学理性为内核,并与环境法紧密交融或者由当事人约定。而环境标准法律属性论和公私法合作论并不能充分、逻辑地解释环境标准的司法效力。

凭据一定数量的案例观察,我们发现环境标准拘束司法的实践状况不佳。在环境标准的司法审查上,大多数法院对环境标准几乎不加审查而直接适用,因此,亟须转变审查观念、提升审查能力、重构审查流程。在环境损害司法鉴定中,"鉴定无门""重复鉴定"时有发生,环境标准急需提质增量,以满足司法鉴定、事实认定的现实需求。在环境标准的质证认证上,鉴定人、专家辅助人、专家陪审员的参与情况欠佳,环境诉讼专家制度亟待完善。在环境标准的裁判叙说上,法官时常不规范、不准确地表述环境标准,亟须采取指导性案例、司法解释等措施予以矫正。应当指出的是,前述的完善对策须建基于环境司法专门化,方能取得更好的实效。

学术界对环境标准的法学研究较为薄弱,从司法层面研究环境标准更是关注不足。本书的初衷是以司法的视角作为研究环境标准与环境法融合的突破口。当然,目前这一目的还没有较好完成。无论是环境标准与环境法的关系,还是环境标准对司法的规范效应,都属于跨学科的难题,需要在法学和标准化学之间来回游走,这远超出了笔者选题时的预想。本书关于环境标准司法适用的研究尚属初步探讨,研究开展和研究结论均有待完善。

参考文献

一、中文著作

[1] 杨继文:《环境、伦理与诉讼——从技术到制度的环境司法学》,中国政法大学出版社 2015 年版。
[2] 甘藏春、田世宏主编:《中华人民共和国〈标准化法〉释义》,中国法制出版社 2019 年版。
[3] 汪劲:《环境法治的中国路径:反思与探索》,中国环境科学出版社 2011 年版。
[4] 刘春青等:《国外强制性标准与技术法规研究》,中国质检出版社 2013 年版。
[5] 沈同等主编:《标准化理论与实践》,中国计量大学出版社 2010 年版。
[6] 周扬胜等:《环境保护标准原理方法及应用》,中国环境出版社 2015 年版。
[7] 麦绿波:《标准化学——标准化的科学理论》,科学出版社 2019 年版。
[8] 方淑荣主编:《环境科学概论》,清华大学出版社 2011 年版。
[9] 朱谦:《环境法基本原理——以环境污染防治法律为中心》,知识产权出版社 2010 年版。
[10] 朱一飞等:《标准化法教程》,厦门大学出版社 2011 年版。
[11] 施问超、施则虎主编:《国家环境保护标准研究》,合肥工业大学出版社 2017 年版。
[12] 徐芳等:《现代环境标准及其应用进展》,上海交通大学出版社 2014 年版。
[13] 李春田主编:《标准化概论》,中国人民大学出版社 2014 年版。
[14] 吕忠梅:《环境法原理》,复旦大学出版社 2007 年版。
[15] 郭春:《环境法的建立与健全——我国环境法的现状与不足》,山西经济出版社 2017 年版。
[16] 俞可平:《治理与善治》,社会科学文献出版社 2000 年版。
[17] 王树义等:《环境法基本理论问题》,科学出版社 2012 年版。
[18] 郑培等:《技术标准著作权问题研究》,知识产权出版社 2015 年版。
[19] 罗豪才、宋功德:《软法亦法:公共治理呼唤软法之治》,法律出版社 2009 年版。
[20] 张文显主编:《法理学》,高等教育出版社 2012 年版。
[21] 刘金国、舒国滢主编:《法理学教科书》,中国政法大学出版社 1999 年版。
[22] 姜明安主编:《行政法与行政诉讼法》,北京大学出版社、高等教育出版社 2019 年版。
[23] 陈荣宗:《民事程序法与诉讼标的理论》,台湾大学法学丛书 1977 年版。
[24] 马立群:《行政诉讼标的研究——以实体与程序连接为中心》,中国政法大学出版社 2013 年版。

[25]李龙:《民事诉讼标的理论研究》,法律出版社2003年版。
[26]蔡志方:《行政救济法新论》,元照出版公司2001年版。
[27]蔡志方:《行政救济和行政法学》,正典出版文化有限公司2004年版。
[28]薛刚凌:《行政诉权研究》,华文出版社1999年版。
[29]林莉红:《行政诉讼法》,武汉大学出版社2009年版。
[30]张卫平:《诉讼的架构与程式——民事诉讼的法理分析》,清华大学出版社2000年版。
[31]汪汉斌:《行政判决既判力研究》,法律出版社2009年版。
[32]段厚省:《民事诉讼标的论》,中国人民公安大学出版社2004年版。
[33]何海波:《行政诉讼法》,法律出版社2019年版。
[34]罗豪才:《中国司法审查制度》,北京大学出版社1993年版。
[35]周汉华:《现实主义法律运动与中国法制改革》,山东人民出版社2002年版。
[36]章剑生:《现代行政法总论》,法律出版社2014年版。
[37]马怀德主编:《行政诉讼法学》,北京大学出版社2019年版。
[38]吴庚:《行政法之理论与实用》(增订八版),中国人民大学出版社2005年版。
[39]翁岳生主编:《行政法》(上册),中国法制出版社2002年版。
[40]郑昆山:《环境刑法之基础理论》,五南图书出版公司1998年版。
[41]刘夏:《犯罪的行政从属性研究》,中国法制出版社2016年版。
[42]黄明儒:《行政犯比较研究——以行政犯的立法与性质为视点》,法律出版社2004年版。
[43]陈忠林:《意大利刑法纲要》,中国人民大学出版社1999年版。
[44]刘彩灵、李亚红:《环境刑法的理论与实践》,中国环境科学出版社2012年版。
[45]徐平:《环境刑法研究》,中国法制出版社2007年版。
[46]葛克昌、林明锵主编:《行政法实务与理论》,元照出版有限公司2003年版。
[47]最高人民法院案例指导与参考丛书编选组主编:《最高人民法院环境资源审判案例指导与参考》,人民法院出版社2019年版。
[48]史尚宽:《物权法论》,中国政法大学出版社2000年版。
[49]夏青:《中国环境标志》,中国环境科学出版社2002年版。
[50]王灿发、汤海清主编:《噪声污染与健康维权》,华中科技大学出版社2020年版。
[51]苏永钦:《民事立法与公私法的接轨》,北京大学出版社2005年版。
[52]余耀军等:《环境污染责任——争点与案例》,北京大学出版社2014年版。
[53]竺效:《生态损害的社会化填补法理研究》,中国政法大学出版社2007年版。
[54]王灿发、张占良主编:《放射性污染与健康维权》,华中科技大学出版社2020年版。
[55]王竹:《侵权责任分担论——侵权损害赔偿责任数人分担的一般理论》,中国人民大学出版社2009年版。
[56]杨立新:《侵权法论》,人民法院出版社2004年版。
[57]邱聪智:《公害法原理》,三民书局1984年版。
[58]胡雪梅:《英国侵权法》,中国政法大学出版社2008年版。
[59]王泽鉴:《侵权行为》,法律出版社2016年版。

[60] 肖峰:《科学精神与人文精神》,中国人民大学出版社 1994 年版。
[61] 刘晓丹:《论科学证据》,中国检察出版社 2010 年版。
[62] 陈学权:《科技证据论——以刑事诉讼为视角》,中国政法大学出版社 2007 年版。
[63] 梁坤:《社会科学证据研究》,群众出版社 2014 年版。
[64] 徐继军:《专家证人研究》,中国人民大学出版社 2004 年版。
[65] 齐树洁:《美国证据法专论》,厦门大学出版社 2011 年版。
[66] 张保生:《证据法学》,中国政法大学出版社 2018 年版。
[67] 房保国:《科学证据研究》,中国政法大学出版社 2012 年版。
[68] 邱爱民:《科学证据基础理论研究》,知识产权出版社 2013 年版。
[69] 霍宪丹:《司法鉴定学》,北京大学出版社 2014 年版。
[70] 最高人民法院:《中国环境资源审判(2019)》,人民法院出版社 2020 年版。
[71] 刘倩等:《环境损害鉴定评估与赔偿法律体系研究》,中国环境出版社 2016 年版。
[72] 廖中洪:《证据法精要与依据指引》,北京大学出版社 2011 年版。
[73] 俞祺:《行政规则的司法审查强度——基于法律效力的区分》,法律出版社 2018 年版。
[74] 左玉辉等:《环境学原理》,科学出版社 2010 年版。
[75] 杨志峰等:《环境科学概论》,高等教育出版社 2006 年版。
[76] 杨伟东:《行政行为司法审查强度研究——行政审判权纵向范围分析》,中国人民大学出版社 2003 年版。
[77] 吕忠梅主编:《环境法导论》,北京大学出版社 2015 年版。
[78] 周骁然:《环境标准法律制度研究》,中国社会科学出版社 2020 年版。
[79] 陈春生:《核能利用与法之规制》,月旦出版社股份有限公司 1995 年版。
[80] 杨蕾:《美国行政法规的司法审查研究》,法律出版社 2018 年版。
[81] 田超等:《环境损害鉴定评估管理制度研究》,中国环境出版集团 2019 年版。
[82] 谈珊:《断裂与弥合:环境与健康风险中的环境标准问题研究》,华中科技大学出版社 2016 年版。
[83] 张康之:《走向合作的社会》,中国人民大学出版社 2015 年版。
[84] 汪全胜等:《立法后评估研究》,人民出版社 2012 年版。
[85] 程春华:《裁判思维与证明方法》,法律出版社 2017 年版。
[86] 郭华:《鉴定意见证明论:司法鉴定人出庭作证规则研究》,人民法院出版社 2008 年版。
[87] 张保生等:《证据科学论纲》,经济科学出版社 2019 年版。
[88] 陈光中:《刑事诉讼法》,北京大学出版社 2013 年版。
[89] 朱晋峰:《环境损害司法鉴定管理及鉴定意见的形成与采信——以民事公益诉讼为对象的分析》,法律出版社 2020 年版。
[90] 最高人民法院环境资源司法研究中心主编:《中国法院环境资源裁判规则与案例精析》,中国法制出版社 2019 年版。

二、外文译著

[1] [日]交告尚史等:《日本环境法概论》,田林、丁倩雯译,中国法制出版社 2014 年版。

[2][美]詹姆斯·萨尔兹曼、巴顿·汤普森:《美国环境法》(第4版),徐卓然、胡慕云译,北京大学出版社2016年版。

[3][美]霍尔姆斯·罗尔斯顿:《哲学走向荒野》,刘耳、叶平译,吉林人民出版社2000年版。

[4][美]彼得·S.温茨:《环境正义论》,朱丹琼、宋玉波译,上海人民出版社2007年版。

[5][英]西蒙·罗伯茨:《秩序与争议——法律人类学导论》,沈伟、张铮译,上海交通大学出版社2012年版。

[6][美]丹尼尔·A.法伯、罗杰·W.芬德利:《环境法精要》(第8版),田其云、黄彪译,南开大学出版社2016年版。

[7][英]安东尼·奥格斯:《规制:法律形式与经济学理论》,骆梅英译,中国人民大学出版社2008年版。

[8][英]科林·斯科特:《规制、治理与法律:前沿问题研究》,安永康译、宋华琳校,清华大学出版社2019年版。

[9][英]威廉·韦德:《行政法》,徐炳等译,中国大百科全书出版社1997年版。

[10][美]伯德纳·施瓦茨:《行政法》,徐炳译,群众出版社1986年版。

[11][德]诺伯特·霍斯特:《法是什么:法哲学的基本问题》,雷磊译,中国政法大学出版社2020年版。

[12][法]勒内·达维德:《当代主要法律体系》,漆竹生译,上海译文出版社1984年版。

[13][日]原田尚彦:《环境法》,于敏译,法律出版社1999年版。

[14][美]H.L.A.哈特、托尼·奥诺尔:《法律中的因果关系》,张绍谦、孙战国译,中国政法大学出版社2006年版。

[15][美]厄尔顿·D.恩格、布拉德利·F.史密斯:《环境科学:交叉关系科学》,清华大学出版社2012年版。

[16][德]汉斯·波塞尔:《科学,什么是科学》,李文潮译,上海三联书店2002年版。

[17][英]卡尔·波普尔:《科学发现的逻辑》,查汝强等译,科学出版社1986年版。

[18][英]卡尔·皮尔逊:《科学的规范》,李醒民译,华夏出版社1999年版。

[19][美]阿维娃·奥伦斯坦:《证据法要义》,汪诸豪、黄燕妮译,中国政法大学出版社2018年版。

[20][法]让·文森、塞尔日·金沙尔:《法国民事诉讼法要义》,罗结珍译,中国法制出版社2001年版。

[21][日]田口守一:《刑事诉讼法》,刘迪等译,法律出版社2000年版。

[22][美]米尔建·R.达马斯卡:《漂移的证据法》,李学军等译、何家弘审校,中国政法大学出版社2003年版。

[23][法]昂利·彭加勒:《科学与方法》,李醒民译,商务印书馆2006年版。

[24][英]麦高伟、杰弗里·威尔逊:《英国刑事司法程序》,姚永吉等译,法律出版社2003年版。

[25][美]理查德·A.波斯纳:《法律的经济分析》,蒋兆康译,法律出版社2012年版。

[26][美]肯尼斯·R.福斯特、彼得·W.休伯:《对科学证据的认定:科学知识与联邦法院》,王增森译,法律出版社2001年版。

[27][英]萨米尔·奥卡沙:《科学哲学》,韩广忠译,译林出版社2013年版。

[28][美]理查德·斯图尔特等:《美国环境法的改革——规制效率与有效执行》,王慧译,法律出版社2016年版。

[29][美]约翰·斯普兰克林、格雷戈里·韦伯:《危险废物和有毒物质法精要》(第2版),凌欣译,南开大学出版社2016年版。

[30][美]约翰·W.斯特龙:《麦考密克论证据》,汤维建等译,中国政法大学出版社2004年版。

[31][美]盎格洛·昂舍塔:《科学证据与法律的平等保护》,王进喜等译,中国法制出版社2016年版。

[32][美]爱德华·J.伊姆温克尔里德:《科学证据的秘密与审查》,王进喜等译,中国人民大学出版社2020年版。

[33][德]乌尔里希·贝克:《风险社会》,何博闻译,译林出版社2003年版。

[34][美]理查德·拉撒路斯:《环境法的形成》,庄汉译,中国社会科学出版社2017年版。

三、英文著作

[1] Philip Selznick, Focusing Organizational Research on Regulation, In: Noll, R., ed., *Regulatory Policy and the Social Sciences*, University of California Press, 1985.

[2] Barnes, B, *About Science*, Oxford, Basil Black-well, 1985.

[3] John H.Wigmore, *Evidence in Trials at Common Law*, revsed by Peter Tillers, Vol. IV, Little Brown and Company, 1983.

四、中文期刊论文

[1]吕忠梅:《习近平法治思想的生态文明法治理论》,载《中国法学》2021年第1期。

[2]王树义:《论生态文明建设与环境司法改革》,载《中国法学》2014年第3期。

[3]柳经纬:《标准与法律的融合》,载《政法论坛》2016年第6期。

[4]常纪文:《环境标准的法律属性和作用机制》,载《环境保护》2010年第9期。

[5]白贵秀:《基于法学视角的环境标准问题研究》,载《政法论丛》2012年第3期。

[6]柳经纬:《评标准法律属性论——兼谈区分标准与法律的意义》,载《现代法学》2018年第5期。

[7]宋亚辉:《环境管制标准在侵权法上的效力解释》,载《法学研究》2013年第3期。

[8]张敏纯:《论行政管制标准在环境侵权民事责任中的类型化效力》,载《政治与法律》2014年第10期。

[9]陈伟:《环境标准侵权法效力辨析》,载《法律科学》2016年第1期。

[10]曹金根:《环境标准法律制度的困境与出路》,载《河南社会科学》2015年第11期。

[11]施流源:《环境标准的现实困境及其制度完善》,载《中国特色社会主义研究》2016年第1期。

[12]张式军、徐欣欣:《污染物排放标准对环境侵权责任认定的效力研究》,载《中国地质大学学报(社会科学版)》2019年第1期。

[13]宋华琳:《论行政规则对司法的规范效应——以技术标准为中心的初步观察》,载《中国法学》2006年第6期。

[14] 王平:《标准和标准化概念的多学科观点(之一)——早期学者的研究和 ISO 的定义》,载《标准科学》2019 年第 7 期。

[15] 王世进、曾祥生:《侵权责任法与环境法的对话:环境侵权责任最近发展》,载《武汉大学学报(哲学社会科学版)》2010 年第 3 期。

[16] 黄衔鸣、蓝志勇:《美国清洁空气法案:历史回顾与经验借鉴》,载《中国行政管理》2015 年第 10 期。

[17] 吕忠梅、刘超:《环境标准的规制能力再造——以对健康的保障为中心》,载《时代法学》2008 年第 4 期。

[18] 刘东亮:《还原正当程序的本质——"正当过程"的程序观及其方法论意义》,载《浙江社会科学》2017 年第 4 期。

[19] 刘卫先:《科学与民主在环境标准制定中的功能定位》,载《中州学刊》2019 年第 1 期。

[20] 吕忠梅、杨诗鸣:《美国环境标准制度功能借鉴》,载《中国环境管理》2018 年第 2 期。

[21] 柳经纬、许林波:《法律中的标准——以法律文本为分析对象》,载《比较法研究》2018 年第 2 期。

[22] 周启星等:《环境基准值的科学研究与我国环境标准的修订》,载《农业环境科学学报》2007 年第 1 期。

[23] 胡溢轩:《美国环境运动的发展脉络与演进逻辑》,载《南京工业大学学报(社会科学版)》2018 年第 5 期。

[24] 罗丽:《日本土壤环境保护立法研究》,载《上海大学学报(社会科学版)》2013 年第 2 期。

[25] 梅宏:《新〈环境保护法〉施行以来我国环境法学研究的进步与自省》,载《吉首大学学报(社会科学版)》2017 年第 3 期。

[26] 施志源:《环境标准的法律属性与制度构成——对新〈环境保护法〉相关规定的解读与展开》,载《重庆大学学报(社会科学版)》2016 年第 1 期。

[27] 刘卫先、刘菁元:《环境标准制定中的利益衡量》,载《河南财经政法大学学报》2019 年第 4 期。

[28] 黄锡生、史玉成:《中国环境法律体系的架构与完善》,载《当代法学》2014 年第 1 期。

[29] 徐以祥:《我国环境法律规范的类型化分析》,载《吉林大学社会科学学报》2020 年第 2 期。

[30] 王世川、马艳霞:《小议我国标准与法律的关系》,载《标准科学》2012 年第 3 期。

[31] 郝就笑、孙瑜晨:《走向智慧型治理:环境治理模式的变迁研究》,载《南京工业大学学报(社会科学版)》2019 年第 5 期。

[32] 宋华琳:《风险规制与行政法学原理的转型》,载《国家行政学院学报》2007 年第 4 期。

[33] 廖丽、程虹:《法律与标准的契合模式研究——基于硬法与软法的视角及中国实践》,载《中国软科学》2013 年第 7 期。

[34] 李晓林:《法律与标准关系简析》,载《标准科学》2009 年第 11 期。

[35] 田信桥、吴昌东:《环境标准的法学分析》,载《标准科学》2009 年第 12 期。

[36] 孙佑海:《我国 70 年环境立法:回顾、反思与展望》,载《中国环境管理》2019 年第 6 期。

[37] 孟琦、高利红:《论法律规范论域下 $PM_{2.5}$ 空气质量标准的有效性》,载《理论与改革》2014 年第 1 期。

[38]蔡守秋:《当代环境法的"科技化"》,载《环境》1998年第9期。

[39]杜辉:《公私交融秩序下环境法的体系化》,载《南京工业大学学报(社会科学版)》2020年第4期。

[40]蔡守秋:《论环境标准与环境法的关系》,载《环境保护》1995年第4期。

[41]彭本利、蓝威:《环境标准基础理论问题探析》,载《玉林师范学院学报》2006年第1期。

[42]杨朝霞:《论环境标准的法律地位——对主流观点的反思与补充》,载《行政与法》2008年第1期。

[43]王春磊:《环境标准的法律效力:问题梳理及实践动向》,载《中州学刊》2016年第11期。

[44]李容华:《论自愿性标准的主导地位及其原因》,载《质量探索》2017年第4期。

[45]于连超:《作为治理工具的自愿性标准:理论、现状与未来——兼论中国标准化法制的革新》,载《宏观质量研究》2015年第4期。

[46]吕红、温汝俊、张懿:《环境管理中的自愿性排放标准及重庆实践》,载《环境保护》2016年第23期。

[47]杜学文、蒋莉:《我国环境标准体系的不足与完善》,载《中共山西省委党校学报》2018年第3期。

[48]孔赟等:《环境保护标准体系研究现状及策略构建》,载《中国标准化》2014年第8期。

[49]陈燕申、陈思凯:《美国技术法规中的标准版权保护与启示》,载《中国标准化》2016年第5期。

[50]周宇:《知识产权与标准的交织》,载《电子知识产权》2020年第1期。

[51]凌深根:《关于技术标准的著作权及其相关政策的探讨》,载《中国出版》2007年第7期。

[52]鲁鹏宇:《法治主义与行政自制——以立法、行政、司法的功能分担为视角》,载《当代法学》2014年第1期。

[53]关保英:《行政立法尊重自然的理论思考与实践进路》,载《南京大学学报(哲学·人文科学·社会科学)》2020年第1期。

[54]刘作翔:《回归常识:对法理学若干重要概念和命题的反思》,载《比较法研究》2020年第2期。

[55]刘春青、于婷婷:《论国外强制性标准与技术法规的关系》,载《科技与法律》2010年第5期。

[56]王忠敏:《关于"最新"〈标准化法〉的乌龙》,载《中国标准化》2014年第5期。

[57]郭济环:《我国技术法规概念刍议》,载《科技与法律》2010年第2期。

[58]朱宏亮、张君:《从标准与技术法规的关联区别谈我国技术法规体系的建设》,载《标准科学》2010年第3期。

[59]罗豪才、宋功德:《认真对待软法——公域软法的一般理论及其中国实践》,载《中国法学》2006年第2期。

[60]周佑勇:《在软法与硬法之间:裁量基准效力的法理定位》,载《法学论坛》2009年第4期。

[61]王晓田、傅学良、王轶坚:《中国环境法中的软法现象探析》,载《政治与法律》2009年第2期。

[62]王树义、李华琪:《论环境软法对我国环境行政裁量权的规制》,载《学习与实践》2015年第7期。

[63]林良亮:《标准与软法的契合——论标准作为软法的表现形式》,载《沈阳大学学报》2010

年第 3 期.

[64] 马波:《环境法"软法"渊源形态之辨析》,载《理论月刊》2010 年第 5 期.

[65] 杨海坤、张开俊:《软法国内化的演变及其存在的问题——对"软法亦法"观点的商榷》,载《法制与社会发展》2012 年第 6 期.

[66] 刘三江、刘辉:《中国标准化体制改革思路及路径》,载《中国软科学》2015 年第 7 期.

[67] 宋明顺、王玉珏:《德国标准化及其对我国标准化改革的启示》,载《中国标准化》2016 年第 2 期.

[68] 廖丽、程虹、刘芸:《美国标准化管理体制及对中国的借鉴》,载《管理学报》2013 年第 12 期.

[69] 周应江、谢冠斌:《技术标准的著作权问题辨析》,载《知识产权》2010 年第 3 期.

[70] 王旭伟:《实然与应然:环境与健康标准的法律地位分析》,载《江西社会科学》2019 年第 9 期.

[71] 王春磊:《环境标准法律效力再审视——以环境义务为基点》,载《甘肃社会科学》2016 年第 6 期.

[72] 张云:《WTO 机制下的技术法规基本理论问题研究》,载《河南省政法管理干部学院学报》2004 年第 4 期.

[73] 杨凯:《技术法规的基本观念反思》,载《北方法学》2014 年第 4 期.

[74] 王保民:《中国行政立法的利弊得失》,载《理论导刊》2008 年第 1 期.

[75] 王丽:《论行政立法的程序控制》,载《法学论坛》2009 年第 5 期.

[76] 宋华琳:《论技术标准的法律性质——从行政法规范体系角度的定位》,载《行政法学研究》2008 年第 3 期.

[77] 刘俊敏、蒋鼎峰:《论我国授权立法制度之重构》,载《社会科学家》2013 年第 10 期.

[78] 郑雅方:《我国行政规则研究中的若干误区之克服》,载《政法论坛》2012 年第 5 期.

[79] 林庆伟、沈少阳:《规范性文件的法律效力问题研究》,载《行政法学研究》2004 年第 3 期.

[80] 陈恩才:《试论行政规则效力的外部化及司法审查》,载《江苏社会科学》2012 年第 2 期.

[81] 湛中乐、赵玄:《国家治理体系现代化视野中的司法审查制度——以完善现行〈行政诉讼法〉为中心》,载《行政法学研究》2014 年第 4 期.

[82] 马怀德、孔祥稳:《改革开放四十年行政诉讼的成就与展望》,载《中外法学》2018 年第 5 期.

[83] 黄学贤:《行政诉讼中行政规范性文件的审查范围探讨》,载《南京社会科学》2019 年第 5 期.

[84] 薛刚凌、杨欣:《论我国行政诉讼构造:"主观诉讼"抑或"客观诉讼"?》,载《行政法学研究》2013 年第 4 期.

[85] 沈岿:《解析行政规则对司法的约束力——以行政诉讼为论域》,载《中外法学》2006 年第 2 期.

[86] 廖希飞:《论行政规定在行政诉讼中的效力》,载《行政法学研究》2011 年第 2 期.

[87] 于立深、刘东霞:《行政诉讼受案范围的权利义务实际影响条款研究》,载《当代法学》2013 年第 6 期.

[88] 刘作翔:《"法源"的误用——关于法律渊源的理性思考》,载《法律科学》2019 年第 3 期.

[89] 陈慈阳:《论规范具体化之行政规则在环境法中的外部效力》,载《台湾本土法学杂志》

1999 年第 5 期。

[90] 胡建峰:《论行政规则在司法审查中的地位》,载《行政法学研究》2004 年第 1 期。

[91] 董皞:《论行政审判对行政规范的审查与适用》,载《中国法学》2000 年第 5 期。

[92] 朱芒:《论行政规定的性质——从行政规范体系角度的定位》,载《中国法学》2003 年第 1 期。

[93] 曾哲、周泽中:《反思与重述:行政诉讼的法源规范与依据选择》,载《岭南学刊》2017 年第 3 期。

[94] 张明楷:《行政刑法辨析》,载《中国社会科学》1995 年第 3 期。

[95] [韩] 金日秀:《环境风险的新挑战与刑法的应对》,郑军男译,载《吉林大学社会科学学报》2019 年第 3 期。

[96] 孔庆梅、李发亮:《我国水污染犯罪的立法缺陷及其完善》,载《福建警察学院学报》2008 年第 4 期。

[97] 张明楷:《行政刑法辨析》,载《中国社会科学》1995 年第 3 期。

[98] 赵娟:《论环境法的行政法性质》,载《南京社会科学》2001 年第 7 期。

[99] 肖中华:《空白刑法规范的特性及其解释》,载《法学家》2010 年第 3 期。

[100] 陈珊:《论水生态环境犯罪的科学立法》,载《学习与实践》2015 年第 11 期。

[101] 刘艳红:《空白刑法规范的罪刑法定机能——以现代法治国家为背景的分析》,载《中国法学》2004 年第 4 期。

[102] 刘树德:《罪刑法定中空白罪状追问》,载《法学研究》2001 年第 2 期。

[103] 肖中华、王海桥:《空白刑法的规范诠释:在规范弹性与构成要件明确性之间》,载《法学杂志》2009 年第 8 期。

[104] 刘德法、尤国富:《论空白罪状中的"违反国家规定"》,载《法学杂志》2011 年第 1 期。

[105] 庄乾龙:《环境刑法定性之行政从属性——兼评〈两高关于污染环境犯罪解释〉》,载《中国地质大学学报(社会科学版)》2015 年第 4 期。

[106] 张苏:《环境刑法空白构成要件适用中的难题及其解决》,载《法律适用》2013 年第 5 期。

[107] 田宏杰:《立法演进与污染环境罪的罪过——以行政犯本质为核心》,载《法学家》2020 年第 1 期。

[108] 解亘:《论管制规范在侵权行为法上的意义》,载《中国法学》2009 年第 2 期。

[109] 魏汉涛:《污染环境罪的注意义务:结果预见还是结果回避——兼论达标排放致污的刑事责任》,载《北京理工大学学报(社会科学版)》2015 年第 3 期。

[110] 柳经纬:《标准的类型划分及其私法效力》,载《现代法学》2020 年第 2 期。

[111] 邱本、王岗:《再论相邻关系》,载《当代法学》2016 年第 5 期。

[112] 晋海、赵思静:《相邻污染侵害案件实证研究》,载《河海大学学报(哲学社会科学版)》2016 年第 5 期。

[113] 焦富民:《环境保护相邻权制度之体系解释与司法适用》,载《法学》2013 年第 11 期。

[114] 江合宁:《论合同标的条款》,载《法律适用》2000 年第 2 期。

[115] 柳经纬:《论标准的私法效力》,载《中国高校社会科学》2019 年第 6 期。

[116] 柳经纬:《合同中的标准》,载《法商研究》2018 年第 1 期。

[117] 黄云:《我国环境标志法律制度分析》,载《湖南大学学报(社会科学版)》2011 年第 2 期。

[118]周骁然:《环境标准在环境污染责任中的效力重塑——基于环境物理学定律的类型化分析》,载《中国地质大学学报(社会科学版)》2017年第1期。

[119]刘卫先:《论达标排污致他人损害的责任承担》,载《中国地质大学学报(社会科学版)》2018年第3期。

[120]王成:《环境侵权行为构成的解释论及立法论之考察》,载《法学评论》2008年第6期。

[121]陈聪富:《环境污染责任之违法性判断》,载《中国法学》2006年第5期。

[122]郑丽清:《困与解:环境污染责任之构成审思》,载《海南大学学报(人文社会科学版)》2015年第3期。

[123]谭启平:《符合强制性标准与侵权责任承担的关系》,载《中国法学》2017年第4期。

[124]金自宁:《风险社会背景下的合规抗辩——从一起环境污染损害案例切入》,载《北大法律评论》2012年第2期。

[125]马腾:《环境标准侵权责任法效力规则研究》,载《社会科学家》2017年第5期。

[126]刘静:《生态环境损害赔偿诉讼中的损害认定及量化》,载《法学评论》2020年第4期。

[127]曹险峰:《数人侵权的体系构成——对侵权责任法第8条至第12条的解释》,载《法学研究》2011年第5期。

[128]孙佑海、唐忠辉:《论数人环境侵权的责任形态——〈侵权责任法〉第67条评析》,载《法学评论》2011年第6期。

[129]黄凯:《论无意思联络数人环境侵权行为的责任分担——以类型化为视角》,载《中国地质大学学报(社会科学版)》2014年第3期。

[130]竺效:《论无过错联系之数人环境侵权行为的类型——兼论致害人不明数人环境侵权责任承担的司法审理》,载《中国法学》2011年第5期。

[131]张新宝、明俊:《侵权法上的原因力理论研究》,载《中国法学》2005年第2期。

[132]丁凤楚:《论国外的环境侵权因果关系理论——兼论我国相关理论的完善》,载《社会科学研究》2007年第2期。

[133]杨素娟:《论环境侵权诉讼中的因果关系推定》,载《法学评论》2003年第4期。

[134]侯茜、宋宗宇:《环境侵权责任中的因果关系》,载《社会科学家》2006年第3期。

[135]陈伟:《环境质量标准的侵权法适用研究》,载《中国法学》2017年第1期。

[136]徐祥民、邓一峰:《环境侵权与环境侵害——兼论环境法的使命》,载《法学论坛》2006年第2期。

[137]王利明:《惩罚性赔偿研究》,载《中国社会科学》2000年第4期。

[138]张保红:《论惩罚性赔偿制度与我国侵权法的融合》,载《法律科学》2005年第2期。

[139]白江:《我国应扩大惩罚性赔偿在侵权责任法中的适用范围》,载《清华法学》2015年第3期。

[140]叶昌富、吴锋:《环境私益损害救济引入惩罚性赔偿制度研究》,载《南京工业大学学报(社会科学版)》2012年第4期。

[141]王树义、刘琳:《论惩罚性赔偿及其在环境侵权案件中的适用》,载《学习与实践》2017年第8期。

[142]张斌:《论科学证据的概念》,载《中国刑事法杂志》2006年第6期。

[143]齐磊磊:《科学解释的模型论进路》,载《自然辩证法研究》2008年第7期。

[144]潘利平:《诉讼证明原理新论》,载《中国刑事法杂志》2006年第3期。

[145]邱爱民:《科学证据内涵和外延的比较法分析》,载《比较法研究》2010年第5期。

[146]张斌:《论科学证据的三大基本理论》,载《证据科学》2008年第2期。

[147]张斌:《论科学证据、专家证言、鉴定意见三者的关系》,载《证据科学》2012年第1期。

[148]张保生、董帅:《中国刑事专家辅助人向专家证人的角色转变》,载《法学研究》2020年第3期。

[149]何家弘:《神证·人证·物证——试论司法证明方法的进化》,载《中国刑事法杂志》1999年第4期。

[150]李苏林:《论司法鉴定的科学性》,载《山西大学学报(哲学社会科学版)》2018年第4期。

[151]赵星、安然:《试论我国环境污损司法鉴定机构的建构——以完善环境犯罪的惩治为视角》,载《法学杂志》2010年第7期。

[152]郭雪艳等:《中国环境损害司法鉴定体制形成与发展》,载《法医学杂志》2020年第4期。

[153]杨旭:《环境损害司法鉴定的任务与展望》,载《法医学杂志》2020年第4期。

[154]史长青:《科学证据的风险及其规避》,载《华东政法大学学报》2015年第1期。

[155]房保国:《科学证据的失真与防范》,载《兰州大学学报(社会科学版)》2012年第5期。

[156]江必新:《中国环境公益诉讼的实践发展与制度完善》,载《法律适用》2019年第1期。

[157]徐显明:《当事人监督论纲》,载《法学论坛》2013年第2期。

[158]吴英姿:《论诉权的人权属性——以历史演进为视角》,载《中国社会科学》2015年第6期。

[159]刘长兴:《环境行政案件司法审查的多维审视——以典型案例为对象》,载《南京工业大学学报(社会科学版)》2020年第3期。

[160][美]詹姆斯·R.梅:《超越以往:环境公民诉讼趋势》,王曦、张鹏译,卢锟校,载《中国地质大学学报(社会科学版)》2018年第2期。

[161]邓可祝:《美国环境质量标准诉讼及其启示》,载《上海政法学院学报》2014年第2期。

[162]宋华琳:《制度能力与司法节制——论对技术标准的司法审查》,载《当代法学》2008年第1期。

[163]金自宁:《科技专业性行政行为的司法审查——基于环境影响评价审批诉讼的考察》,载《法商研究》2020年第3期。

[164]俞祺:《上位法规定不明确之规范性文件的效力判断——基于66个典型判例的研究》,载《华东政法大学学报》2016年第2期。

[165]张千帆:《美国简易立法程序的司法控制》,载《行政法学研究》2006年第4期。

[166]柳经纬:《论标准对法律发挥作用的规范基础》,载《行政法学研究》2021年第1期。

[167]吕忠梅、刘长兴:《环境司法专门化与专业化创新发展:2017—2018年度观察》,载《中国应用法学》2019年第2期。

[168]宋宗宇、郭金虎:《环境司法专门化的构成要素与实现路径》,载《法学杂志》2017年第7期。

[169]柳经纬:《"把权力关进制度的笼子里"需要解决的两个问题》,载《法制与社会发展》2014年第5期。

[170]杨小军、姚瑶:《行政规范性文件的司法审查强度研究》,载《法治现代化研究》2020年第3期。

[171]王春业:《论行政规范性文件附带审查的后续处理》,载《法学论坛》2019年第5期。

[172]朱晋峰、沈敏:《司法鉴定标准化法制机制建设研究》,载《中国司法鉴定》2018年第1期。

[173]赵立新:《环境标准的健康价值反思》,载《中国地质大学学报(社会科学版)》2010年第4期。

[174]董正爱、袁明:《环境健康风险视域下环境标准的理性反思与规范》,载《北京理工大学学报(社会科学版)》2021年第1期。

[175]张晏、汪劲:《我国环境标准制度存在的问题及对策》,载《中国环境科学》2012年第1期。

[176]雷晶等:《我国环境监测标准体系发展现状、问题及建议》,载《环境保护》2018年第22期。

[177]刘卫先:《环境风险类型化视角下环境标准的差异化研究》,载《中国人口·资源与环境》2019年第7期。

[178]裴晓菲:《我国环境标准体系的现状、问题与对策》,载《环境保护》2016年第14期。

[179]徐以祥:《公众参与权利的二元性区分——以环境行政公众参与法律规范为分析对象》,载《中南大学学报(社会科学版)》2018年第2期。

[180]江国华、刘新鹏:《法律制度实施效果第三方评估机制》,载《江汉论坛》2019年第8期。

[181]黄锡生、谢玲:《论环境标准制度中"日落条款"的设置》,载《重庆大学学报(社会科学版)》2016年第1期。

[182]陈海锋:《鉴定人出庭的认识误区与规制路径》,载《法学》2017年第8期。

[183]陈邦达:《鉴定人出庭作证制度实证研究》,载《法律科学》2016年第6期。

[184]张勇、钱岩:《鉴定人、有专门知识的人出庭制度构建——以天津市法院系统实践探索为基础》,载《法律适用》2018年第19期。

[185]毕玉谦:《专家辅助人制度的机能定位与立法性疏漏之检讨》,载《法治研究》2019年第5期。

[186]朱晋峰:《以审判为中心诉讼制度改革背景下科学证据审查的困境及出路》,载《法律适用》2018年第13期。

[187]胡云腾:《论裁判文书的说理》,载《法律适用》2009年第3期。

[188]柳经纬:《论标准替代法律的可能及限度》,载《比较法研究》2020年第6期。

[189]雷磊:《从"看得见的正义"到"说得出的正义"——基于最高人民法院〈关于加强和规范裁判文书释法说理的指导意见〉的解读与反思》,载《法学》2019年第1期。

[190]张忠民:《典型环境案例的案例指导功能之辨——以最高人民法院公布的23个典型环境案例为样本》,载《法学》2015年第10期。

五、英文期刊论文

[1]Coglianese C, Marchant G E., The EPA's Risky Reasoning, *Regulation*, 2004, Vol.27.

[2]Marshall S. Shapo, Tort Law and Environmental Risk, *Pace Environmental Law Review*, 1997, Vol.14.

[3]Kyle D. Logue, Coordinating Sanctions in Tort, *Cardozo Law Review*, 2010, Vol.31.

[4]Michael D. Risinger, Michael J. Saks, William C. Thompson & Robert Rosentha, The Daubert/Kumho Implications of Observer Effects in Forensic Science: Hidden Problems of Expectation and Suggestion, *California Law Review*, 2002, Vol.9.

[5] Lon Fuller, The Form and Limits of Adjudication, *Harvard Law Review*, 1978, Vol.92.

[6] Judicial Review of Administrative Action in a Conservative Era, *Administrative Law Review*, 1987, Vol.4.

[7] Cary Coglianese, Gary E. Marchant, Shifiting Sands: the Limits of Science in Setting Risk Standards, *University of Pennsylvania Law Review*, 2004, Vol.152.

[8] Sherry R. Arnstein, A Ladder of Citizen Participation, *Journal of the American Institute*, 1969, Vol.4.

[9] Daniel A. Farber, Environmental Protection as a Learning Experience, *Loyola of Los Angeles Law Review*, 1994, Vol.27.

六、报纸

[1] 高鹰忠:《发挥标准化在国家治理中的重要作用》,载《人民日报》2015 年 10 月 21 日第 7 版。

[2] 刘婧:《加强对规范性文件的司法监督,促进公民权益保护》,载《人民法院报》2018 年 10 月 31 日第 1 版。

[3] 吴学安:《司法鉴定助力生态文明》,载《人民法院报》2019 年 7 月 5 日第 2 版。